本书由国家社会科学基金项目（20BSH020）、河北省社会科学基金项目（HB18SH010）、河北经贸大学科研基金项目（2022QN11）、河北省高等学校人文社会科学研究项目（BJ2020082）和河北经贸大学学术著作出版基金资助出版

中国家庭亲善福利体系构建研究

刘叶 著

Research on the Construction of
China's Family-Friendly
Benefits System

中国社会科学出版社

图书在版编目（CIP）数据

中国家庭亲善福利体系构建研究/刘叶著. —北京：中国社会科学出版社，2024.1

ISBN 978-7-5227-1394-6

Ⅰ.①中… Ⅱ.①刘… Ⅲ.①家庭问题—研究—中国 Ⅳ.①D669.1

中国国家版本馆 CIP 数据核字（2023）第 026162 号

出 版 人	赵剑英
责任编辑	戴玉龙
责任校对	周晓东
责任印制	王　超

出　　版	中国社会科学出版社
社　　址	北京鼓楼西大街甲 158 号
邮　　编	100720
网　　址	http://www.csspw.cn
发 行 部	010-84083685
门 市 部	010-84029450
经　　销	新华书店及其他书店
印　　刷	北京明恒达印务有限公司
装　　订	廊坊市广阳区广增装订厂
版　　次	2024 年 1 月第 1 版
印　　次	2024 年 1 月第 1 次印刷
开　　本	710×1000　1/16
印　　张	14.25
插　　页	2
字　　数	234 千字
定　　价	98.00 元

凡购买中国社会科学出版社图书，如有质量问题请与本社营销中心联系调换

电话：010-84083683

版权所有　侵权必究

目 录

第一章 绪论 ··· 1

 第一节 研究背景与问题提出 ··· 1
 第二节 研究目标与研究意义 ··· 24
 第三节 研究思路、方法与结构安排 ··· 26

第二章 文献研究 ··· 33

 第一节 文献来源与遴选 ··· 33
 第二节 家庭亲善福利的缘起与维度 ··· 35
 第三节 家庭亲善福利的理论视角 ··· 40
 第四节 家庭亲善福利的研究内容 ··· 48
 第五节 家庭亲善福利的研究设计 ··· 55
 第六节 中国家庭亲善福利研究现状 ··· 59
 第七节 文献述评 ··· 61

第三章 研究方法与设计 ··· 66

 第一节 研究设计 ··· 66
 第二节 资料获取 ··· 79
 第三节 资料处理 ··· 81

第四章 家庭亲善福利需求模型的理论构建 ··· 90

 第一节 开放性编码 ··· 90
 第二节 主轴性编码 ··· 97
 第三节 选择性编码 ··· 101
 第四节 理论模型构建 ··· 104

第五节　理论模型检验 …………………………………………… 107

第五章　国外激励生育的家庭亲善福利举措与启示 …………… 110
　　第一节　国外家庭亲善福利促进生育的主要内容 ……………… 110
　　第二节　我国家庭亲善福利激励生育的实践困境 ……………… 137
　　第三节　国际家庭亲善福利激励生育经验对我国的启示 ……… 162

第六章　我国家庭亲善福利体系构建 …………………………… 166
　　第一节　情境因素：以三种中国生育文化为基础 ……………… 166
　　第二节　责任主体：积极探索多主体模式 ……………………… 169
　　第三节　内容要素：四维度的家庭亲善福利供给 ……………… 173
　　第四节　资源整合：调动、运作与管理 ………………………… 177
　　第五节　服务传递：融三种模式为一体 ………………………… 179
　　第六节　实践思路：多措并举提供有效保障 …………………… 180

第七章　研究结论与未来展望 …………………………………… 184
　　第一节　研究结论 ………………………………………………… 184
　　第二节　创新与不足 ……………………………………………… 185
　　第三节　研究展望 ………………………………………………… 186

附　录 ……………………………………………………………… 191

参考文献 …………………………………………………………… 196

后　记 ……………………………………………………………… 223

第一章 绪论

本章旨在科学阐释开展此项研究的缘由,以及研究的意义之所在,概述研究内容,并且说明达成此次研究目的所使用的研究方法。

第一节 研究背景与问题提出

研究聚焦于我国人口发展特征,致力于通过构建科学有效的家庭亲善福利体系来全面提升我国居民的生育水平,是基于现实背景、文化背景和学术背景多重思考下的研究选择。

一 研究背景

(一)现实背景

我国生育政策几经更迭,对我国人口结构变化产生了实质性影响。1973年,我国全面推行计划生育。1982年9月,计划生育被定为我国基本国策,同年12月写入宪法,主要内容及目的是提倡晚婚、晚育,少生、优生,从而有计划地控制人口。当年,计划生育政策如火如荼地在全国开展起来,采用多种方法降低人们的生育意愿,取得喜人的成果:自政策实施以来,全国少生了4亿多人,使世界60亿人口日推迟4年,比其他发展中人口大国提前半个多世纪跨入低生育水平国家行列[1]。

随着我国劳动年龄人口日渐减少,加之老龄化和少子化的预期影响,我国开始逐渐放开生育政策。2013年,党的十八届三中全会决定启动实施"单独二孩"政策。2013年12月28日,《关于调整完善生育政策的决议》由十二届全国人大常委会第六次会议表决通过,"单独二孩"政策正

---

[1] 参见新华网《中国计划生育少生四亿多人拆除"人口爆炸"引信》,http://www.gov.cn/jrzg/2007-01/11/content_493491.htm,2007年1月11日。

式实施，该政策允许一方是独生子女的夫妇生育两个子女，经夫妻双方申请，办理再生育一个子女的《生育服务证》。自2014年1月开始，各省份就陆陆续续地公布了单独二孩政策实施的时间。2015年10月26—29日召开的中共十八届五中全会提出："完善人口发展战略，全面实施一对夫妇可生育两个孩子政策"，即"全面二孩"政策。2021年5月31日，中共中央政治局召开会议，宣布实施一对夫妻可以生育三个子女政策。从2013年底的"单独二孩"到2015年的"全面二孩"，再到2021年的"放开三孩"，体现出我国生育政策的逐步开放和宽松，本质上则是中国居民生育率过低造成人口代际传递出现掣肘的应对之策。然而，中国居民较低的生育意愿难以通过政策文本直接扭转，构建有效提升生育意愿的配套政策体系才是真正的解困之举。

　　伴随着我国三孩生育政策的来临，相关配套支持政策的雏形也已同步公布，即将婚嫁、生育、养育、教育一体考虑，加强适婚青年婚恋观、家庭观的教育引导，对婚嫁陋习、天价彩礼等不良社会风气进行治理；提高优生优育服务水平，发展普惠托育服务体系；推进教育公平与优质教育资源供给，降低家庭教育开支；完善生育休假与生育保险制度，加强税收、住房等支持政策，保障女性就业合法权益；对"全面二孩"政策调整前的独生子女家庭和农村计划生育双女家庭，要继续实行现行各项奖励扶助制度和优惠政策[①]。2021年7月20日，《中共中央　国务院关于优化生育政策促进人口长期均衡发展的决定》正式发布，提出实施三孩生育政策及配套支持措施：提高优生优育服务水平，发展普惠托育服务体系，降低生育、养育、教育成本，力求缓解群众生育的后顾之忧；推动建设一批方便可及、价格可接受、质量有保障的托育服务机构，支持有条件的地方开展父母育儿假试点，研究推动将3岁以下婴幼儿照护费用纳入个人所得税专项附加扣除……；决定推出一揽子措施，仅优生优育、普惠托育、降低"三育"成本方面就有40多项，同时要求做好新旧政策衔接，取消社会抚养费等制约措施，将入户、入学、入职等与个人生育情况全面脱钩，探索设立独生子女父母护理假制度，对计划生育特殊家庭进行全方位帮扶；系列政策措施以人民为中心，将婚嫁、生育、

---

① 参见央视新闻《速看！"三孩"政策的配套支持措施来了》，https://news.cctv.com/2021/05/31/ARTIZdzzSJhy6vlT9sn0lIZN210531.shtml，2021年5月31日。

养育、教育一体考虑，努力满足群众多元化生育需求，促进家庭和谐幸福，推动实现适度生育水平，促进人口长期均衡发展，为实现中华民族伟大复兴的中国梦提供坚实基础和持久动力[①]。

但是，上述政策偏重于理论性指导和纲领性引领，缺乏具体实践操作的社会政策实施细则，一定程度上易产生政策制定和政策执行的"鸿沟"，有违积极生育政策配套政策的设计初衷。从实践意义上来讲，单纯制定社会政策的条条框框只是"形式主义"，要想真的有作为必须将这些条条框框具体化、责任到人，建立有效的制度保障，不然只能是"空中楼阁"。

从广义上来说，生育政策属于社会政策的范畴。社会政策关乎千家万户的切身利益，其制定过程有赖于充分有效的信息收集。换言之，社会政策的制定与社会需求信息关联紧密，这些信息包括社会发展特征、社会突出矛盾等。从我国实际出发，结合社会需求信息，积极生育政策的出台既在意料之外，更在意料之中，主要包括以下三个方面的现实原因。

1. 中国老龄化程度不断加深

按照国际惯例，当一个国家或地区60岁及以上老年人口占总人口的比例达到10%，或者65岁及以上老年人口占总人口的比例达到7%，则被视为跨入老龄化社会的门槛。当上述指标分别超过20%或14%时，进入深度老龄化社会。还有一种提法是，当60岁及以上人口占总人口比重超过10%时，进入轻度老龄化社会，超过20%为中度老龄化，超过30%为重度老龄化，超过35%为深度老龄化[②]。2020年第七次全国人口普查数据显示，我国60岁及以上人口为2.6402亿人，占全国人口的18.7%，其中65岁及以上人口为1.9064亿人，占全国人口的13.50%[③]；国家统计局数据显示，我国2021年60岁及以上人口为2.6736亿人，占全国人口的18.9%，其中65岁及以上人口为2.56亿人，占全国人口的14.2%，

---

① 参见新华社《重磅！实施三孩政策及配套支持措施来了》，http://edu.china.com.cn/2021-07/21/content_77641298.htm，2021年7月21日。

② 郑功成：《实施积极应对人口老龄化的国家战略》，《人民论坛·学术前沿》2020年第22期。

③ 国家统计局：《第七次全国人口普查主要数据情况》，http://www.stats.gov.cn/tjsj/zxfb/202105/t20210510_1817176.html，2021年5月11日。

60岁及以上人口和65岁及以上人口比重分别比2020年上升0.2个和0.7个百分点①。无论按照哪种核算方式，中国都已进入老龄化时代，并向中度/深度老龄化社会迈进。随着生育水平的持续走低和预期寿命的提高，中国人口老龄化程度还将继续加深。根据最新预测，2057年中国65岁及以上人口将至4.25亿的峰值，而后逐渐减少，在总和生育率1.0、1.2、1.6的假设下，2057年中国65岁及以上人口比重将分别为37.6%、35.9%、32.9%，即毫无悬念地进入深度老龄化时代，如图1-1所示。

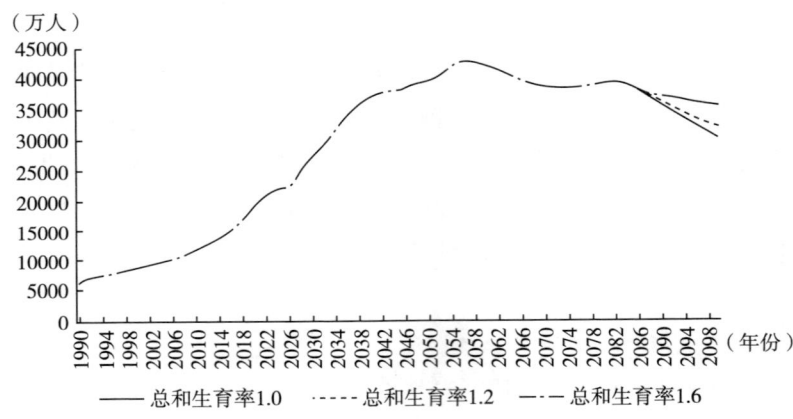

图1-1　我国65岁及以上老年人口规模预测

资料来源：参见任泽平《老龄化研究报告2022》，https://new.qq.com/omn/20220313/20220313A0160X00.html，2022年3月27日。

根据国际经验，人口老龄化一旦发生将无法逆转，因此中国已经进入并将长期处于老龄化社会已经成为不争的事实。党的十九大报告提出要"积极应对人口老龄化，构建养老、孝老、敬老政策体系和社会环境，推进医养结合，加快老龄事业和产业发展"的战略。2019年11月，中共中央、国务院印发了《国家积极应对人口老龄化中长期规划》，标志着积极应对老龄化上升为国家战略。2021年3月，《中华人民共和国国民经济和社会发展第十四个五年规划和2035年远景目标纲要》基于"以人民为

---

① 杨睫妮：《2021年全国人口数量、出生人口数量、自然增长率及人口结构分析》，https://www.huaon.com/channel/chinadata/778392.html，2022年1月18日。

中心"的发展思想，提出"实施积极应对人口老龄化国家战略"，包括制定人口长期发展战略，优化生育政策，以"一老一小"为重点完善人口服务体系，促进人口长期均衡发展。

对于人口老龄化趋势而言，虽然一时无法抑制甚至会在一段时间内持续加深，但是一个国家或地区的发展仍更多地依靠青壮年，因此通过积极生育政策提高我国新生儿出生率，利用时间冲散老龄化的后劲影响，对于我国未来二三十年后有效扭转人口老龄化的消极影响至关重要。从这个意义上来讲，积极生育政策是我国人口老龄化不断加深的破局策略。

2. 中国少子化趋势日益凸显

"少子化"一词源于日本，是指生育率下降，造成幼儿逐渐减少的社会现象。实际上，少子化是中国现在步入老龄化社会以及未来持续处于老龄化社会的根本性问题，对于很多人口问题而言都至关重要。少子化直接关乎国家或地区未来人口数量，对于经济发展、社会变迁和家庭结构转变都有重要影响。日本经验表明，少子化对经济增长具有长期持续的影响，具体表现为少子化导致劳动年龄人口供给不足，人口增长率降低甚至负增长，进而对经济增长产生负向的影响[1]。在少子化影响下，日本经济已经长期低迷，严重影响其社会发展。

少子化与居民生育意愿密切关联。近年来盛行的"内卷"一词凸显了当前我国存在的社会困境，"躺平"成为诸多青年对抗内卷的新选择。"躺平青年"以不工作、不交流和不消费为特征，是不想做拼命赚钱的机器，拒绝做金钱的奴隶，主动低欲望地生活的一种生活状态。对于"躺平青年"而言，赚取生活最低物质消费收入即可，对于结婚和生育毫无兴趣。这从侧面反映了外部压力致使青年产生失望情绪和颓废感，进而影响其生育意愿。

根据《中国婚姻报告2021》，2013—2020年我国结婚登记对数从1347万对的历史高点持续下滑至813万对，2020年同比下降12.2%，结婚率持续走低；1987—2020年，我国离婚登记对数从58万对攀升至373万对[2]，离婚率再创新高。2021年1月1日起颁布实施的《民法典》增加了离婚冷

---

[1] 王晓峰、全龙杰：《少子化与经济增长：日本难题与中国镜鉴》，《当代经济研究》2020年第5期。

[2] 任泽平、李晓桐、华炎雪：《中国婚姻报告2021》，https://finance.sina.com.cn/money/smjj/smdt/2021-04-17/doc-ikmyaawc0256493.shtml，2021年4月17日。

静期 30 天的规定，但其对降低离婚率的作用仍有待进一步考证。第七次全国人口普查数据显示，我国人口年平均增长率逐年下滑（见图 1-2），其中 0—14 岁人口为 2.5338 亿人，占总人口的 17.95%[①]，中国少子化趋势已经十分凸显。国家统计局发布的《中华人民共和国 2021 年国民经济和社会发展统计公报》显示，2021 年全年出生人口为 1062 万人，出生率为 7.52‰，自然增长率为 0.34‰，再创 1978 年以来历史新低[②]。

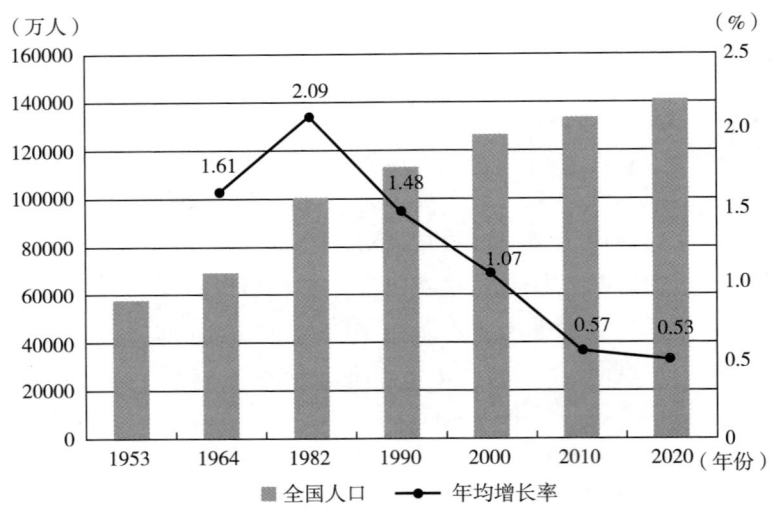

图 1-2　我国历次人口普查全国人口及年均增长率

资料来源：参见国家统计局《第七次全国人口普查公报（第二号）》，http://www.stats.gov.cn/tjsj/tjgb/rkpcgb/qgrkpcgb/202106/t20210628_1818821.html，2021 年 5 月 11 日。

　　基于中国人口发展现实，我们应摒弃政策限制，给予个人自由选择生育的权利，从而提高人们的生育意愿。三孩生育政策的出台在一定程度上有利于延续全面二孩的政策红利，让一部分想生三孩的夫妇去生育第三个孩子；同时也能够给尚未生育和一孩的家庭带来政策引领。这在一定程度上有利于提升人们的生育意愿，有助于新生儿数量的增加，为

---

①　国家统计局：《第七次全国人口普查主要数据情况》，http://www.stats.gov.cn/tjsj/zxfb/202105/t20210510_1817176.html，2021 年 5 月 11 日。

②　国家统计局：《中华人民共和国 2021 年国民经济和社会发展统计公报》，http://www.stats.gov.cn/tjsj/zxfb/202202/t20220227_1827960.html，2022 年 2 月 28 日。

我国有效应对少子化困境提供助力。

3. 人口红利优势下行

"人口红利"是一个基于劳动力比重比较高的人口结构获得经济增长的发展窗口期。1998年,"人口红利"一词率先出现于联合国人口基金会发布的《世界人口现状（1998）》,并迅速获得学术界的认可与关注。安德鲁·梅森（Andrew Mason）最先在学术论文中使用"人口红利"一词[1],而后布鲁姆（David E. Bloom）与威廉森（Jeffrey G. Williamson）将"人口红利"概括为"中间大,两头小"的人口结构[2]。学者们普遍认为,人口红利指的是快速人口转变过程中死亡率下降与出生率下降之间的时滞,使劳动年龄人口占总人口的比例在一定时期内维持较高的水平,人口年龄结构呈"中间大、两头小"的形态,形成经济增长的有利条件[3]。

20世纪80年代以来,我国经济在体量和质量上得到飞速发展恰恰得益于"人口红利"对经济的推动[4],即通过劳动力要素供给、增加储蓄、带动公共投资等方面对经济增长加以促进[5]。1982—2000年,人口红利对国内生产总值增长率的贡献为26.8%[6]。但是,"人口红利"优势并非取之不竭,用之不尽。世界银行《2007年世界发展报告》显示中国的青年人口在1978年左右达到顶峰,这种赡养率下降的窗口大约可以保持40年,其直接取决于生育率下降的速度,然后就会重新关闭起来。图1-3为发展中国家打开和关闭人口上的机会窗口示意,在此期间对人力资本进行投资就会收获"人口红利",显然我国已经经过了这次窗口期。根据国家统计局公布的数据,2012年我国15—59岁劳动年龄人口首次出现下降,比上年减少345万人,即人口红利出现明显拐点,据此可推测中国人

---

[1] Andrew Mason, "Population and The Asian Economic Miracle", *Asia-Pacific Population & Policy*, Vol. 43, No. 11, March 1997, pp. 1-4.

[2] David E. Bloom and Jeffrey G. Williamson, "Demographic Transitions and Economic Miracles in Emerging Asia", *The World Bank Economic Review*, Vol. 12, No. 3, September 1998, pp. 419-455.

[3] 钟水映、赵雨、任静儒：《"教育红利"对"人口红利"的替代作用研究》,《中国人口科学》2016年第2期。

[4] 王树：《"第二次人口红利"与经济增长：理论渊源、作用机制与数值模拟》,《人口研究》2021年第1期。

[5] 钟水映、李魁：《人口红利与经济增长关系研究综述》,《人口与经济》2009年第2期。

[6] 郭玉、姜全保：《从"人口红利"到"教育红利"》,《中国人口报》2020年11月23日第3版。

口红利将逐渐趋于消失,未来中国经济要开始减速或降速①,"人口红利"对经济的推动作用日渐式微。

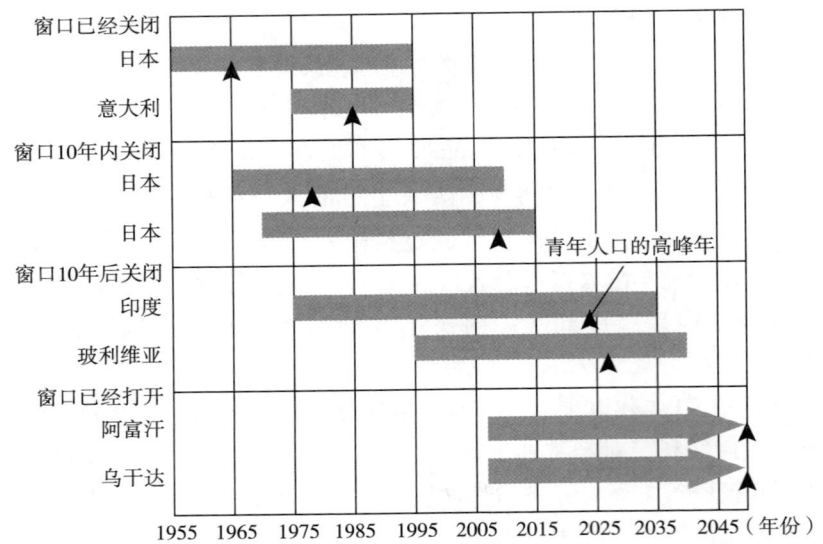

图 1-3　发展中国家打开和关闭人口上的机会窗口示意

资料来源：参见联合国《2007年世界发展报告》，https：//www.un.org/chinese/esa/economic/review07/wdr3_2.html，2022年3月16日。

2018年10月24日，李克强总理应邀在中国工会第十七次全国代表大会上作经济形势报告时说，"中国有9亿劳动者，1.7亿受过高等教育或有专业技能的人才，中国40年的改革开放使广大劳动者的素质持续提升，技能水平不断提高，'人口红利'加速向'人才红利'转变，这是中国发展的最大'底气'"②。但是，通过教育使人口红利发展到人才红利还有漫长而艰辛的路程。对于中国经济发展而言，在塑造人口红利的同时，还要力争延续人口红利的优势，促使中国尽快开启"第二次人口红

---

①　人民日报：《中国劳动年龄人口首下降　人口红利拐点已现》，http：//district.ce.cn/newarea/roll/201301/28/t20130128_24067970.shtml，2013年1月28日。

②　参见中国政府网《李克强："人口红利"加速向"人才红利"转变，这是中国发展的最大"底气"》，http：//www.gov.cn/xinwen/2018-10/25/content_5334370.htm，2018年10月25日。

利时代"。

随着中国老龄化和少子化趋势加深,中国"第二次人口红利时代"的再次开启难度增加。因此,从中国经济发展需求出发,结合我国人口结构变动趋势,实施积极生育政策是强化中国人力资源优势,为中国重新打造可持续发展的人口红利优势的重要路径。

正是基于中国老龄化程度不断加深、少子化日益凸显、人口红利优势下行的现实因素,我国将全面推行积极生育政策,并且充分考虑家庭亲善福利体系不完善的实际情况,着力重构旨在为积极生育政策贡献力量的、生育友好的家庭亲善福利体系。

(二) 文化背景

无论是中国从"计划生育"到"积极生育"的政策变迁,还是家庭亲善福利体系的既定状况与推动方向,都与中国的文化背景紧密关联。这里的文化背景主要包括工作文化、家庭文化和生育文化三个维度。

1. 工作文化

工作文化指的是员工在劳动场域所遵循的文化标准。在中国,如何工作和怎样工作都深受传统文化的影响,并逐渐形塑为内化于心的工作文化,即"一分耕耘,一分收获"的劳动精神、"工作第一"的价值观念和"服从分配"的实践准则。

(1) "一分耕耘,一分收获"的劳动精神

劳动成果的获得离不开劳动者的辛勤工作。对于员工而言,"一分耕耘,一分收获"意味着不怕苦,不怕累,勤勤恳恳,不断努力和发展才能获得最后令人满意和可喜的工作结果。当前,培养劳动者的劳动精神已经上升为国家政策,并被我国领导人习近平总书记多次提倡与建议。

2020年3月20日,中共中央、国务院印发《关于全面加强新时代大中小学劳动教育的意见》,强调劳动教育是中国特色社会主义教育制度的重要内容,就全面贯彻党的教育方针,加强大中小学劳动教育进行了系统设计和全面部署[1]。显然,弘扬并发展中国劳动精神,宣传劳模事迹,提升劳动者素质关乎我国未来发展。从这个意义上来说,秉持并且践行"一分耕耘,一分收获"的劳动精神,不怕苦不怕累,"干一行、爱一行、钻一行",踏实肯干成为员工最可贵的劳动精神。

---

[1] 张烁:《在学生中弘扬劳动精神》,《人民日报》2020年4月2日第5版。

基于"一分耕耘,一分收获"的劳动精神,员工想要获得较好的物质条件和生活质量,就必须付出较大的投入,但是生育多个子女在早期会增加家庭照顾成本和挤占职工日常工作时间,对于想通过工作努力获得工作成就的员工而言会产生明显的消极影响。因此,我国虽然生育政策在不断放开,但是居民生育意愿不强的主要原因就是员工因生育子女受损的工作成就无法得到补偿或者补贴,甚至会对日后的"工作收获"产生不利影响。这些不利影响包括母职惩罚和升职阻碍等诸多方面。家庭亲善福利旨在支持员工不断耕耘以获得合理的工作收获的同时,给予家庭成员必要的照顾,这恰恰是劳动者最需要的支持。

(2)"工作第一"的价值观念

根据社会学理论,当一个人从自然人发展为社会人,必然会被社会价值观念所约束。具体到工作领域,我国一直崇尚工作优先的价值观,即当工作需要和家庭需要产生矛盾时,家庭需要必须让位于工作需要,甚至为了满足工作需要不惜牺牲家庭利益。

"工作第一"古而有之。《礼记·大学》有言:"古之欲明明德于天下者,先治其国;欲治其国者,先齐其家;欲齐其家者,先修其身;欲修其身者,先正其心;欲正其心者,先诚其意;欲诚其意者,先致其知,致知在格物。物格而后知至,知至而后意诚,意诚而后心正,心正而后身修,身修而后家齐,家齐而后国治,国治而后天下平。"[①] 所谓修身齐家治国平天下,即劳动者必须要完善自己,行为有规范。范仲淹《岳阳楼记》提到"居庙堂之高则忧其民,处江湖之远则忧其君。是进亦忧,退亦忧。然则何时而乐耶? 其必曰:'先天下之忧而忧,后天下之乐而乐'乎"[②]! 也是将国家和民族的利益置于首位,联系到当时范仲淹为北宋政治家,创作《岳阳楼记》之时恰为其被贬河南邓州,可见其对工作职责的拳拳之心。

"工作第一"在当代屡谱新歌。例如,王进喜,男,新中国第一批石油钻探工人,全国著名的劳动模范。在经济困难时期,他率领1205钻井队艰苦创业,打出了大庆第一口油井,并创造了年进尺10万米的世界钻井纪录,以"宁可少活二十年,拼命也要拿下大油田"的顽强意志和冲

---

① 《礼记》,中华书局2017年版,第1162页。
② 《古文观止》,施适点校,上海古籍出版社2016年版,第386页。

天干劲,被誉为油田铁人,他干工作处处从国家利益着想,重视调查研究,艰苦奋斗,勤俭办企业,有条件上,没有条件创造条件也要上,严把油田质量关。再如,樊锦诗,女,曾任敦煌研究院院长,现任敦煌研究院名誉院长、研究馆员,兰州大学兼职教授、敦煌学专业博士生导师,长江文明考古研究院院长,被称为"敦煌的女儿"。本为江南女子,在敦煌文物研究所实习时就非常不适应当地恶劣的环境,却在北京大学考古专业毕业之际,遵循报效祖国,到最艰苦的地方去等影响青年人人生走向的主流价值观,毅然选择到条件异常艰苦的敦煌莫高窟工作。

虽然"工作第一"的价值观念为我国社会发展贡献了巨大力量,但是这种成果的产生在某种意义上是以牺牲家庭或者家人利益为代价的,是不可持续的。探索工作和家庭两个领域的平衡和促进,已经成为学术界和实践界的共同议题。同时,工作—家庭平衡的程度也直接关乎居民的生活压力和经济增长水平,家庭亲善福利致力于实现工作—家庭平衡,旨在推动"工作第一"转变为"工作和家庭协同发展"。

(3)"服从分配"的实践准则

"服从分配"指的是在本职工作之外,当其他的地方有需要的时候,个人愿意前往的工作态度。"服从分配"最初起源于我国计划经济时代工作"包分配",在国家统一领导下能够直接决定学生(尤其是大学生)的工作岗位。随着我国从计划经济转为市场经济,"服从分配"可区分为两个维度:第一,高考志愿专业服从分配。高中生高考后基于"院校+专业"的志愿填报方式,如果分数不足以被志愿专业录取,可通过调剂到其他专业以便录取,本质上是对未来主要就业方向转变的妥协。第二,服从组织分配。因为某种特定需求,单位对某位员工进行调岗或者借调时服从组织安排,本质上是工作岗位内容和要求的全面转变。在工作领域,服从分配更多指的是服从组织分配。

作为员工,当领导或者上级下达工作任务之后就必须以强有力的执行力做出工作承诺,想方设法地完成本职工作,不找借口,不推脱,不挑肥拣瘦。只有服从分配,员工才有可能得到组织领导的重视和欣赏。"军人的天职是服从",员工的职责也是服从。《论语·八佾》中"定公问:君使臣、臣事君如之何?孔子对曰:君使臣以礼,臣事君以忠"[1]。

---

[1] 张鲁原:《中华古谚语大辞典》,上海大学出版社2011年版,第142页。

后来在明清的戏剧中将其简化为"君要臣死，臣不得不死；父要子亡，子不得不亡"。这里表面上说的是君臣之义，实际上更是上级对下级工作的要求，即绝对服从，甚至付出生命的代价。

一方面，"服从分配"要求服从工作岗位要求。古往今来带兵打仗克敌制胜的法宝就是"一切行动听指挥"。1927年10月23日，在向井冈山前进途中，毛泽东强调了三项纪律："第一，行动听指挥；第二，打土豪款子要归公；第三，不拿群众一个红薯。"① 1947年10月10日，中国人民解放军总部发布《关于重行颁布三大纪律八项注意的训令》，其中三大纪律第一条就是"一切行动听指挥"。服从不仅仅在军事领域非常重要，而且在日常工作过程中也能有效地促进工作任务的高效率完成。随着社会经济发展，现在很多工作都是团队型的，因此团队分享与互动能力能够直接影响团队绩效。在这种情况下，如果组织员工不服从团队工作要求，消极怠工或者磨洋工，影响的不仅仅是某一个或者几个员工的收入水平，还会形成对其他员工收入分配的不公平，长此以往组织将会创新无力，必然走入下坡路。

另一方面，"服从分配"涉及员工的岗位调动，属于变更劳动合同内容。对于组织发展而言，为了充分发挥每一个员工的潜力和动力，会根据员工表现与能力范畴对其工作岗位进行调整。我国《劳动合同法》第35条规定："用人单位与劳动者协商一致，可以变更劳动合同约定的内容；变更劳动合同，应当采用书面形式；变更后的劳动合同文本由用人单位和劳动者各执一份。"② 虽然调动工作岗位意味着要重新了解和熟悉新的工作内容和工作关系，但是为了组织的长久发展，员工必须服从岗位调整，力争在新的工作岗位做出成绩。

虽然"服从分配"的实践准则是员工工作的重要原则，但是恰恰是这种服从会使员工在承担工作职责的同时无力照顾家庭，工作—家庭冲突越发激烈。这里的工作—家庭冲突指的是工作和家庭两个领域不可调

---

① 吕臻：《"三大纪律八项注意"的来历和伟力》，https://dangjian.gmw.cn/2021-03/29/content_34723231.htm，2021年3月29日。

② 颜梅生：《劳动合同中有关"工作地点"的那些事》，http://right.workercn.cn/147/201801/03/180103100339488.shtml，2018年1月3日。

和的关系，即个人的时间和精力无法同时满足工作和家庭两个角色的需求[①]。作为近年来人力资源管理的热点问题，工作—家庭冲突源于雇佣对工作和家庭两个领域的影响，其对个体工作和家庭带来的消极影响已经被诸多研究证实[②]。基于对"服从分配"和工作—家庭冲突两种实践的综合考察，生育很容易造成更加强烈的工作—家庭冲突，因此说到底积极生育政策重在政策支持，家庭亲善福利体系的构建则旨在实践上给予具体帮助。

2. 家庭文化

中国家庭文化源远流长。在历史的长河中，中国家庭文化与中国传统文化交互联系，并与时代发展同步发展，从"男主外，女主内"向"男女平等"转变。

(1)"男主外，女主内"的传统分工模式

封建社会以来，中国逐渐形成了浓厚的父权制文化。在该文化下，"男尊女卑""男主外，女主内"成为最经典的分工模式。"男主外，女主内"指的是家中男性负责外出工作、应酬和社会活动，女性则担负生育、抚育、照料和家务等事宜。在这种模式下，男女两性有着明确的分工，某一方僭越自己的生理性别行事都会被视为"有违伦理"。"男主外，女主内"赋予男性最大的权力，因此古代有"三妻四妾""后宫佳丽三千"之说，而女性则被认为是弱势的、能力不足的，甚至自由和权利都受到了极大的限制。《仪礼·丧服·子夏传》中提到"妇人有三从之义，无专用之道，故未嫁从父，既嫁从夫，夫死从子"[③]，从中不难看出女性地位的低下无助。

在"男主外，女主内"的传统分工模式下，男性和女性权责分开，他们的工作角色和家庭角色冲突性不高，因此工作—家庭冲突程度较低。但是，随着世界女权运动的开展，尤其是第三次女权运动浪潮的来临，女性越发认识到自身地位的不平等并展开一系列促进男女性别平等的运

[①] 张伶、张大伟：《工作—家庭冲突研究：国际进展与展望》，《南开管理评论》2006年第4期。

[②] Hua Jiang, "A Model of Work-life Conflict and Quality of Employee Organization Relationships (EORs): Transnational Leadership, Procedural Justice, and Family-supportive Workplace Initiatives," *Public Relations Review*, Vol. 38, No. 2, June 2012, pp. 231-245.

[③] 彭林：《仪礼》，中华书局2012年版，第368页。

动，正式迈入"男女同权"时代。

（2）"男女平等"的社会思想

"男女平等"指的是男女两性在政治、经济、文化、社会和家庭等方面，涉及工作和家庭两个领域拥有同等的权利和义务。自新中国成立以来，我国就非常重视男女平等。中华人民共和国《宪法》第48条第1款明确指出："中华人民共和国男女在政治、经济、文化、社会和家庭的生活等各方面享有平等的权利。"2012年11月，党的十八大首次将男女平等写进报告，上升为我国的基本国策。在我国，男女平等已经深入人心，并取得丰硕成就。

2019年9月19日，国务院新闻办公室发布《平等发展共享：新中国70年妇女事业的发展与进步》，提到2017年我国女性就业人数3.4亿，比1978年翻了一番。图1-4为截至2017年全国女性就业人数示意。

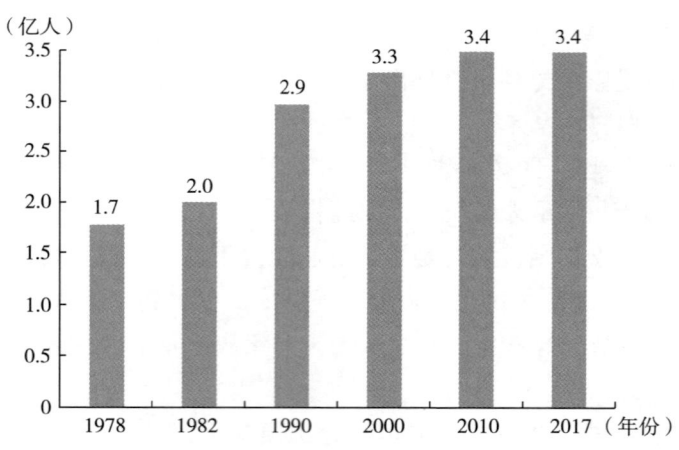

图 1-4 全国女性就业人数示意

资料来源：参见国务院新闻办公室《平等发展共享：新中国70年妇女事业的发展与进步》，http://www.gov.cn/zhengce/2019-09/19/content_5431327.htm，2019年9月19日。

2020年10月1日，习近平在《在联合国大会纪念北京世界妇女大会25周年高级别会议上的讲话》中明确提到："我国共建立包括100多部法律法规在内的全面保障妇女权益法律体系，被世界卫生组织列为妇幼健康高绩效的10个国家之一，基本消除义务教育性别差距，全社会就业人员女性占比超过四成,互联网领域创业者中女性更是超过一半。"① 很明显,我国女性确实发挥着"半边天"的作用。

在"男女平等"的社会思想影响下,越来越多的女性进入劳动力市场,女性就业成为社会常态。伴随着女性工作职责的增大,其在家庭照顾上的时间和精力被不断消耗,男性也开始涉入家庭领域,工作—家庭冲突几乎成为双职工家庭的"标配"。在这种情况下,生育行为更多地与我国的配套支持政策发展程度紧密相关,其中就包括家庭亲善福利体系的重构。

3. 生育文化

生育文化指的是人类在婚育繁衍、生存、发展中逐步形成的婚育习俗和生育观念,这不仅包括与生育有关的观念形态和物态层面,还包括与之相伴随的制度规范和组织方式②。我国的生育文化与儒家、道家和佛家等宗教观念有着紧密关系,更深受中国五千年传统文化的影响。例如,儒家的生育文化就包括 9 个方面:①主张性是人的生理需求;②主张优生优育;③在生育性别上主张生男孩;④在生育数量上主张多生;⑤在生育时间上主张早婚早育;⑥主张加强对子女的教育;⑦主张抚恤孤幼儿;⑧主张养儿防老;⑨主张男尊女卑③。随着中西方文化不断交流和融合,生育文化变迁与婚育现象的复杂多样性呈正相关趋势已经成为一个不争的事实。

中国著名社会学家费孝通先生将中国生育制度比喻为"反哺模式"。与西方传递模式不同的是,反哺模式指的是青壮年应该奉养父母,以回报父母养育恩情,因此父母与子女之间有着明确的利益关系。这种关系不仅表现为"付出—收益"关系,也表现为父母会以帮助子女照顾孙辈来获得更多的尊重和照料,本质上是一种互利互惠的交换关系(当然,这里的交换可能是非等价的)。

1992 年,朱国宏从分类学意义上对生育文化进行了研究,将其分为

---

① 习近平:《在联合国大会纪念北京世界妇女大会 25 周年高级别会议上的讲话》,http://www.gov.cn/gongbao/content/2020/content_ 5551800.htm,2020 年 10 月 1 日。
② 杨来胜:《生育文化含义及其特征新解》,《南方人口》2002 年第 2 期。
③ 金小桃、曹跃斌、朱尧耿:《试论儒家文化对我国生育文化的影响》,《市场与人口分析》2005 年第 6 期。

物质、精神和制度三个层面①。其中，物质层面表现为人类社会经济发展的物质基础，精神层面是基于物质基础的生育观念和价值标准，制度层面则强调维持价值观念的组织形式。作为生育文化的核心和重中之重，中国传统生育文化呈现出一种"多""男"的价值体系，具体表现为以下四个方面的特征：

（1）在生育目的和生育意义上，意在"繁衍"

中国传统文化非常注重生育行为，旨在传宗接代，子孙繁衍。在这种思想影响下，没有生育子嗣是最大的不孝顺。《孝经·开宗明义》有言"夫孝，德之本也"②。孟子则说："不孝有三，无后为大。舜不告而娶，为无后也，君子以为犹告也。"（《孟子·离娄上》）③

按照这种设想，如果后继无人，则会成为孤家寡人，更会被称为"断子绝孙"。在中国传统文化中，断子绝孙是对一个人相当大的诅咒。例如，明朝柯丹丘在《荆钗记·执柯》的戏文中提到："你再不娶亲，我只愁你断子绝孙谁拜坟。"④ 可见，生育子女意在延续香火，薪火相传，即实现生命的传递。

（2）在性别的价值取向上，男性偏好明显

中国传统文化中不仅讲究"无后为大"，更重要的是期望"一举得男"，男性偏好十分明显。这是因为，在小农经济社会，男子代表劳动力，是能够切实为家庭发展贡献力量的群体，对于家庭传宗接代而言也最有说服力。

《诗经·小雅·斯干》有言："乃生男子，载寝之床，载衣之裳，载弄之璋。……乃生女子，载寝之地，载衣之裼，载弄之瓦。"⑤ 这里的"璋"是好的玉石，而"瓦"则是纺车上的零件，后世以"弄璋之喜""弄瓦之喜"分别代表生男孩和生女孩，仅从"璋""瓦"两字就可以明显看出古人对男孩的偏好和期待。《礼记·昏义》中提到，生男孩是"上

---

① 朱国宏：《生育文化论》，《复旦大学学报（社会科学版）》1992年第3期。
② 《礼记·孝经》，中华书局2016年版，第256页。
③ 《孟子》，中华书局2007年版，第167页。
④ 柯丹邱：《戏文·荆钗记》，https://www.gushiwen.cn/GuShiWen_f1f8663dcc.aspx，2022年3月17日。
⑤ 朱熹：《诗经集传》，上海古籍出版社1987年版，第85页。

以事宗庙，而下以数后世"的大喜事①；没有生男孩则被《孝经·五刑章》视为"五刑之属三千，而罪莫大于不孝"②；更甚至，韩非子在《韩非子·六反》中提到："且父母之于子也，产男则相贺，产女则杀之。"③

（3）在期望的生育子女数量上，"多"是最多表达

中国传统文化对于生育行为，历来主张"多"。"早"是"多"的基础条件，所谓"早生贵子"。"多"意味着家庭人数众多，能够促进家族繁荣，也从一定程度上代表一国劳动力水平或者军事人员的储备能力。因此，"多子多福"不仅是家族兴旺的表现，而且是国家大事。

《国风·周南·螽斯》中提到："螽斯羽，诜诜兮。宜尔子孙，振振兮。螽斯羽，薨薨兮。宜尔子孙，绳绳兮。螽斯羽，揖揖兮。宜尔子孙，蛰蛰兮。"④ 这句话充分表达出古人对于新婚夫妇多子生育的期待。《愚公移山》中北山愚公以"虽我之死，有子存焉；子又生孙，孙又生子；子又有子，子又有孙；子子孙孙无穷匮也，而山不加增，何苦而不平？"的思路让河曲智叟无言以对，"操蛇之神闻之，惧其不已也，告之于帝。帝感其诚，命夸娥氏二子负二山，一厝朔东，一厝雍南。自此，冀之南，汉之阴，无陇断焉"⑤。这个故事充分表达出多子多孙对家族发展的重要意义。

古代君主都非常注重发展人口，鼓励生育，以实现国富民强。孔子说："地有余而民不足，君子耻之。众寡均而倍焉，君子耻之。"（《礼记·杂记下》）⑥ 可见民众不足是国君的耻辱。《国语·卷二十·越语上》提到："令壮者无取老妇，令老者无取壮妻。女子十七不嫁，其父母有罪；丈夫二十不娶，其父母有罪。将免者以告，公令医守之。生丈夫，二壶酒，一犬；生女子，二壶酒，一豚。生三人，公与之母；生二人，

---

① 戴圣：《礼记·昏义》，http://guoxue.httpcn.com/html/book/TBMEUYKO/MECQME.shtml，2022年3月17日。
② 《礼记·孝经》，胡平生、陈美兰译注，中华书局2016年版，第296页。
③ （战国）韩非：《六反第四十六》，http://guoxue.com/book/hanfeizi/0046.htm，2022年3月17日。
④ 朱熹：《诗经集传》，上海古籍出版社1987年版，第3页。
⑤ （战国）列御寇：《国学经典诵读丛书：列子》，二十一世纪出版社2016年版，第50—51页。
⑥ 《礼记》，中华书局2017年版，第826页。

公与之饩。"① 很明显，卧薪尝胆以待报仇的勾践以鼓励生育和国家抚养的方式来增强国力。

（4）在对子女未来的期许上，既要"防老"，也要"成才"

中国的生育文化具有极强的目的性，"养儿防老""望子成龙"是最真实的心理表达，也最具体地表现出传统生育行为中对子女未来的期待。

在中国，家庭养老模式长期以来都是最重要的养老方式，而要实现家庭养老最基础的条件就是育有子女。"养儿防老"在实践上表现为"孝"。古代先贤都非常推崇"孝"，对"孝"进行了详细说明。孔子在《论语·学而》中提到："君子务本，本立而道生。孝弟也者，其为仁之本与！"②实际上是将孝顺父母和友爱兄弟作为"仁"的根本和基础；《论语·为政》中孔子为游子解释何为孝，指出："今之孝者，是谓能养，至于犬马，皆能有养；不敬，何以别乎？"③强调精神养老的重要性；《论语·学而》中则重申"弟子入则孝，出则弟，谨而信，泛爱众，而亲仁，行有余力，则以学文"④，明确指明先尽孝，后学知识。孟子在《孟子·离娄上》中提及"事，孰为大？事亲为大；守，孰为大？守身为大"⑤，将奉养父母置于守护气节之前，最终"人人亲其亲，长其长，而天下平"⑥；又在《孟子·滕文公下》中论述"入则孝，出则悌，守先王之道"⑦，将孝顺父母提升到国家战略；更在《孟子·离娄下》中明确说明"世俗所谓不孝者五：惰其四支，不顾父母之养，一不孝也；博弈好饮酒，不顾父母之养，二不孝也；好货财，私妻子，不顾父母之养，三不孝也；从耳目之欲，以为父母戮，四不孝也；好勇斗狠，以危父母，五不孝也"⑧，以此明确不孝的现实情形，达到警示后人的目的。

"望子成龙"出自清代文康所著《儿女英雄传》第三十六回："无如

---

① 《国语》，中华书局 2007 年版，第 369 页。
② 《论语》，中华书局 2007 年版，第 2 页。
③ 《论语》，中华书局 2007 年版，第 15 页。
④ 张烁：《在学生中弘扬劳动精神》，《人民日报》2020 年 4 月 2 日第 5 版，第 4 页。
⑤ 《孟子》，中华书局 2007 年版，第 163 页。
⑥ 《古文观止》，施适点校，上海古籍出版社 2016 年版，第 156 页。
⑦ 《古文观止》，施适点校，上海古籍出版社 2016 年版，第 129 页。
⑧ 《古文观止》，施适点校，上海古籍出版社 2016 年版，第 188 页。

望子成名，比自己功名念切，还加几倍。"① 俗话说"芝麻开花节节高，一代更比一代强"，这句话很明确地表达出父母对子女成才的期许。在传统文化中，中国人非常讲究光宗耀祖，在这种情境下"望子成龙"成了必然选择。元朝石君宝在《曲江池》第四折中提到："今幸得一举登科，荣宗耀祖"②。西汉史学家司马迁在《史记·项羽本纪》曾提到"富贵不归故乡，如衣绣夜行，谁知之者"③！宋朝王应麟所著《三字经》中有言："扬名声，显父母，光于前，裕于后"④，显然，子女光宗耀祖对于父母而言也是莫大荣耀，为此作为子女非常渴望能够衣锦还乡。隋唐时期的姚察和姚思廉在《梁书·柳庆远传》中写道："高祖饯于新亭，谓曰：'卿衣锦还乡，朕无西顾之忧矣'"⑤；后晋刘昫在《旧唐书·姜暮传》中有言"衣锦还乡，古人所尚。今以本州相授，用答元功"⑥；明朝高则诚则在《琵琶记·南浦嘱别》中谈道："但愿得你名登高选，衣锦还乡，教人作话传。"⑦ 上述语句都充分表达出中国人对光宗耀祖的认可和衣锦还乡的愿望。

在中国传统文化影响下，"传宗接代""重男轻女""多子多福""养儿防老""望子成龙"成为中国生育文化的核心，并对中国人的生育行为产生了诸多影响。这种影响不仅表现为男性偏好影响下的男女出生性别比严重失调，而且也推动了新型生育文化的出台，其中就包括与计划生育人口发展政策相契合的"晚婚晚育、少生优生；男女平等、生男生女都一样、女儿也是传后人；男性参与计划生育，计划生育丈夫有责；尊老爱幼，敬老养老"的"婚育新风"⑧。随着我国生育政策的改革，生育文化必然需要更新和发展。

（三）学术背景

家庭亲善福利（Family-Friendly Benefits）是人力资源管理和社会学

---

① 《望子成龙》，http://www.cngdwx.com/guoxueqimeng/chengyugushi/13181.html，2022年3月18日。
② 石君宝：《杂剧·李亚仙花酒曲江池》，https://www.gushiwen.cn/GuShiWen_1f38480b89.aspx，2022年3月18日。
③ 司马迁：《史记》，岳麓书社1988年版，第84页。
④ 《三字经·百家姓·千字文·弟子规》，中华书局2009年版，第47页。
⑤ 闫秀文：《中华成语探源》，北方妇女儿童出版社2014年版，第264页。
⑥ 孙俊：《中国古代的人事回避制度》，《光明日报》2012年4月12日第11版。
⑦ 洪昇：《长生殿》，北京图书馆出版社2000年版，第277页。
⑧ 张春养：《努力构建新型生育文化》，《人口与计划生育》2013年第3期。

领域日益重要的研究议题。该问题源于当前社会经济发展进步和劳动力市场变革使工作—家庭冲突不断加深，为组织和个人带来各种消极影响的现实情形。家庭亲善福利致力于通过提供有效资源（如弹性工作、日间照料中心）来帮助员工更好地平衡工作和家庭角色，降低工作—家庭冲突，是学术界和实践界的关注热点。家庭亲善福利研究始于20世纪六七十年代[1]，到如今已经历时近50年。在漫长的研究长河中，Grover和Crooker提出研究重点应从具体政策转向多元政策，为该研究指明了方向[2]。Allen提出"家庭支持型工作环境"（Family-Supportive Work Environments）概念，为家庭亲善福利研究带来新的生机[3]。

随着家庭亲善福利获得管理学、社会学、人口学等诸多学科学者的关注，逐渐涌现出较为丰富的研究成果，不少学者对既有文献进行了梳理和总结。例如，Lobel将家庭亲善福利的结果总结为三类：员工自我发展结果、个人与组织绩效、人力资源管理指标相关结果[4]。Butts等通过元分析深入讨论家庭亲善福利和员工绩效之间的关系，将政策的可行性和应用性与工作态度关联起来[5]。这些学术贡献为该问题的深度研究奠定了坚实基础，但是它们多是对变量间关系的分析，缺乏专门针对家庭亲善福利的系统性回溯，模糊了家庭亲善福利的全貌，同时现有研究多是基于西方情境而来，对于中国情境关注不够，而这恰恰为中国家庭亲善福利研究带来了诸多空间和可能。

随着学术界对家庭亲善福利越发重视，家庭亲善福利研究也呈现出

---

[1] Ellen Ernst Kossek and Ariane Ollier-Malaterre, "Work-life Policies: Linking National Contexts, Organizational Practice and People for Multi-Level Change", in Steven Poelmans, et al., eds. *Expanding the Boundaries of Work-Family Research: A Vision for the Future*, Basingstoke, UK: Palgrave, 2013, pp. 3-31.

[2] Steven L. Grover and Karen Crooker, "Who Appreciates Family-Responsive Human Resource Policies: The Impact of Family-Friendly Policies on the Organizational Attachment of Parents and Non-Parents", *Personnel Psychology*, Vol. 48, No. 2, June 1995, pp. 271-288.

[3] Tammy D. Allen, "Family-Supportive Work Environments: The Role of Organizational Perceptions", *Journal of Vocational Behavior*, Vol. 58, No. 3, June 2001, pp. 414-435.

[4] Sharon A. Lobel, "Impacts of Diversity and Work-Life Initiatives in Organizations", in Gary N. Powell, eds. *Handbook of gender and work*, Thousand Oaks, CA, US: Sage Publications, 1999, pp. 453-474.

[5] Marcus M. Butts, Casper Wendy J. and Yang Tae Seok., "How Important are Work-Family Support Policies? A Meta-Analytic Investigation on Their Effects on Employee Outcomes", *Journal of Applied Psychology*, Vol. 98, No. 1, October 2013, pp. 1-25.

两种不同的研究趋向。第一种趋向是将家庭亲善福利置于家庭政策研究视域，将其作为家庭政策的重要组成部分。例如，南开大学吴帆教授在《欧洲家庭政策与生育率变化——兼论中国低生育率陷阱的风险》一文中明确提出，相对完善的家庭政策体系包括四个方面：一是平衡家庭与工作，包括产假、陪产假、育儿假等时间支持政策，以及儿童照料、教育服务、与就业关联的补贴和减免税收；二是妇幼保健服务，包括围产期（指产前、生产时、产后一段时期）保健，如医疗、信息和营养咨询服务、住院分娩等；三是包括育儿补贴在内的现金补贴及减免税收等福利；四是儿童照料和儿童发展的公共服务，如托育服务、早期教育支持等[1]。其中，在该文中提到的"平衡家庭与工作"就是家庭亲善福利。第二种趋向则是将家庭亲善福利置于管理学研究领域，作为人力资源管理中的"员工福利"来进行学术探讨。例如，刘昕教授在编著的《人力资源管理（第4版）》一书中将员工福利分为三种类型：一是法定福利，包括法定社会保险（如养老保险、失业保险、医疗保险、工伤保险和生育保险），法定假期（如公休假日、法定休假日、带薪年休假、其他假期）和住房公积金；二是补充保险，包括企业年金、团体人寿保险计划和健康医疗保险计划；三是员工服务，包括员工援助计划、咨询服务、教育援助计划、儿童看护帮助、老人护理服务、饮食服务和健康服务[2]。当然，在人力资源管理研究范畴下，家庭亲善福利被广泛地作为"工作—家庭关系"的讨论话题，对其研究也实现了从工作—家庭冲突到工作—家庭促进的研究主题转变。其中，南开大学张伶教授团队遵循从工作—家庭冲突到工作—家庭促进的学术思路，一方面开展中国情境下家庭亲善福利量表的开发和验证[3]，探讨了家庭亲善福利、组织气候和员工在职行为的关系[4]，以及家庭亲善福利与创新行为的关系[5]；另一方面开展家庭亲善福

---

[1] 吴帆：《欧洲家庭政策与生育率变化——兼论中国低生育率陷阱的风险》，《社会学研究》2016年第1期。

[2] 刘昕：《人力资源管理（第4版）》，中国人民大学出版社2020年版，第298—302页。

[3] 张伶、聂婷、黄华：《中国情境下家庭亲善政策量表的开发与验证》，《管理学报》2016年第3期。

[4] 张伶、聂婷、宋智洋等：《家庭亲善政策、组织气候与员工在职行为的关系研究》，《华南师范大学学报（社会科学版）》2016年第1期。

[5] 张伶、聂婷、黄华：《基于工作压力和组织认同中介调节效应检验的家庭亲善政策与创新行为关系研究》，《管理学报》2014年第5期。

利的理论探讨，基于社会交换视角分析家庭亲善福利[1]，并且讨论了家庭亲善福利和社会工作的关系[2]，给当前中国情境下的家庭亲善福利研究带来了诸多思路和启发。

基于对国内外家庭亲善福利的研究透视，可以得到一个很明显的结论：家庭亲善福利研究已经成为与诸多国家和地区的社会福利、人口政策、管理理论和实践紧密结合的重要议题。随着新的社会情境的不断加入，必然会给家庭亲善福利带来新的研究契机，而家庭亲善福利研究同样需要密切关注社会热点事件和社会情境转变，努力做"从实践中来，到实践中去"的社会研究。

二 问题的提出

生育政策的出台和构建旨在解决国家人口问题，增促人口健康和可持续发展[3]。世界上的所有国家都非常重视人口问题，关注生育政策，其实质都是为了增强国家综合国力，保持国家人口优势。当然，当前无论是发达国家（如德国、法国、瑞典、丹麦、挪威、美国、加拿大、澳大利亚等）还是发展中国家（如中国、日本、韩国、新加坡等）都出现了低生育率现象。学者紧密联系国际和本国人口转变趋势，对生育政策进行积极探索，并在生育政策的发展历程、作用机制、保障制度等方面有了较为系统、全面的阐释。学者普遍认为，生育政策的有效推行离不开配套政策，否则政策制定和政策执行将会出现"鸿沟"，不利于生育政策的长效发展。

中国在很长一段时间内都是世界第一人口大国，基于资源保存视角我国开展了长达40年的计划生育政策，后因人口过低的出生率和预期老龄化程度加深于2013年开始"单独二孩"政策，我国的生育政策开始逐渐放开。从"单独二孩"到"全面二孩"再到"放开三孩"，这三项生育政策的更迭仅有8年时间，标志着我国人口老龄化和少子化程度进一步加深，通过强有力的生育政策有效提升我国生育水平已经刻不容缓。

---

[1] 张伶、刘叶：《社会交换视角下的家庭亲善政策》，《天津社会科学》2016年第4期。

[2] 张伶、刘叶：《家庭亲善政策与社会工作关系研究》，《天津师范大学学报（社会科学版）》2017年第1期。

[3] Spengler, Joseph J., "The Economist and the Population Question", *The American Economic Review*, Vol. 56, No. 1/2, March 1966, pp. 1–24.

"生育政策与相关经济社会政策配套衔接"早被学者多次提及,强调在我国人口发展战略转变时期政府工作重点须顺应政策环境的变化,努力创造生育友好型社会[1],实现生育政策环境和政策目标的匹配。不过,在中国,当前仍然十分缺乏家庭友好型的社会政策和就业环境,为了照料年幼子女,父母(尤其是母亲)不得不在职位晋升上有所牺牲,并承受来自工作中同事的压力,性别不平等和同工不同酬等问题都会影响个体和家庭的生育决策[2]。尤其是,在中国未富先老的国情下,我国极低的生育率必须通过提高基本公共服务水平和均等化,才能促使生育率向期望生育意愿回升[3]。因此,如果只有生育政策的改变,而无配套支持政策的出台和完善,生育水平提高将非常艰难,我国近几年虽不断放开生育政策但生育率提升有限,根本原因就是家庭生育支持政策不足[4]。国际经验表明,以"工作—家庭友好型"家庭政策为主导的国家保持了较高的生育水平,而在实行支持传统家庭性别分工家庭政策的德语国家和地区,生育率则处于极低的水平[5]。在我国,"工作—家庭友好型"家庭政策就是家庭亲善福利,又被称为员工福利,指的是以时间、服务或者经济福利的方式为缓解依赖照顾压力的员工提供显性支持[6]。自20世纪90年代以来,西方国家一直致力于通过家庭功能增强和家庭资产投资,重新塑造家庭保障网络,在政府、市场、社区和非营利组织之间共同构筑一个家庭亲善福利计划[7]。在中国,对于如何提高居民生育意愿,一个可行的思路就是基于中国国情,构建生育友好的家庭亲善福利体系,让中国居民敢生、愿生和爱生,从主观意愿上达成政策制定的目标。

---

[1] 宋健:《中国普遍二孩生育的政策环境与政策目标》,《人口与经济》2016年第4期。
[2] 张现苓:《积极应对后人口转变努力创建家庭友好型社会——"可持续发展视野下的人口问题:生育转变与社会政策应对国际研讨会"综述》,《人口研究》2018年第1期。
[3] 蔡昉:《打破"生育率悖论"》,《经济学动态》2022年第1期。
[4] 房莉杰、陈慧玲:《平衡工作与家庭:家庭生育支持政策的国际比较》,《人口学刊》2021年第2期。
[5] 吴帆:《欧洲家庭政策与生育率变化——兼论中国低生育率陷阱的风险》,《社会学研究》2016年第1期。
[6] Marcus M. Butts, Casper, Wendy J. and Yang, Tae Seok., "How Important are Work-Family Support Policies? A Meta-Analytic Investigation on Their Effects on Employee Outcomes", *Journal of Applied Psychology*, Vol. 98, No. 1, October 2013, pp. 1-25.
[7] 朱艳敏:《历史与现状:关于家庭政策的研究综述》,《现代妇女(下旬)》2014年第6期。

本书作为一项探索性研究，基于我国人口发展特征，尝试在社会交换理论、供给侧理论、激励相容理论和工作—资源理论等多理论框架下讨论以下三个问题：第一，在生育政策越发友好的背景下，我国居民的家庭亲善福利需求是什么？第二，我国当前有哪些激励生育的家庭亲善福利举措？这些措施在实践过程中遭遇了哪些困境？第三，国外有哪些能够提升生育水平的家庭亲善福利举措？这些举措对我国生育政策运行有何启示？为此，研究旨在通过科学研究，构建契合员工需求、生育友好型家庭亲善福利体系，即建立与我国当前生育政策相匹配的配套支持政策，以促进我国人口健康与高质量发展。

第二节　研究目标与研究意义

本节将分别从三个方面阐释研究的主要目标，从理论意义和实践意义两个层面来说明研究的意义之所在。

一　研究目标

按照研究思路，本书致力于实现以下三个主要目标：

（一）构建家庭亲善福利需求理论模型

这是本书最重要的研究任务，更是整个研究的核心和主体。笔者将通过半结构化访谈法分别于2020年7—9月和2021年8—10月两个时间段收集组织员工对家庭亲善福利的需求资料，运用扎根理论"开放性编码—主轴性编码—选择性编码"的资料分析方法，提炼家庭亲善福利需求理论模型。

（二）把握国内外激励生育的家庭亲善福利举措与困境

这是本书在实践领域的重要探索，是重要的学术资源梳理。在我国，要想构建激励生育的家庭亲善福利，不仅需要厘清国际促进生育水平提高的家庭亲善福利举措，以便借鉴国外成功经验，即"我们能够学什么"；还要明晰我国现有家庭亲善福利激励生育的发展状况与实践困境，即"我们现在怎么样"，最后将两者双双置于生育友好型家庭亲善福利体系构建的思考之中，助力生育友好型家庭亲善福利体系的科学建构。

（三）尝试构建生育友好型家庭亲善福利体系

这是本书的落脚点和关键点。基于我国家庭亲善福利需求理论模型，结合国外促进生育水平提高的家庭亲善福利举措，参照我国现有家庭亲善福利激励生育的发展状况与实践困境，尝试构建契合员工需求、生育友好型的家庭亲善福利体系，为我国家庭亲善福利的实践发展建言献策，以期促进我国福利体系的长远发展。家庭亲善福利是我国社会福利的重要组成部分，通过对我国家庭亲善福利体系的改革与优化能够有效推动我国社会福利实践的进步，而这恰恰是本课题的重要目标之一。

二　研究意义

研究意义重在说明研究开展的重要性，本书兼顾理论意义和实践意义。

（一）理论意义

1. 拓展家庭亲善福利的研究视角，建构多维度分析思路

研究将基于社会交换理论、供给侧理论、激励相容理论和工作需求—资源理论等构建多理论框架分析家庭亲善福利，并致力于打造融个体、组织、家庭和社会四维度为一体的综合研究视角，并将经济、文化、政治、心理等多种因素纳入考察范畴，从不同视角讨论组织员工对家庭亲善福利的认知和需求，突破原有的研究区隔。

2. 拓展家庭亲善福利体系的分析视域

基于多理论框架研究家庭亲善福利体系构建问题，能够更有针对性地探究家庭亲善福利的有效性、可用性、可行性和实践价值，丰富家庭亲善福利体系的解释力，使该体系具有更广阔的分析视域。

3. 丰富工作—家庭资源理论的实践性和解释力

基于我国政策背景，组织员工如何选择、获取并处理工作和生活环境中获取的家庭亲善福利体系信息进而形成决策方案变得更为重要。工作—家庭资源理论涵盖资源与情境、工作与家庭、主管、配偶、时间、精力、情绪等诸多要素，有助于揭示员工生育行为的心理变化，增促工作—家庭资源理论的解释力。

（二）实践意义

1. 有利于推动现有家庭亲善福利体系的不断优化

人口问题是国家大事。研究将尝试构建家庭亲善福利体系，该体系契合员工的工作和生活需求，有利于推进生育友好型社会环境的建设，在最大限度上提升居民的生育意愿，保障我国居民生育行为的健康发展。

2. 有利于员工提升生活质量，提升家庭亲善福利运作效率

研究强调供给和需求匹配的重要性，旨在加强家庭亲善福利和员工需求的匹配性，切实帮助员工应对工作和生活相互矛盾的处境，提升员工生活质量，让家庭亲善福利体系发挥最大效用，充分提升家庭亲善福利的运作效率。

3. 有利于帮助个体摆脱决策困境，提高决策质量

研究通过深入了解家庭亲善福利与居民生育行为的内在关系，有利于个体更有效地摆脱和处理生育决策和职业发展决策困境，提高决策质量，创建更和谐的生活。

第三节　研究思路、方法与结构安排

本节旨在深入阐释研究思路，明确研究运用的方法，说明研究的意义之所在。

一　研究思路

研究思路指的是开展一项研究的想法与逻辑。对于任何一项研究而言，在明确研究选题之后，都必须澄清研究思路。好的研究思路会让一项研究事半功倍。

本书的研究思路为：基于我国人口发展特征，基于社会背景、文化背景和学术背景来提出研究问题；通过梳理现有文献获取家庭亲善福利的最新研究动态并发现现有研究的不足之处，进一步阐释研究问题；根据社会交换理论、供给侧视角、激励相容理论和工作—家庭资源理论为研究问题提供理论支持。研究选取文献研究法、深度访谈法和非参与式观察法来共同收集资料，获取组织员工因潜在生育行为所带来的家庭亲善福利需求，遵循扎根理论"开放性编码—主轴性编码—选择性编码"的资料分析方法对访谈资料进行不断比较和总结，提炼家庭亲善福利需求理论模型，然后验证该理论模型的正确性并对模型进行详细解读。最后，结合国外促进生育水平提高的家庭亲善福利举措，以及我国现有家庭亲善福利激励生育的实践与困境，构建契合员工需求、生育友好型家庭亲善福利体系。图1-5为本书的技术路线。

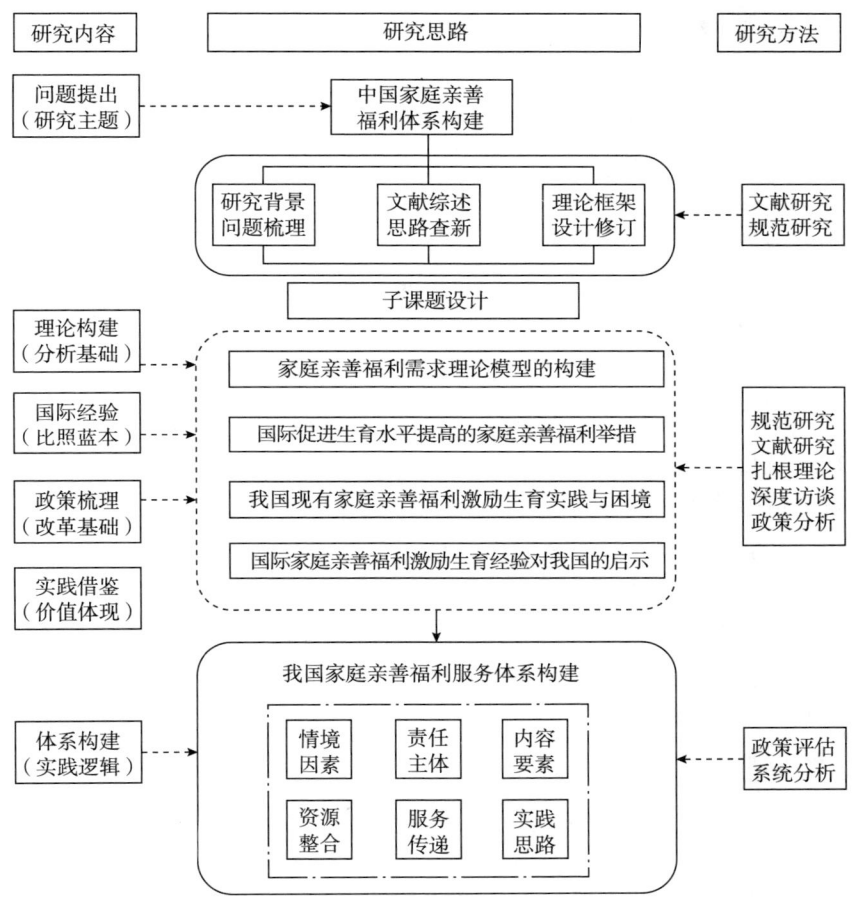

图 1-5 本书的技术路线

二 研究方法

俄国著名的心理学家伊万·彼德罗维奇·巴甫洛夫（Ivan Petrovich Pavlov）曾经讲过："无怪乎人们常说，科学是随着研究法所获得的成就而前进的。研究法每前进一步，我们就更提高一步，随之在我们面前也就开拓了一个充满着种种新鲜事物的，更辽阔的远景。因此，我们头等重要的任务乃是制定研究法。"① 研究方法具有极强的针对性，科学合理的研究方法能够显著提升研究效率。本书主要通过文献研究法、半结构化

---

① 吴水澎：《关于会计理论研究方法的四个问题》，《财会通讯》1996 年第 12 期。

访谈法、扎根理论和非参与式观察法四种方法对资料进行收集和整理。

（一）文献研究法

在准备阶段，文献研究法是最重要的研究方法。所谓文献研究法，指的是针对文献资料的收集、甄别、整理与分析，然后对整个研究产生科学认识的过程[①]。这里的文献类资料包括论著、期刊文章、学位论文、专利、报纸、杂志、政府报告、法律法规、会议记录、政府及企业的内部资料、宣传文档、影音资料、互联网资料以及其他出版性资料。对于任何一项研究而言，文献研究法都是最基础和最重要的研究方法之一。

相较于其他研究方法，文献研究法优势明显：①以非生命性的文献资料为研究对象，能够跨越时间、空间的界限，让我们领略当时研究的时代情境与人文风采；②本质上是与文字的对话，具有间接性，使研究者避免情感涉入和同理，能够有效保证研究的科学性和客观性；③方便、快捷、全面，只要路径丰富和全面就可以获得足够的文献来予以分析和解读；④省时省力效率高，凭借资料收集能力就可获得丰富资料，极大地降低了研究经费支出[②]。随着互联网的日益普及，在世界的任何地方都能够比较方便地获取国内外相关文献，文献研究法的便捷性和高效率更为显著。

需要注意的是，文献研究法之所以有效和科学是基于准确、科学和高质量的文献资料。因此，在运用文献研究法时，最核心的要求就是遴选出高质量、有代表性和具有典型意义的文献资料。这是因为，一旦文献造假或者伪造，那么所有的数据或者结论都是不值得借鉴的，更不用说作为相关研究的基础了。面对浩瀚的文献资料，研究者必须进行有效遴选，"取其精华，去其糟粕"，关注国内外前沿动态及研究成果，追踪相关研究领军人物，结合文献资料来源、等级与学术影响等多种因素来判定资料的价值。

本书将通过CNKI系列全文数据库、万方数据知识服务平台、维普中文科技期刊数据库、人大复印资料、百度学术、超星电子书、Science Direct（Elsevier）、EBSCO、SAGE Journals、ProQuest Central、Wiley、JSTOR、Springer Link、American Psychological Association（APA）、Web of

---

① 孟庆茂：《教育科学研究方法》，中央广播电视大学出版社2001年版，第80页。
② 杜晓利：《富有生命力的文献研究法》，《上海教育科研》2013年第10期。

Science（SCI/SSCI/CPCI）、Oxford University Press、High Wire Press、Taylor & Francis、Google Scholar、Emerald 等多种渠道收集国内外研究文献资料，在此基础上阅读、分析、整理和总结与研究相关的知识信息成果，掌握国内外研究的动态与最新进展，发现现有研究之不足，并且结合现实需求明确研究问题。与此同时，整理和总结我国政府和相关组织等围绕家庭亲善福利颁布的政策文件与激励生育的实践做法，从而为研究设计、资料收集与体系构建奠定坚实的文献基础。

（二）半结构化访谈法

访谈法指的是通过访谈员和受访者（研究对象）面对面地就研究的有关问题进行谈论，来获取研究对象心理、社会和行为认知的研究方法。在质性研究领域，访谈法是一种普遍运用的资料收集方法，能够深入了解研究对象的心理活动和人生经历，增强研究结论的说服力[①]。按照访谈进程的标准化程度，访谈法可分为结构化访谈、半结构化访谈和非结构化访谈三种类型[②]。其中，结构化访谈要求严格按照访谈提纲提问并记录，与量化研究有异曲同工之效，因此常常被误认为是量化研究；半结构化访谈只有一个粗线条的访谈提纲，访谈偏于非正式，访谈员可根据访谈时的具体情况做出必要调整，拥有一定的灵活度；非结构化访谈没有访谈提纲，只需围绕研究主题谈论即可，更为宽泛和自由。显然，半结构化访谈不仅遵循研究思路和契合研究需求，而且不失灵活，因此受到诸多研究者的青睐。

选取半结构化访谈法作为质性资料的收集方法，主要是基于以下几点考虑：①半结构化访谈进行时会参考访谈提纲进行，虽然该访谈提纲相对粗糙，但也能保证所有访谈围绕研究感兴趣的话题展开，能够有效提高研究效率；②半结构化访谈允许进行时灵活调整，比如就访谈中出现的一个新观点或者新思路进行深入探究，或者舍弃某些经过一定数量访谈后认定为不太重要的问题，以便将更多的精力聚焦于其他核心问题；③半结构化访谈这种非正式的访谈方式能够与研究对象建立一种比较轻松、自由、开放的关系，让研究对象可以就感兴趣的话题畅所欲言，充分表达所思所想所感，有利于研究者获得研究对象的真实想法，为整个

---

① 党登峰、王嘉毅：《浅析教育研究中的访谈法》，《教育评论》2002 年第 2 期。
② 杨威：《访谈法解析》，《齐齐哈尔大学学报（哲学社会科学版）》2001 年第 4 期。

研究的顺利进行奠定坚实的基础。

本书将根据既有研究成果和研究问题需求，设计访谈提纲，组织研究团队，分别于2020年7—9月和2021年8—10月两个时间段收集家庭亲善福利需求资料并达到理论饱和，以便为后续的扎根理论分析提供丰富的质性资料。

（三）扎根理论

扎根理论（Ground Theory）是指一种自下而上的质性研究方法，研究者在研究开始之前一般没有理论假设，直接从实际观察入手，从原始资料中归纳出经验概括，然后上升到理论[1]。它被誉为最科学的质性研究方法，旨在"填平理论研究与经验研究之间尴尬的鸿沟"[2]，在数据资料收集、核心概念确定、社会现象间关系探寻、理论建构等方面优势显著，且逻辑清晰、过程明确、可操作性强，兼具规范性与科学性[3]。

扎根理论起源于哥伦比亚大学巴尼·格拉泽（Barney G. Glaser）和芝加哥大学安瑟伦·斯特劳斯（Anselm L. Strauss）对医务人员如何对待临终病人的实地研究。1967年，他们发表合作专著《扎根理论的发现：质化研究策略》，正式提出扎根理论研究方法[4]。在学术界，扎根理论研究方法受到社会学、管理学、教育学、传播学等诸多学科学者的重视，并在社会科学研究领域不断发展。到目前为止，扎根理论共有三个主要流派：①格拉泽（Glaser）和斯特劳斯（Strauss）的原始流派（Original Version）；②斯特劳斯（Strauss）和科宾（Corbin）的程序化流派（Proceduralised Version）；③卡麦兹（Charmaz）的建构型流派（The Constructivist's Approach to Grounded Theory）[5]。其中，程序化流派最规范，受到的诟病最多，但因其程序有迹可循，因此不失为扎根理论初学者的最优选择。

本书通过程序化扎根理论分析半结构化访谈资料，从开放性编码到主轴性编码再到选择性编码，对质性访谈资料进行螺旋式提炼和总结，

---

[1] 陈向明：《扎根理论的思路和方法》，《教育研究与实验》1999年第4期。
[2] 陈向明：《质的研究方法与社会科学研究》，教育科学出版社2000年版，第328页。
[3] 贾哲敏：《扎根理论在公共管理研究中的应用：方法与实践》，《中国行政管理》2015年第3期。
[4] ［德］伍威·弗里克：《扎根理论》，项继发译，格致出版社2021年版，第6页。
[5] 费小冬：《扎根理论研究方法论：要素、研究程序和评判标准》，《公共行政评论》2008年第3期。

依照扎根理论的思想和逻辑获得家庭亲善福利需求理论模型。

（四）非参与式观察法

观察法是在自然情境中用自身的感官和辅助工具，通过研究者科学的研究素养获得研究资料的研究方法，虽然耗时但却能够通过持续观察和系统记录来获取研究对象的真实行为，得到真实情境的一手资料①。按照研究者参与研究活动的程度，观察法共分为两种类型：非参与式观察法和参与式观察法②。其中，非参与式观察法对研究对象的打扰最少，能最大限度地还原研究对象的观点和看法，但是记录不太方便，对研究者的研究素质要求也比较高；参与式观察法则将研究者和研究对象合为一体，有利于设身处地地体验研究对象的生活和状态，但需保持研究过程中的客观和价值中立。

选择非参与式观察法主要是基于以下三点考虑：①有利于最大限度地保持研究情境的原生态，把握研究对象的内心表达，获得更为丰富真实的研究资料；②有利于及时捕捉当前发生的事实，将"原汁原味"的生活形态加入研究中来，思考当时的行为逻辑；③有利于收集某些"只可意会，不可言传"的信息，启发新的灵感，而这一点是其他研究方法难以实现的。

本书将在2020年7—9月和2021年8—10月两个家庭亲善福利需求资料的同时，进行非参与式观察的实地调研，收集一手资料，深入思考中国居民的生育逻辑，为研究增加相关补充资料。

三 结构安排

全书共分为七章内容，具体的结构安排如下所述：

第一章，绪论。本章基于中国的社会背景、文化背景和学术背景，提出研究问题，明确研究目标，厘清此项研究的理论意义和实践意义，随后根据研究思路绘制研究的技术路线，并且介绍四种研究方法：文献研究法、半结构化访谈法、扎根理论和非参与式观察法，为后续研究做铺垫。

第二章，文献研究。本章将通过四个方面进行文献研究：第一，家庭亲善福利的缘起与维度。从发展历程的视角梳理国内外家庭亲善福利

---

① 蔡宁伟、于慧萍、张丽华：《参与式观察与非参与式观察在案例研究中的应用》，《管理学刊》2015年第4期。

② 风笑天：《论参与观察者的角色》，《华中师范大学学报》2009年第3期。

研究；第二，家庭亲善福利的理论基础。从家庭亲善福利的传统研究视角和适用于本书的理论视角两个方面展开论述；第三，家庭亲善福利的研究内容。从内容结构与关系变量两个方面加以概括，具体包括家庭亲善福利的内涵、维度和各种关系变量；第四，家庭亲善福利的研究设计：从研究方法、测量和对象三个方面进行梳理，包括对研究方法、变量测量与调查对象的具体阐释。最后，基于既有研究进行文献述评，发现研究不足，明确研究内容和侧重点。

第三章，研究方法与设计。本章首先详细说明研究设计，包括研究对象与特征、抽样方式和执行程序；其次聚焦于资料获取方式，解读研究资料的收集要点；最后基于对扎根理论流派和原则的介绍，重点阐述研究资料的处理方式。

第四章，家庭亲善福利需求模型的理论构建。基于 2020 年 7—9 月和 2021 年 8—10 月两个时间段收集的非结构化访谈资料和非参与式观察资料，遵循扎根理论"开放性编码—主轴性编码—选择性编码"的资料分析流程对资料进行逐级提炼和持续比较，使原始资料概念化与范畴化，共得到 16 个范畴；借助典范模式，将 16 个范畴归纳为 5 个主范畴；根据主范畴提炼出核心范畴"家庭亲善福利需求"，并描绘出一条研究故事线。最后，基于扎根理论分析结果和文献基础，构建出家庭亲善福利需求理论模型。

第五章，国外激励生育的家庭亲善福利举措与启示。选取欧洲、亚洲（日本、韩国和新加坡）和北美洲（美国和加拿大）等代表性国家和地区，总结和归纳这些国家促进生育水平提高的家庭亲善福利举措以及成效，结合我国家庭亲善福利激励生育的现实状况与实践困境，阐明国际家庭亲善福利激励生育经验对我国的启示。

第六章，我国家庭亲善福利体系构建。从我国文化情境出发，构建我国家庭亲善福利体系。该体系以政府为主导，积极探索多主体模式，为员工提供弹性、照料、假期和援助四个维度为重点的服务项目，运用资源整合能力，融三种服务传递方式为一体，提供有效的实践思路。

第七章，研究结论与未来展望。总结整个研究的主要观点，阐明此项研究的创新点和不足之处，从研究对象、方法、思路、重心和情景五个方面说明中国家庭亲善福利研究的未来出路。

第二章 文献研究

历经半个多世纪，家庭亲善福利已经拥有了丰富而翔实的文献资料。这些学术贡献为该问题的深度研究奠定了坚实基础，但是它们多是对变量间关系的分析，缺乏专门针对家庭亲善福利的系统性回溯，模糊了家庭亲善福利的全貌；另外，近年来家庭亲善福利研究的纵深发展使相关文献不断增多，而现有研究综述并没有将它们纳入进来，文献发掘与梳理速度明显滞后。基于学者需要及时掌握最新动态，获取前沿科研信息，对前人学术成果进行综合而全面的整理就显得极为重要，而这恰恰是本章的目标所在。

为此，需要认真思考下述四个问题以期更具针对性地梳理与评述家庭亲善福利文献：第一，家庭亲善福利是如何缘起的？有何维度？即对家庭亲善福利的概念和内涵进行充分地挖掘；第二，家庭亲善福利的研究视角有哪些？即家庭亲善福利的理论基础；第三，家庭亲善福利有哪些研究内容？即家庭亲善福利的内容结构、前因变量、结果变量和调节变量；第四，家庭亲善福利研究是如何开展的？即家庭亲善福利研究通常使用哪些研究方法和测量工具？其研究对象有何特征？为了体现研究过程的规范性，我们首先对文献来源期刊与遴选标准做出说明，接着从缘起与维度、理论视角、研究内容与研究设计对家庭亲善福利研究进行系统性回溯。

第一节 文献来源与遴选

如何从参差不齐的研究中挑选出优秀的、富有价值的文献关乎研究综述的质量和层次。因此，本书将严格把关文献来源，审慎对待遴选过程。

一 文献来源

为了保证研究的科学性和前瞻性,本书将管理学领域国际顶级 IO/OB 期刊作为主要文献来源。之所以这样选择,是因为家庭亲善福利隶属于工作—家庭研究范畴,而该议题在管理学受到了较多重视,相应地也有较多高品质的研究成果;虽然近些年家庭亲善福利开始获得社会学等学科领域的关注,但是学者多将其视为家庭政策的组成部分,没有赋予其独立的学术地位,更遑论开展专门研究。最重要的是,这些出版物不仅能够周期性地发表关于工作和家庭的研究,而且一直位于顶级 IO/OB 期刊目录之上,具有较高的学术借鉴和研究价值[①]。这些期刊包括 *Academy of Management Journal*、*Administrative Science Quarterly*、*Group and Organization Management*、*Human Resource Management Journal*、*Journal of Applied Psychology*、*Journal of Business and Psychology*、*Journal of Management*、*Journal of Management Studies*、*Journal of Occupational Health Psychology*、*Journal of Occupational and Organizational Psychology*、*Journal of Organizational Behavior*、*Organizational Research Methods*、*Personnel Psychology*、*Journal of Vocational Behavior* 和 *Organizational Behavior and Human Decision Processes* 等。此外,为了资料的完备性,研究还选取了其他相关期刊,在此不一一赘述。

二 文献遴选

通过明确文献搜索的有效关键词,选取内容翔实、更新及时的数据库来查找上述期刊中的外文文献和优秀中文文献;接着,使用规范的遴选标准来选取符合要求的文献资料。

首先,为了获得最精准的文献,我们将"家庭亲善福利"作为核心关键词;同时,为了保证文献资料的全面性与丰富性,研究将搜索关键词拓展到家庭亲善福利的类似表达。最终确定的文献搜索关键词为 Family Friendly Benefits、Family-Friendly Policies、Family Friendly Programs、Work-Life Programs、Family-Responsive Human Resource Policies、Family-Supportive Policies、Work-Family Policies、Family-Oriented Benefits、家庭友好政策、家庭亲善实践、家庭亲善政策等。

---

① Jonathan L. Johnson and Philip M. Podsakoff, "Journal Influence in the Field of Management: An Analysis Using Salancik's Index in a Dependency Network", *Academy of Management Journal*, Vol. 37, No. 5, October 1994, pp. 1392–1407.

其次，为了获得该领域最前沿、最权威、最翔实的文献资料，我们利用 ScienceDirect（Elsevier）、EBSCO、SAGE journals、ProQuest Central、Wiley、JSTOR、Springer Link、American Psychological Association（APA）、Oxford University Press、High Wire Press、Taylor & Francis、Google Scholar、Web of Science（SCI/SSCI/CPCI）、Emerald 等数据库查找 1980 年后的外文文献。对于没有下载权限的期刊论文，以及国内无法购买到的图书，则通过在国外访学的老师和朋友等获取资料及邮购书籍。对于尚未公开发表的书籍、会议论文、工作论文等，则通过与国外学者直接邮件沟通或者 Research Gate 中介申请的方式来获得相应文档或者 PPT 阅读权。中文文献的查找主要利用中国学术期刊全文数据库（CNKI）、中国学位论文全文库（万方）、中文期刊全文库（维普）、人大复印资料、中国优秀博硕士学位论文全文数据库和台湾博硕士论文网等数据库。通过上述搜索步骤初步确定了 458 篇非重复文献。

最后，对初步确定的文献进行二次甄别。本书组建了文献分析小组。小组成员独立研读了 458 篇文献，分别选出各自认为比较切合题意的文献，列入备选名单；将相关度低、质量不高和与要求相去甚远的文献列入删除名单。接着，小组成员对有争议的文章进行共同讨论，通过反复的比较和推敲最终形成一份统一的删选名单。

第二节　家庭亲善福利的缘起与维度

家庭亲善福利的出现和发展是历史的产物，最初即与人口生育率低下这一人口学变化关联密切，因此讨论人口发展背景下家庭亲善福利体系的构建有着天然的适切性。随着学术研究纵深发展，家庭亲善福利的概念和维度进一步明确。

一　家庭亲善福利的起源

家庭亲善福利起源于美国、英国、澳洲等国家。当时，这些国家正面对人口生育率日益降低所造成的劳动力萎缩，以及女性进入劳动力市场并需承担家庭责任的双重需求，为了促进企业不断发展，这些企业纷纷提出了一系列员工激励措施①。随着越来越多的女性员工进入职场，她们既渴望事业成功又需承担家庭照顾职责，工作和家庭两个领域的冲突越发激烈。为了留住数量不断增加的女性员工，为组织发展提供更多助力，企业开始不断尝试通过提供家庭亲善福利来实现上述目标。因此，20世纪70年代，学者们就以女性员工最为关心的子女照料和员工援助为着力点，试图通过提供相应的家庭亲善福利来帮助员工（尤其是女性员工）更好地应对工作—家庭冲突，降低情绪疲惫、健康欠佳等带来的生产力下降②。后来，家庭亲善福利增加了父亲休假，并将所有负有子女和父母照料责任的雇员作为服务对象，福利的服务对象得到进一步扩大。随着时代的进步，人口趋势转变和就业市场紧缩，企业逐渐意识到需要关注员工和孩子甚至是配偶、父母、朋友和其他利益相关群体的价值观和愿望，从而推动出现了更广泛的家庭亲善福利来满足不断变化的工作和家庭需求。

家庭亲善福利有多种表述方式，其中具有代表性的术语包括家庭亲善项目、工作—生活项目、家庭援助计划、家庭援助措施、家庭响应的人力资源政策、家庭支持型政策、工作—家庭政策、家庭导向福利、家庭亲善政策等。在美国，学者将家庭亲善福利称为"工作—生活平衡政策"，避免刺激到单身的员工，并致力于推进单身员工与已婚员工之间的社会融合。而在英国，工会网站上则以"工作—生活平衡"来涵盖家庭亲善有关福利。虽然表述有所差别，但是家庭亲善福利致力于帮助员工解决生活困难的初衷却从未改变。

二 家庭亲善福利的维度

家庭亲善福利侧重于组织或雇主为员工提供服务，具有单向性，即"组织→员工"。时至今日，家庭亲善福利的表现方式越发多元，内容结构愈加丰富，践行了从少到多、从个别到一般、从特殊到普遍的发展进程。家庭亲善福利包含诸多政策而非某种单一政策，因此也被形象地比

---

① Shirley Dex and Fiona Scheibl, "Flexible and Family-Friendly Working Arrangements in UK-Based SMEs: Business Cases", *British Journal of Industrial Relations*, Vol. 39, No. 3, September 2001, pp. 411-431.

② Ann Bookman and Mona Harrington, "Family Caregivers: A Shadow Workforce in the Geriatric Health Care System?" *Journal of Health Politics, Policy and Law*, Vol. 32, No. 6, December 2007, pp. 1005-1041.

喻为"一揽子政策"。自家庭亲善福利进入学者的研究视野以来，学者就不断探索其所蕴含的维度，并试图进行梳理和提炼。到目前为止，在学术界对于家庭亲善福利的类型划分主要存在下述三种代表性的观点。

(一) 两分法

两分法强调家庭亲善福利共有两种类型。Grover 和 Crooker 将家庭亲善福利归纳为两类：一类是包括兼职工作、职位分享、变动开始和结束时间在内的弹性工作时间；另一类是使用转介服务、一站式或者放学后的日间照顾中心而允许员工一段时间离开工作来处理家庭事务以及儿童照顾救助的家庭休假政策[1]。Allen 则认为家庭亲善福利包括弹性工作安排和家属照料支持两大类，其中弹性工作安排包括弹性时间、压缩工作周、远程办公和兼职工作，而家属照料支持则包括现场儿童抚育、儿童保健补贴、子女照料信息的提供及推荐服务、带薪产假、带薪陪护假，以及老人照料帮助等，这种划分在目前研究中应用非常广泛[2]。Heywood 等则认为家庭亲善福利通常包括两类：一类致力于缓解员工的家庭责任（如，现场托儿服务）；另一类则意在帮助员工履行家庭责任（如假期、弹性工作时间）[3]。Butts 等的元分析将家庭亲善福利区分为家庭照顾政策和弹性工作政策两种，其中家庭照顾政策能够有效帮助当前或未来有抚养义务的员工，而弹性工作政策（包括远程工作和弹性工作时间）则更适合于应对多样的非工作和个人问题[4]。

(二) 三分法

三分法则意味着家庭亲善福利有三种形式。其中，Morgan 和 Milliken 将家庭亲善福利分为以下三种类型：①假期选择，包括产假、收养假、陪产假、老人照料假或者其他家庭紧急事件；②弹性工作选择，包括兼

---

[1] Steven L. Grover and Karen J. Crooker, "Who Appreciates Family-Responsive Human Resource Policies: The Impact of Family-Friendly Policies on the Organizational Attachment of Parents and Non-Parents", *Personnel Psychology*, Vol. 48, No. 2, June 1995, pp. 271–288.

[2] Tammy D. Allen, "Family-Supportive Work Environments: The Role of Organizational Perceptions", *Journal of Vocational Behavior*, Vol. 58, No. 3, June 2001, pp. 414–435.

[3] John S. Heywood, Stan Siebert and Xiangdong Wei., "Estimating the Use of Agency Workers: Can Family-Friendly Practices Reduce Their Use?" *Industrial Relations*, Vol. 50, No. 3, July 2011, pp. 535–564.

[4] Marcus M. Butts, Casper, Wendy J. and Yang, Tae Seok., "How Important are Work-Family Support Policies? A Meta-Analytic Investigation on Their Effects on Employee Outcomes", *Journal of Applied Psychology*, Vol. 98, No. 1, October 2013, pp. 1–25.

职工作、工作分享、弹性时间和居家工作项目；③家属照料福利，包括对家属照料扣除税前工资，提供补助、咨询服务；工作场所或者工作场所附近的儿童看护服务；紧急事件照料项目；促进社区子女照料和老人照料的项目[①]。Neal 等根据家庭亲善福利的形式，将之划分为政策、福利和服务三类。其中，政策包括轮班、兼职工作、弹性工作时间；福利包括医疗保障、旅游假期、带薪假期和子女照料假期；服务包括工作场所的儿童看护中心、资源咨询和推荐系统、病假和照顾老人计划，以及一系列支持性服务的折扣和优惠等[②]。Glass 和 Finley 则把家庭亲善福利归纳为三类：一类是在不减少每周平均工作时间的前提下，通过弹性时间、远程办公、工作分享为员工提供更多工作时间弹性的弹性工作日程；另一类是通过现场和非现场子女照顾、子女照顾赠券、教育项目为父母提供工作场所社会支持的政策；最后一类是通过旅游假期、病假、产假、突发育儿假期或者减少每周平均工作时间来获得家庭照料时间的政策和福利，即亲子假[③]。此外，根据 Lapierre 和 Allen 对家庭亲善福利内涵的延伸，认为家庭亲善福利不仅包括给员工提供更多具有灵活性的政策，例如弹性工时、居家工作、压缩工作周和兼职工作等；而且包括帮助他们履行父母责任的政策，例如产假、工作场所的儿童看护中心、儿童照顾假期和儿童照顾补助；还包括为员工带来情感支持的政策，例如支持型主管和工作—家庭亲善文化[④]。

（三）四分法

四分法强调从四个方面来对家庭亲善福利进行解释。Bourhis 和 Mekkaoui 将家庭亲善福利概括为四种范畴：①对儿童、家属或老年的照

[①] Hal Morgan and Frances J. Milliken, "Keys to Action: Understanding Differences in Organizations' Responsiveness to Work-and-Family Issues", *Human Resource Management*, Vol. 31, No. 3, Autumn (Fall) 1992, pp. 227-248.

[②] Margaret B. Neal, Nancy J. Chapman, Berit Ingersoll-Dayton and Arthur C. Emlen, *Balancing Work and Caregiving for Children, Adults, and Elders*, Newbury Park, CA: Sage, 1993, pp. 191-254.

[③] Jennifer L. Glass and Ashley Finley, "Coverage and Effectiveness of Family-Responsive Workplace Policies", *Human Resource Management Review*, Vol. 12, No. 3, September 2002, pp. 313-337.

[④] Laurent M. Lapierre and Tammy D. Allen, "Work-Supportive Family, Family-Supportive Supervision, Use of Organizational Benefits, and Problem-Focused Coping: Implications for Work-Family Conflict and Employee Well-Being", *Journal of Occupational Health Psychology*, Vol. 11, No. 2, May 2006, pp. 169-181.

料支持；②休假制度，如生育假、亲子假、事假；③员工救助项目和咨询转介服务；④灵活工作安排，包括灵活工作时间、兼职工作、家庭远程办公[①]。Kim 和 Wiggins[②] 以及 Lee 和 Hong[③] 则将家庭亲善福利总结为子女照料津贴、家庭照料有薪假期、远程办公和弹性工作日程四种类型。而 Kim 和 Faerman 则认为家庭亲善福利类型包括弹性时间、子女照料、家庭照料和财政支持四种类型的项目，其中弹性时间项目指的是赋予员工时间和空间弹性的政策（包括弹性时间、工作分享和弹性地点等），子女照料项目包括假期政策和为生育和育儿进行的实践（包括产假、陪产假、子女照料帮助等），家庭照料项目指的是组织帮助员工照顾生病或者身处困境的家人（包括因家庭需求的请假和老人照料帮助等），而财政支持则相对较少，主要是通过提供金钱援助来帮助员工实现工作—生活平衡[④]。

总体而言，这些研究逐渐将"弹性""支持""假期""津贴""咨询""救助"纳入家庭亲善福利的内涵，使家庭亲善福利更具多元性。家庭亲善福利不仅包含"时间""地点"两条主线，还包括"工作""非工作（拥有较家庭更广泛的含义）"两种具体情境。2016 年，张伶等基于中国文化情境，将家庭亲善福利总结为四个维度，为中国家庭亲善福利研究提供了重要参考，如表 2-1 所示。

表 2-1　　　　　　　　　　　家庭亲善福利的维度

类型	家庭亲善福利具体条目
弹性政策	弹性工作时间、在家工作或远程办公、轮班制或换班顶替工作、压缩工作周、灵活的职业路径、允许员工在减少福利的情况下自愿减少工作时间

[①] Anne Bourhis and Redouane Mekkaoui, "Beyond Work-Family Balance: Are Family-Friendly Organizations More Attractive?" *Relations Industrielles/Industrial Relations*, Vol. 65, No. 1, March 2010, pp. 98-117.

[②] Jungin Kim and Mary Ellen Wiggins, "Family-Friendly Human Resource Policy: Is It Still Working in the Public Sector?" *Public Administration Review*, Vol. 71, No. 5, September 2011, pp. 728-739.

[③] Soo-Young Lee and Jeong Hwa Hong, "Does Family-Friendly Policy Matter? Testing Its Impact on Turnover and Performance", *Public Administration Review*, Vol. 71, No. 6, November 2011, pp. 870-879.

[④] Kim, Ji Sung and Sue R. Faerman, "Exploring the Relationship Between Culture and Family-Friendly Programs (FFPs) in the Republic of Korea", *European Management Journal*, Vol. 31, No. 5, October 2013, pp. 505-521.

续表

类型	家庭亲善福利具体条目
亲属照顾	提供子女教育服务或支持，提供家庭健康计划，为员工配偶或家人协助解决工作，为员工家中子女、老人或病人等提供相应的援助措施，为员工亲属提供福利，定期安排家庭日
休闲假期	提供带薪假期、提供无薪假期、灵活的请假制度、允许停薪留职
员工援助	提供保障性或周转性住房或补贴，提供健康服务与支持，提供法律援助服务，提供交通、餐饮等补贴、提供紧急借款援助、协助获取当地户口

资料来源：张伶、聂婷、黄华：《中国情境下家庭亲善政策量表的开发与验证》，《管理学报》2016 年第 3 期。

第三节 家庭亲善福利的理论视角

在学术体系中，研究者主要是围绕五个传统理论视角阐释家庭亲善福利，这些理论包括制度理论、组织适应理论、高承诺理论、情境理论和机会均等理论。随后，学者不断地将其他理论引进来，其中适用于本研究的理论为社会交换理论、供给侧理论、激励相容理论和工作—家庭资源理论。

一 家庭亲善福利的传统理论视角

研究文献通常从组织提供角度出发，围绕五个传统理论视角来阐释家庭亲善福利，这些理论包括制度理论、组织适应理论、高承诺理论、情境理论和机会均等理论。

（一）制度理论

制度理论（Institutional Theory）从社会环境入手，认为外部的社会规范性压力能够迫使组织实施家庭亲善福利，即将家庭亲善福利的出现和发展指向社会压力。

每个社会都存在着既定的社会规范要求。例如，扶危济困、助人为乐、见义勇为等。社会规范旨在实现和维持社会合法性[①]，而非获得简单

[①] Alan Felstead, Nick Jewson, Annie Phizacklea and Sally Walters, "Opportunities to Work at Home in the Context of Work-Life Balance", *Human Resource Management Journal*, Vol. 12, No. 1, January 2002, pp. 54-76.

的经济合理性①。因此,在很多情况下,社会规范行为都是没有既得利益的。这种外部社会环境压力会时时刻刻地影响组织,使组织产生顺应和遵循社会规范的各种行为。当社会规范重视员工工作—家庭平衡时,大型企业、公共部门或者某些行业组织(如卫生保健)就会因为处于公众的视线范围之中,需要随时接受外界"眼光"而更多地采用家庭亲善福利来减少工作—家庭冲突②。在同一地区和行业,采取家庭亲善福利的雇主越多,相关机构实施家庭亲善福利的概率就越高③。例如,小型私营企业主会向同行业竞争者看齐,因害怕落后而效仿他人的家庭亲善福利,不然就可能损害在供货商、客户和现有员工眼中的声誉,招聘也将变得更加困难。基于此,组织会根据不同的规模、部门、工会组织和行业实行的硬性制度而采用不同的家庭亲善福利。

(二) 组织适应理论

组织适应理论(Organizational Adaptation Theory)对制度理论范畴以外的制度性回应做出了解释,是对制度理论的一种延伸。

针对组织如何根据环境变动进行调整,以及如何选择或创建一个更亲善的工作环境等问题,组织可通过自行定义外部压力来灵活回应环境变化④。这些变化主要包括:工作模式改变,女性员工日益增多,双职工家庭和单亲家庭不断增加,子女照顾使雇主面临更多的员工迟到、旷工、分心等风险。而这些问题会极大地增加雇主成本,并且导致员工对家庭方面援助的需求。因此,如果公司想招聘到高质量的职业员工,最有效的办法就是提供家庭亲善福利⑤。

---

① Stephen Wood and Lilian M. De Menezes, "Family-Friendly Management, Organizational Performance and Social Legitimacy", *The International Journal of Human Resource Management*, Vol. 21, No. 10, August 2010, pp. 1575-1597.

② Christine Oliver, "Strategic Responses to Institutional Processes", *The Academy of Management Review*, Vol. 16, No. 1, January 1991, pp. 145-179; Hal Morgan and Frances J. Milliken, "Keys to Action: Understanding Differences in Organizations' Responsiveness to Work-and-Family Issues", *Human Resource Management*, Vol. 31, No. 3, Autumn (Fall) 1992, pp. 227-248.

③ Jerry Goodstein, "Employer Involvement in Eldercare: An Organizational Adaptation Perspective", *Academy of Management Journal*, Vol. 38, No. 6, December 1995, pp. 1657-1671.

④ Alfred D. Chandler Jr. ed., *Strategy and Structure: Chapters in the History of the Industrial Enterprise*, Cambridge: The Massachusetts Institute of Technology Press, 1962, pp. 363-375.

⑤ Paul Osterman, "Work/Family Programs and the Employment Relationship", *Administrative Science Quarterly*, Vol. 40, No. 4, December 1995, pp. 681-700.

(三) 高承诺理论

高承诺理论 (The High-Commitment Perspective) 以承诺为基础，正是组织对较高承诺的追求推动了家庭亲善福利的实施。

组织承诺指的是员工愿意表达自己的真实想法并将知识运用于组织生产中的程度[1]。高承诺工作系统与家庭亲善福利存在关联，这是因为工作系统的功能发挥需要员工对企业的高水平承诺和主动性思维，故而雇主需要激励员工增强组织承诺。该理论认为，家庭亲善福利能够增强员工承诺对组织结果的影响，这与社会交换理论的观点相契合[2]，即组织以家庭亲善福利来交换组织承诺。基于此，拥有高承诺工作系统的组织会实施更多的家庭亲善福利，以便收获更高的组织承诺、忠诚和绩效。

(四) 情境理论

情境理论 (The Situational Perspective) 又被称为"实践响应理论" (Practical Response Perspective)，是解释家庭亲善福利的重要理论之一。

情境是家庭亲善福利需要重点考虑的内容。该理论主张适应本地情形，依情景差异而适时调整行为策略，颠覆了强调顺应社会规范性压力的制度理论[3]。具体地，西方国家在文化传统上推崇自由主义和思想解放，强调个人主义，鼓励独立自主；而东方国家则推崇儒家或印度教价值观，重视集体主义，推崇团结合作和无私奉献[4]。在家庭亲善福利的实施过程中我们需要注意四种情景：主管支持、普遍性、可协商性和沟通质量[5]。其中，家庭亲善福利的主管支持包括情感型支持和工具型支持。主管支持行为认可个人需求和价值偏好，更具尊重和包容感，会消除雇

---

[1] Paul Osterman, "Work/Family Programs and the Employment Relationship", Administrative Science Quarterly, Vol. 40, No. 4, December 1995, pp. 681-700.

[2] Peter. M. Blau, Exchange and Power in Social Life, New York: Wiley, 1964, pp. 3-8.

[3] Stephen Wood and Lilian M. De Menezes, "Family-Friendly Management, Organizational Performance and Social Legitimacy", The International Journal of Human Resource Management, Vol. 21, No. 10, August 2010, pp. 1575-1597.

[4] Zaiton Hassan, Maureen F. Dollard and Anthony H. Winefield, "Work-Family Conflict in East vs Western Countries", Cross Cultural Management: An International Journal, Vol. 17, No. 1, February 2010, pp. 30-49.

[5] Ann Marie Ryan and Ellen Ernst Kossek, "Work-Life Policy Implementation: Breaking Down or Creating Barriers to Inclusiveness?" Human Resource Management, Vol. 47, No. 2, June 2008, pp. 295-310.

员使用政策的障碍。普遍性坚持家庭亲善福利是面向所有人群的，不因种族、性别、婚姻状况、地域的不同而不同，不具有特殊主义色彩。可协商性主张考虑多样化的个体需求，避免"一刀切"。有效沟通则更能显示政策的包容性和雇主关怀，能够打破政策潜在壁垒，增加政策的使用价值。

在家庭亲善福利实践过程中，组织需要根据实际情况来调整管理策略。例如，很多跨国公司在海外已经形成了较为完善和系统的家庭亲善福利体系，但是当它们落户于东方国家时，还需要根据当地的文化背景和实际需求及时调整政策实施策略，使政策更具针对性，实现本土化；反之，这些公司则会很难融入当地生活，经济利益受损，甚至造成企业停产或倒闭。

（五）机会均等理论

机会均等理论（The Equal-Opportunity Perspective）强调每个人都拥有同等的机会和权利，以构建更加平等的社会环境。

组织实施家庭亲善福利的目的就是消除性别、种族和年龄歧视[1]。在家庭亲善福利实践中，组织仅仅将家庭亲善福利视为组织的额外福利，并且以零碎而非广泛的方式来践行[2]。在该理论下，家庭亲善福利是一种新型的管理方式。也就是说，组织实施家庭亲善福利体现出公平分配资源和支持员工需求的倾向，而这则有助于员工形成积极的态度和行为[3]。

根据实践目标差异，家庭亲善福利的解释理论有所不同。制度理论关注社会规范要求，坚信组织实施家庭亲善福利是对这种环境压力的被动接受；组织适应理论强调组织对社会发展变动的主动调整，以更好地满足社会期望；高承诺理论以承诺为研究焦点，将组织提供家庭亲善福

---

[1] Stephen Wood and Lilian M. De Menezes, "Family-Friendly Management, Organizational Performance and Social Legitimacy", *The International Journal of Human Resource Management*, Vol. 21, No. 10, August 2010, pp. 1575-1597.

[2] Steven L. Grover and Karen Crooker, "Who Appreciates Family-Responsive Human Resource Policies: The Impact of Family-Friendly Policies on the Organizational Attachment of Parents and Non-Parents", *Personnel Psychology*, Vol. 48, No. 2, June 1995, pp. 271-288.

[3] Justin Aselage and Robert Eisenberger, "Perceived Organizational Support and Psychological Contracts: A Theoretical Integration", *Journal of Organizational Behavior*, Vol. 24, No. 5, August, 2003, pp. 491-509.

利视为获得员工组织承诺的手段；情境理论主张因时因地地制定组织策略，具有较多灵活性；机会均等理论追求社会的整体平等，有利于构建更公平合理的社会环境。其中，制度理论、组织适应理论和情境理论都指向外部环境压力的缓解，而高承诺理论和机会均等理论则意在主动获得某种期望结果。

二　适用于本书的理论视角

学者不断地将其他理论引入，从不同维度对家庭亲善福利进行阐释和思考，这些理论包括角色扩张理论、社会交换理论、社会认知理论、资源保存理论、边界理论、情感理论、供给侧理论、激励相容理论和工作—家庭资源理论等。其中，与本书契合的理论视角有四个：社会交换理论、供给侧理论、激励相容理论和工作—家庭资源理论。

（一）社会交换理论

社会交换理论（Social Exchange Theory）是一个重要的社会学理论，广泛应用于社会学、心理学、管理学、经济学和统计学等研究领域。该理论源于对美国社会学家帕森斯提出的"结构功能主义"的反驳热潮，是20世纪50年代的重要理论产出。其中，霍曼斯和布劳是社会交换理论的集大成者。"交换"源于礼物互赠，后来扩展到社会行为。其中，"互惠规范"是社会交换理论的启动机制。"社会交换，不管它是否以这种仪式化的形式出现，都包含着带来了各种未来义务的恩惠，不是加以精确规定的义务，回报的性质不能加以讨价还价，而是必须留给作回报的人自己决定。"[①] 因此，社会交换不是物品与金钱的交互，其意在"引起个人的义务感、感激之情和信任感"[②]。

根据社会交换理论，家庭亲善福利以照料支持、弹性支持和假期支持三种方式体现组织关怀员工，员工则以更高的绩效、更高的组织认同和更高的敬业度来回报组织，践行了社会交换理论的两条理论路径[③]。

（二）供给侧理论

供给侧理论又被称为"供给侧结构性改革理论"，源自经济学派19世纪初"萨伊定律"的提出和发展，而后历经凯恩斯主义否定、复辟、再否定，呈螺旋式上升发展特点，直至美国发生"次贷危机"，供给侧以

---

① ［美］布劳：《社会生活中的交换与权力》，李国武译，商务印书馆2012年版，第159页。
② ［美］布劳：《社会生活中的交换与权力》，李国武译，商务印书馆2012年版，第160页。
③ 张伶、刘叶：《社会交换视角下的家庭亲善政策》，《天津社会科学》2016年第4期。

"供给管理"的形式回归学术界①。供给侧强调对经济发展有利的因素或者力量的提供,如企业等经济活动主体,资本、劳动力等生产要素,技术提升等要素升级以及制度变革等②。供给侧与需求侧相对应,强调资源的优化配置以及对需求的满足与提供。2015年11月10日,在召开的中央财经领导小组第十一次会议上,习近平强调,在适度扩大总需求的同时,着力加强供给侧结构性改革,着力提高供给体系质量和效率,增强经济持续增长动力,推动我国社会生产力水平实现整体跃升③,即中国经济发展应从"需求侧"向"供给侧"转移④。

根据供给侧理论,以实现我国人口高质量发展为出发点,在国家、社会、家庭、组织、个体等多主体共同作用下,提高家庭亲善福利对居民生育需求变化的灵活性,从供给侧方面及时做出调整,实现精准对接。

(三) 激励相容理论

激励相容理论(Incentive Compatibility Theory)源于经济学派思想,是当前企业管理和公共政策的重要理论。激励相容的概念首先出现在哈维茨(Hurwicz)于1972年创立的机制设计理论中,后来美国教授维客里(Vichrey)和英国教授米尔利斯(James Mirlees)将激励相容理论用于解决委托—代理问题,开创了信息不对称条件下的激励理论—委托代理理论⑤。根据现代经济学理论,市场经济中的所有经济行为主体(包括政府、企业和个人)都兼具理性和自利,并且会根据个人利益最大化原则规划自身行为⑥。因此,当政策目标与人们的需求重合在一起时,会产生

---

① 贾康、苏京春:《探析"供给侧"经济学派所经历的两轮"否定之否定"——对"供给侧"学派的评价、学理启示及立足于中国的研讨展望》,《财政研究》2014年第8期。
② 滕泰、范必等:《供给侧改革》,东方出版社2015年版,第12页。
③ 新华网:《习近平提"供给侧结构性改革",深意何在?》,http://news.cnr.cn/native/gd/20160113/t20160113_521127114.shtml,2016年1月13日。
④ 刘萍:《供给侧视角下全日制护理硕士专业学位研究生培养方案的构建》,硕士学位论文,山东大学,2021年。
⑤ 周黎莎、余顺坤:《基于激励相容的企业绩效管理模式设计》,《技术经济与管理研究》2012年第1期。
⑥ 蒋长流:《多维视角下中国低碳经济发展的激励机制与治理模式研究》,《经济学家》2012年第12期。

有效的"激励"结果,即"激励相容";反之,则会出现"激励不相容"[①]。

具体到生育政策上,如果政策激励的宏观机制和人们关注的微观需求相互吻合,将促进民众生育意愿的提升;但当政策内容与群体需要之间无法有效配合与相容,将可能长期遭遇低生育的人口危机[②]。根据激励相容理论,家庭亲善福利体系的构建必须与我国人民群众的群体性需要有机配合和激励相容,才能真正利于我国人口高质量发展。

(四)工作—家庭资源理论

工作—家庭资源理论(The Work-Home Resources Model)最早是由鹿特丹伊拉斯姆斯大学的 Ten Brummelhuis 和 Bakker 于 2012 年在 American Psychologist 上发表的论文中提出的。工作—家庭资源理论是以一种综合的视角,在同一个模型中解释冲突与增益,同时考虑到系统、资源、边界管理策略和员工决策。依据该模型,个体性资源的消耗解释了工作和家庭角色之间的冲突或干扰,即当一个领域(如工作)的要求通过消耗个体资源而阻碍另一个领域(如家庭)的结果时,工作—家庭冲突就发生了;当一个领域(如工作)的资源通过增加个体资源而改善另一个领域(如家庭)结果时,工作—家庭增益就发生了,反之亦然[③]。如图 2-1 所示。

资源是该模型的核心概念。图 2-2 为资料的具体类型。其中,客体实物和环境是存在于社会情境中的持久的资源;能量是个人内在的高度不稳定的资源;社会支持是由重要他人所提供的工具性的、信息化的、情感性的和评价性的支持[④];结构性的个体资源具有建设性,包括技能、健康、知识、观点和经历等。

[①] 朱荟、苏杨:《基于激励相容理论的韩国生育政策实践检视——兼论对中国的启示》,《人口与经济》2019 年第 3 期。

[②] 朱荟、苏杨:《基于激励相容理论的韩国生育政策实践检视——兼论对中国的启示》,《人口与经济》2019 年第 3 期。

[③] Lieke L. Ten Brummelhuis and Arnold B. Bakker, "Resource Perspective on the Work-Home Interface: The Work-Home Resources Model", American Psychologist, Vol. 67, No. 7, December 2012, pp. 545-556.

[④] Stevan E. Hobfoll, "Conservation of Resources: A New Attempt at Conceptualizing Stress", American Psychologist, Vol. 44, No. 3, April 1989, pp. 513-524; Stevan E. Hobfoll, "Social and Psychological Resources and Adaptation", Review of General Psychology, Vol. 6, No. 4, December 2002, pp. 307-324.

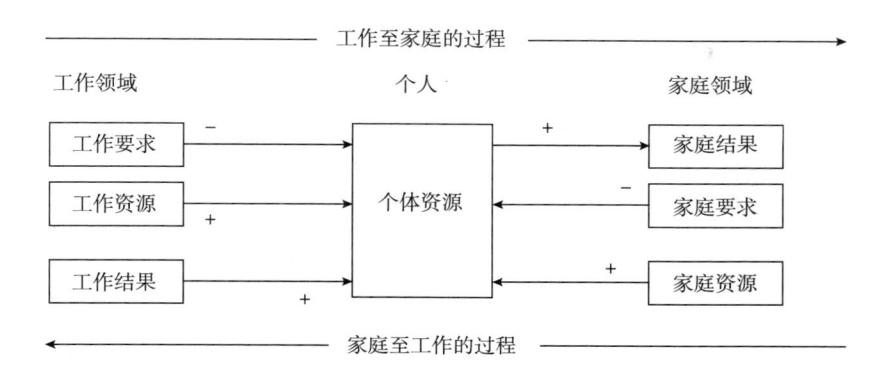

图 2-1　工作—家庭资源模型

资料来源：Lieke L. Ten Brummelhuis and Arnold B. Bakker, "Resource Perspective on the Work-Home Interface: The Work-Home Resources Model", *American Psychologist*, Vol. 67, No. 7, December 2012, pp. 545-556.

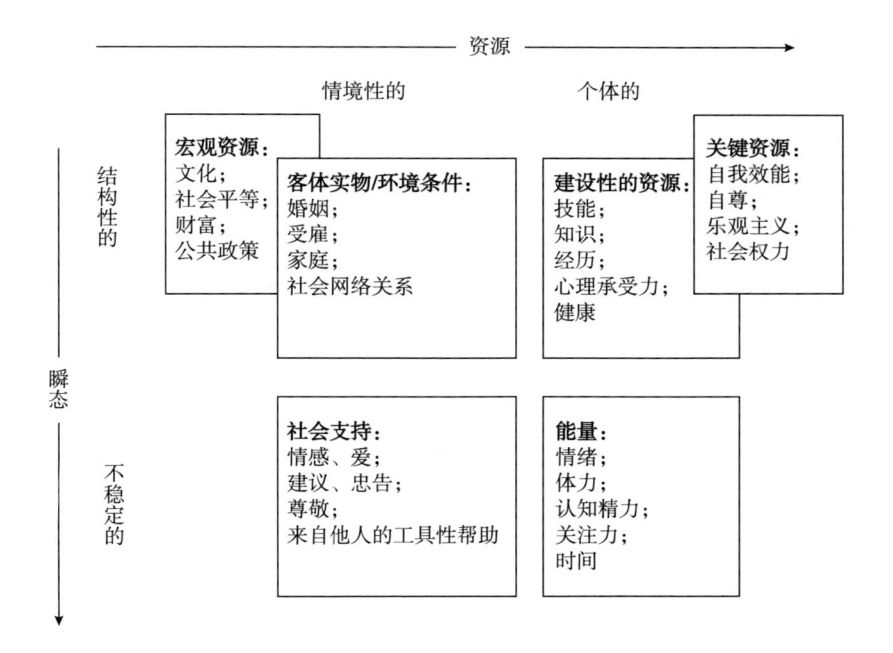

图 2-2　资源的类别

资料来源：Lieke L. Ten Brummelhuis and Arnold B. Bakker, "Resource Perspective on the Work-Home Interface: The Work-Home Resources Model", *American Psychologist*, Vol. 67, No. 7, December 2012, pp. 545-556; Stevan E. Hobfoll, "Social and Psychological Resources and Adaptation", *Review of General Psychology*, Vol. 6, No. 4, December 2002, pp. 307-324.

根据工作—家庭资源模型，家庭亲善福利体系的构建既要考虑工作和家庭的交叉效应，也要考虑工作和家庭的溢出效应，因此家庭亲善福利体系构建不是单纯的政策设计问题，而是与工作要求、家庭需求、配偶支持等密切相关的服务体系。

第四节　家庭亲善福利的研究内容

家庭亲善福利的研究内容是一个整合框架，尤为关注关系变量。大量实证研究对家庭亲善福利的关系变量进行了探讨，涉及复杂多样的变量，总结起来，这些变量主要包括前因、后果与调节变量。有的学者试图对此开展系统分析，如 2007 年，Breaugh 和 Frye 就初步勾勒出家庭亲善福利的分析框架，将前因变量归纳为组织提供家庭亲善福利和家庭支持型主管，而后果变量则是工作—家庭冲突、工作满意度和家庭满意度[1]。但是，既有分析框架都相对简单，仅仅适用于特定研究，不具系统性和综合性。因此，本节将构建一个统合性分析框架，以梳理和分析这三类变量间的关系。

一　家庭亲善福利影响因素：组织与个体

家庭亲善福利既是组织管理策略，也是个人有效履行工作和家庭责任的重要选择。根据选择政策主体的差异性，可将家庭亲善福利的影响因素细分为两种类型：组织制定因素和员工使用因素。

从研究发展脉络来看，制定家庭亲善福利的因素体现出从制度路径向理性路径的战略转向。制度路径认为，雇主是因为社会规范压力而被迫实施家庭亲善福利，这些外部压力主要包括政府形象、法律和监管责任、媒体宣传、大众舆论、同行压力和集体劳动协议等[2]。随着上述研究

---

[1] James A. Breaugh and N. Kathleen Frye, "An Examination of the Antecedents and Consequences of the Use of Family-Friendly Benefits", *Journal of Managerial Issues*, Vol. 19, No. 1, March 2007, pp. 35-52.

[2] Laura den Dulk, "Workplace Work-Family Arrangements: A Study and Explanatory Framework of Differences Between Organizational Provisions in Different Welfare States", in 1st Steven Poelmans. ed., *Work and Family: International Research on Work and Family*, Mahwah, NJ: Lawrence Erlbaum, 2005, pp. 169-191; Jerry D. Goodstein, "Institutional Pressure and Strategic Responsiveness: Employer Involvement in Work-Family Issues", *Academy of Management Journal*, Vol. 37, No. 2, April 1994, pp. 350-382.

的日渐丰富和深度拓展，制定家庭亲善福利的影响因素也从应对外部压力转为解决内部压力。也就是说，组织不再仅仅为了符合社会期待而选择提供家庭亲善福利，它们制定家庭亲善福利的初衷转为对组织自身情况的考虑，而这恰恰契合理性路径。理性路径认为，个人或组织是合乎逻辑和自私的，雇主会基于经济利益考虑自愿制定家庭亲善福利。按照这种思路，制定家庭亲善福利旨在提高绩效和降低离职率。除此之外，家庭亲善福利提供还与组织特点、管理实践与员工结构紧密相关。在组织特点方面，组织年限、规模、性质、行业，是否存在人力资源部门都对家庭亲善福利有影响[1]。管理实践方面的研究主要集中于组织内部管理系统、管理水平、管理理念、管理特点，以及效益—成本的考量[2]。员工结构方面的研究，包括对熟练工比例、女性员工比例、女性管理者比例、专业人员比例和员工子女年龄的考察[3]。

至于使用家庭亲善福利的研究，在以往强调个体与组织因素的基础上开始将家庭因素考虑进来。传统的个体影响因素广受学术界的关注，经过多轮检验，主要包括性别、年龄、职位、婚姻状况、工龄等人口统计学

---

[1] Federica Origo and Laura Pagani, "Is Work Flexibility a Stairway to Heaven? The Story Told by Job Satisfaction in Europe", *Economics Department Working Paper*, Vol. 86, No. 6, January 2006, pp. 463-498; Jing Wang and Anil Verma, "Explaining Organizational Responsiveness to Work-Life Balance Issues: The Role of Business Strategy and High-Performance Work Systems", *Human Resource Management*, Vol. 51, No. 3, May 2012, pp. 407-432; Jan De Kok and Lorraine Uhlaner, "Organization Context and Human Resource Management in the Small Firm", *Small Business Economics*, Vol. 17, No. 4, December 2001, pp. 273-291.

[2] Paul Osterman, "Work/Family Programs and the Employment Relationship", *Administrative Science Quarterly*, Vol. 40, No. 4, December 1995, pp. 681-700; Cathleen A. Swody and Gary N. Powell, "Determinants of Employee Participation in Organizations' Family-Friendly Programs: A Multi-Level Approach", *Journal of Business and Psychology*, Vol. 22, No. 2, August 2007, pp. 111-122; Hang-Yue Ngo, Sharon Foley and Raymomd Loi, "Family Friendly Work Practices, Organizational Climate, and Firm Performance: A Study of Multinational Corporations in Hong Kong", *Journal of Organizational Behaviour*, Vol. 30, No. 5, July 2009, pp. 665-680.

[3] Stephen Wood, Lilian M. De Menezes and Ana Lasaosa, "Family-Friendly Management in Great Britain: Testing Various Perspectives", *Industrial Relations*, Vol. 42, No. 2, March 2003, pp. 221-250; Berber Pas, P. Peters, J. A. C. M. Doorewaard, Rob Eisinga and Antoinette L. M. Lagro-Janssen, "Feminisation of the Medical Profession: A Strategic HRM Dilemma? The Effects of Family-Friendly HR Practices on Female Doctors' Contracted Working Hours", *Human Resource Management Journal*, Vol. 21, No. 3, January 2011, pp. 285-302; Jill E. Perry-Smith and Terry C. Blum, "Work-Family Human Resource Bundles and Perceived Organizational Performance", *Academy of Management Journal*, Vol. 43, No. 6, December 2000, pp. 1107-1117.

特征[1]。员工使用家庭亲善福利的组织因素则主要涉及组织文化、创业者经历、主管体验、同事经历、工作卷入等变量[2]。随着家庭重要性的日渐提升，学者们的研究视野转向子女抚育责任，亲属照料责任，婚姻角色承诺，父母角色承诺，时间、金钱、精力投入程度等方面[3]。

---

[1] Tammy D. Allen and Joyce E. A. Russell, "Parental Leave of Absence: Some not so Family-Friendly Implications", *Journal of Applied Social Psychology*, Vol. 29, No. 1, January 1999, pp. 166-191; Jenny M. Hoobler, "On-Site or Out-of-Sight? Family-Friendly Child Care Provisions and the Status of Working Mothers", *Journal of Management Inquiry*, Vol. 16, No. 4, December 2007, pp. 372-380; Cynthia A. Thompson, Laura L. Beauvais and Karen S. lyness, "When Work-Family Benefits are not Enough: The Influence of Work-Family Culture on Benefit Utilization, Organizational Attachment, and Work-Family Conflict", *Journal of Vocational Behavior*, Vol. 54, No. 3, June 1999, pp. 392-415; Jennifer Swanberg, "A Question of Justice: Disparities in Employees' Access to Flexible Schedule Arrangement", *Journal of Family Issues*, Vol. 26, No. 6, September 2005, pp. 866-895; Catherine Kirchmeyer, "Perceptions of Nonwork-to-Work Spillover: Challenging the Common View of Conflict-Ridden Domain Relationships", *Basic and Applied Social Psychology*, Vol. 13, No. 2, June 1992, pp. 231-249; Lauren Parker and Tammy D. Allen, "Work/Family Benefits: Variables Related to Employees' Fairness Perceptions", *Journal of Vocational Behavior*, Vol. 58, No. 3, June 2001, pp. 453-468; Sue Falter Mennino, Beth A. Rubin and April Brayfield, "Home-to-Job and Job-to-Home Spillover: The Impact of Company Policies and Workplace Culture", *Sociological Quarterly*, Vol. 46, No. 1, February 2005, pp. 107-135; Alysa D. Lambert, Janet H. Marler and Hal G. Gueutal, "Individual Differences: Factors Affecting Employee Utilization of Flexible Work Arrangements", *Journal of Vocational Behavior*, Vol. 73, No. 1, August 2008, pp. 107-117; Isabel Silva, Gino Gaio Santos, Brandão A., Ruivo S. and Lima J., Work-Family Management: Reflections on the Effectiveness of Family-Friendly Practices and Policies, in Arif Anjum, ed., *Advances in Business and Management*, New York: Nova Publishers, Editors: Nelson WD, 2015, pp. 79-94; Lina Vyas, Siu Yau Lee and Kee-Lee Chou, "Utilization of Family-Friendly Policies in Hong Kong", *International Journal of Human Resource Management*, February 12, February 2016, pp. 1-23; John F. Veiga, David C. Baldridge and Kimberly A. Eddleston, "Toward Understanding Employee Reluctance to Participate in Family-Friendly Programs", *Human Resource Management Review*, Vol. 14, No. 3, September 2004, pp. 337-351; Alan E. Gross and Peg A. Mcmullen, Models of the Help-Seeking Process, in Jeffrey D. Fisher, Arie Nadler and Bella M. DePaulo, eds., *New Directions in Helping*, New York: Academic Press, 1983, pp. 45-61.

[2] Steven Poelmans and Khatera Sahibzada, "A multi-Level Model for Studying the Context and Impact of Work-Family Policies and Culture in Organizations", *Human Resource Management Review*, Vol. 14, No. 4, December 2004, pp. 409-431; Wendy J. Casper, Lilian Eby, Christopher Bordeaux, Angie Lockwood and Dawn Lambert, "A Review of Research Methods in IO/OB Work-Family Research", *Journal of Applied Psychology*, Vol. 92, No. 1, February 2007, pp. 28-43; Joseph G. Grzywacz, David M. Almeida and Deniel A. Mcdonald, "Work-Family Spillover and Daily Reports of Work and Family Stress in the Adult Labor Force", *Family Relations*, Vol. 51, No. 1, January 2002, pp. 28-36.

[3] Michele Hoyman and Heidi Duer, "A Typology of Workplace Policies: Worker Friendly vs. Family Friendly", *Review of Public Personnel Administration*, Vol. 24, No. 2, June 2004, pp. 113-132; Laura M, Graves, Patricia Ohlott and Marian Ruderman, "Commitment to Family Roles: Effects on Managers' Attitudes and Performance", *Journal of Applied Psychology*, Vol. 92, No. 1, Febuary 2007, pp. 44-56; Jeffrey H. Greenhaus and Tammy D. Allen, Work-Family Balance: A Review and Extension of the Literature, in James Campbell Quick and Lois Tetrick, eds., *Handbook of occupational health psychology* (2nd ed.), American Psychological Association, 2011, pp. 165-183.

可见，家庭亲善福利拥有丰富的前因研究，这些变量可以被整合为组织提供和员工使用两个维度，而每个维度前因变量的关注焦点都有明显转变，这些转变包括：组织提供方面从制度路径向理性路径发展，员工使用方面从对个体和组织因素的关注转为增加对家庭因素的重视。相较而言，学者的研究重心仍然侧重组织提供维度，员工使用方面期待获得更多关注。

二 家庭亲善福利结果变量：特点、层次与态度

与家庭亲善福利前因变量的复杂多样相似，家庭亲善福利的结果变量也是纷繁复杂的。针对这些变量的梳理，能够明确学者关注焦点的转向，有效推进后续研究的开展。目前，家庭亲善福利的结果变量研究体现出从集中到分散、从组织到个体以及积极与消极共存的发展趋势。

家庭亲善福利的结果变量有从集中到发散的特点。早期的家庭亲善福利研究聚焦于绩效。该变量是组织最关注的变量，具体包括市场份额、销售利润、组织绩效、组织生产率、股东回报率和公司股价[1]。近年来，家庭亲善福利的结果变量越发多元和发散，组织承诺、离职意向、工作满意度、工作动机等工作态度和行为受到越来越多的关注[2]。随着社会交

---

[1] Robert J. Vandenberg, Hettie A. Richardson and Lorrina J. Eastman, "The Impact of High Involvement Work Processes on Organizational Effectiveness a Second-Order Latent Variable Approach", *Group & Organization Management*, Vol. 24, No. 3, September 1999, pp. 300–339; Alison M. Konrad and Robert Mangel, "The Impact of Work-Life Program on Firm Productivity", *Strategic Management of Journal*, Vol. 21, No. 12, December 2000, pp. 1225–1237; Christine Siegwarth Meyer, Swati Mukerjee and Ann Sestero, "Work-Family Benefits: Which Ones Maximize Profits?" *Journal of managerial Issues*, Vol. 13, No. 1, Spring 2001, pp. 28–44; Michelle M. Arthur, "Share Price Reactions to Work-Family Initiatives: An Institutional Perspective", *Academy of Management Journal*, Vol. 46, No. 4, August 2003, pp. 497–505; Michelle M. Arthur and Alison Cook, "Taking Stock of Work-Family Initiatives: How Announcements of 'Family-Friendly' Human Resource Decisions Affect Shareholder Value", *Industrial & Labor Relations Review*, Vol. 57, No. 4, July 2004, pp. 599–613.

[2] Samuel Aryee, Vivienne Luk and Raymond Stone, "Family-Responsive Variables and Retention-Relevant Outcomes Among Employed Parents", *Human Relations*, Vol. 51, No. 1, January 1998, pp. 73–87; Warren C. K. Chiu and Catherine W. Ng, "Women-Friendly HRM and Organizational Commitment: A Study among Women and Men of Organizations in Hong Kong", *Journal of Occupational and Organizational Psychology*, Vol. 72, No. 4, December 1999, pp. 485–502; Diane F. Halpern, "How Time-Flexible Work Policies Can Reduce Stress, Improve Health, and Save Money", *Stress and Health*, Vol. 21, No. 3, August 2005, pp. 157–168; Wendy J. Casper and Christopher M. Harris, "Work-Life Benefits and Organizational Attachment: Self-Interest Utility and Signaling Theory Models", *Journal of Vocational Behavior*, Vol. 72, No. 1, February 2008, pp. 95–109; Kwang Bin Bae and Gigeun Yang, "The Effects of Family-Friendly Policies on Job Satisfaction and Organizational Commitment: A Panel Study Conducted on South Korea's Public Institutions", *Public Personnel Management*, 2017, Vol. 46, No. 1, January 2017, pp. 25–40.

换理论、社会理性理论等理论的引入，组织和个体两个层面的变量先后双双跳入家庭亲善福利结果研究范畴。

家庭亲善福利结果的研究层次开始从组织层面到个体层面拓展。早期的家庭亲善福利结果变量集中于组织层面的讨论，该研究领域的变量主要包括绩效、旷工、病假、迟到、缺勤、员工流失率、组织承诺、组织公民行为、工作环境、组织气候、事故发生率[1]。近年来，学者开始意识到家庭亲善福利对员工个人的影响，这些影响包括工作—家庭冲突感知、敬业度、工作压力、工作动机、生活满意度、工作满意度、离职意向、偏差行为、工作效率、职业晋升、倦怠、情绪疲惫等[2]。

---

[1] Thomas Linda Thiede and Thomas James E., "The ABCs of Child Care: Building Blocks of Competitive Advantage", *Sloan Management Review*, Vol. 31, No. 2, 1990, pp. 31 – 41; Nancy L. Marshall and Rosalind C. Barnett, Family-Friendly Workplaces, Work-Family Interface, and Worker Health, in Gwendolyn Puryear Keita and Steven L. Sauter, eds., *Job Stress in a Changing Workforce: Investigating Gender, Diversity, and Family Issues*, Washington, DC: APA Books, 1994, pp. 253 – 264; Sarah Wise and Sue Bond, "Work-Life Policy: Does It do Exactly What It Says on the Tin?" *Women in Management Review*, Vol. 18, No. 1/2, February 2003, pp. 20–31.

[2] Susan Lambert, "Added Benefits: The Link Between Work-Life Benefits and Organizational Citizenship Behavior", *Academy of Management Journal*, Vol. 43, No. 5, October 2000, pp. 801 – 815; John P. Meyer, David J, Stanley, Lynne Herscovitch and Laryssa Topolnytsky, "Affective, Continuance, and Normative Commitment to the Organization: A Meta-Analysis of Antecedents, Correlates, and Consequences", *Journal of Vocational Behavior*, Vol. 61, No. 1, August 2002, pp. 20–52; Roger Mumby-Croft and Juliet Williams, "The Concept of Workplace Marketing: A Management Development Model for Corporate and Enterprise Sectors", *Strategic Change*, Vol. 11, No. 4, June 2002, pp. 205–214; N. Kathleen Frye and James A. Breaugh, "Family-Friendly Policies, Supervisor Support, Work-Family Conflict, Family-Work Conflict, and Satisfaction: A Test of a Conceptual Model", *Journal of Business and Psychology*, Vol. 19, No. 2, December 2004, pp. 197–220; Timothy D. Golden, "The Role of Relationships in Understanding Telecommuter Satisfaction", *Journal of Organizational Behavior*, Vol. 27, No. 3, May 2006, pp. 319-340; D. Lance Ferris, Douglas J. Brown and Deniel Heller, "Organizational Supports and Organizational Deviance: The Mediating Role of Organization-Based Self-Esteem", *Organizational Behavior and Human Decision Processes*, Vol. 108, No. 2, March 2009, pp. 279-286; Amah Okechukwu E., "Family-Work Conflict and the Availability of Work-Family Friendly Policy Relationship in Married Employees: The Moderating Role of Centrality and Career Consequence", *Research & Practice in Human Resource Management*, Vol. 18, No. 2, December 2010, pp. 35-46; Ellen Ernst Kossek, Shaun Pichler, Todd E. Bodner and Leslie B. Hammer, "Workplace Social Support and Work-Family Conflict: A Meta-Analysis Clarifying the Influence of General and Work-Family-Specific Supervisor and Organizational Support", *Personnel Psychology*, Vol. 64, No. 2, May 2011, pp. 289-313; Benjamin Baran, Linda Shanock and Lindsay R. Miller, "Advancing Organizational Support Theory into the Twenty-First Century World of Work", *Journal of Business and Psychology*, Vol. 27, No. 2, June 2012, pp. 123-147.

家庭亲善福利结果变量在态度上呈现出积极与消极共存的态势。家庭亲善福利实践的宗旨是为组织和个体双方带来益处，积极视角始终是家庭亲善福利结果的主导话语。学者普遍认为，家庭亲善福利能够降低员工流失率，减少招聘次数和降低招聘成本，减少临时工的使用，增加员工对组织支持的感知，提升组织吸引力，吸引并留住人才[1]。与此同时，也有研究认为家庭亲善福利并非总是有效的，消极视角开始进入学术研究视野。例如：Baughman 等发现家庭亲善福利与组织绩效仅弱相关[2]；Judge 和 Colquitt 使用 23 所大学教职员工的纵向样本，发现家庭亲善福利与工作—家庭冲突无关[3]。

不难发现，作为家庭亲善福利领域的重要研究领域，家庭亲善福利的结果变量正在面临特点、层次与态度三个方面的重要转向，而这必将为家庭亲善福利研究带来绝佳的发展契机。

三　家庭亲善福利的调节因素：组织文化

政策制定不等于政策实施，政策使用也未必会带来预期的积极效果。例如，虽然家庭亲善福利旨在为员工履行家庭责任提供便利，但是员工却不敢轻易使用这些政策，这主要是因为他们担心使用家庭亲善福利会带来别人对自己能力的负面评价，被指责只考虑家庭责任而忽略对组织的承诺，甚至影响其职业生涯前景。这种现象引发了学者们的思考：在家庭亲善福利实践过程中，是否存在某些调节变量？是否在这些变量的

---

[1] Tracey L. Honeycutt and Benson Rosen, "Family Friendly Human Resource Policies, Salary Levels, and Salient Identity as Predictors of Organizational Attraction", *Journal of Vocational Behavior*, Vol. 50, No. 2, April 1997, pp. 271-290; Shirley Dex and Heather Joshi, "Careers and Motherhood: Policies for Compatibility", *Cambridge Journal of Economics*, Vol. 23, No. 5, February 1999, pp. 641-659; Barbara L. Rau and Mary Anne M. Hyland, "Role Conflict and Flexible Work Arrangements: The Effects on Applicant Attraction", *Personnel Psychology*, Vol. 55, No. 1, March 2002, pp. 111-136; Rosemary Batt and Monique Valcour, "Human Resources Practices as Predictors of Work-Family Outcomes and Employee Turnover", *Industrial Relations*, Vol. 42, No. 2, January 2003, pp. 189-220; Alison Cook, "Connecting Work-Family Policies to Supportive Work Environments", *Group & Organization Management*, Vol. 34, No. 2, April 2009, pp. 206-240; Wendy J. Casper, Ann H. Huffman and Stephanie C. Payne, "How Does Spouse Career Support Relate to Employee Turnover? Work Interfering with Family and Job Satisfaction as Mediators", *Journal of Organizational Behavior*, Vol. 35, No. 2, February 2014, pp. 194-212.

[2] Reagan Baughman, Daniela DiNardi and Douglas Holtz-Eakin, "Productivity and Wage Effects of 'Family-Friendly' Fringe Benefits", *International Journal of Manpower*, Vol. 24, No. 3, May 2003, pp. 247-259.

[3] Timothy A. Judge and Jason A. Colquitt, "Organizational Justice and Stress: The Mediating Role of Work-Family Conflict", *Journal of Applied Psychology*, Vol. 89, No. 3, July 2004, pp. 395-404.

影响下,家庭亲善福利的实践程度和效果才会有所不同。随着家庭亲善福利研究的推进,学者们普遍认同了组织文化变量的调节作用。

组织文化不仅是组织成功实施家庭亲善福利的必要条件,还是员工使用家庭亲善福利的关键因素。组织文化可分为两种类型:支持型组织文化与阻碍型组织文化。支持型组织文化强调组织应为员工提供各种支持,这种文化有利于构建家庭亲善工作环境、培养家庭支持型主管、形成家庭亲善型的组织气氛[1],从而推动家庭亲善福利实践。阻碍型组织文化则坚持"工作第一"的管理理念,鼓励加班、工作奉献和面对面交流[2],由此形成对家庭亲善福利的消极态度,让员工因过高的职业生涯代价而放弃利用这些政策。事实上,这两种类型是组织文化的两个端点,两点相连形成一个连续体,组织文化在该连续体上所处的位置调控着家庭亲善福利实践的效果和程度。学者可从组织文化出发,为家庭亲善福利的成功实施创造条件,例如:通过大量的实证证据获得管理支持,利用信息科学技术来推广远程办公等。

不过,组织文化作为家庭亲善福利实践的调节变量还面临着学术争议,即有的研究将组织文化整体或者某一个或几个具体维度作为家庭亲善福利的前因变量。例如,Smith 和 Gardner 将管理支持、主管支持、时间要求和职业后果作为家庭亲善福利的前因变量,分别考察了其对员工使用家庭亲善福利行为的影响[3];Peper 等则将家庭亲善福利的前因变量设定为组织文化,讨论了家庭亲善福利与组织文化、工作—生活增益和职业发展之间的关系[4]。

与家庭亲善福利的前因和后果变量相比,其调节变量较为单一。这

---

[1] Linda Thiede Thomas and Daniel C. Ganster, "Impact of Family-Supportive Work Variables on Work-Family Conflict and Strain: A Control Perspective", *Journal of Applied Psychology*, Vol. 80, No. 1, February 1995, pp. 6-15.

[2] Amy S. Wharton and Mary Blair-Loy, "The 'Overtime Culture' in a Global Corporation: A Cross-National Study of Finance Professionals' Interest in Working Part-Time", *Work and Occupations*, Vol. 29, No. 1, February 2002, pp. 32-63.

[3] Jennifer Smith and Dianne Gardner, "Factors Affecting Employee Use of Work-Life Balance Initiatives", *New Zealand Journal of Psychology*, Vol. 36, No. 1, March 2007, pp. 3-10.

[4] Bram Peper, Josje Dikkers, Claartje J. Vinkenburg and M. L. Van Engen, Causes and Consequences of the Utilization of Work-Life Policies by Pofessionals: "Unconditional Supervisor Support Required", in Stephan Kaiser, Max Josef Ringlstetter, Doris Ruth Eikhof and Miguel Pina e Cunha, eds., *Creating Balance?* Berlin/Heidelberg: Springer, 2011, pp. 225-250.

在一定程度上是因为早期的家庭亲善福利研究集中精力探讨了其他相关变量,忽略了对调节因素的关注。随着家庭亲善福利日趋完善,加强对其调节机制的研究是必然趋势。

第五节　家庭亲善福利的研究设计

家庭亲善福利研究学者必须慎重考虑如何开展研究。这里将从研究设计的角度,对家庭亲善福利的研究方法、变量测量与调查对象进行论述。

一　研究方法:从问卷调查主导向多元方法拓展

大多数家庭亲善福利研究都是定量研究,即使用问卷调查法对横截面数据进行假设检验。该方法的优点是易于收集和管理数据,效率较高。早期的家庭亲善福利研究具有以问卷调查为主导的特点。例如,Gasser 和 Smart 就是采取本科生向父母或其他亲密家庭成员代发问卷的方式,获得了不同行业 188 名在职父母的调查问卷数据,以此考察了家庭亲善福利与工作结果期望、家庭结果期望和工作—家庭自我效能的关系[①]。随着科学研究方法的进步,家庭亲善福利开始使用多元化的研究方法。

尽管以问卷为主的定量研究仍然是家庭亲善福利的重要方法。不过,当前的家庭亲善福利定量研究已经不再仅仅依靠自发问卷,二手数据分析也受到越来越多的关注。例如,Feeney 和 Stritch 使用了 2011 年全国政府雇员抽样调查数据,探究了休假政策、子女照料支持、替代工作安排和家庭支持文化对工作—家庭平衡的影响[②]。再如,Wood 和 De Menezes 运用英国工作场所就业关系调查(WERS2004)的样本数据,验证了家庭亲善福利与组织绩效的关系[③]。

[①] Adam Butler, Michael Gasser and Lona Smart, "A Social-Cognitive Perspective on Using Family-Friendly Benefits", *Journal of Vocational Behavior*, Vol. 65, No. 1, August 2004, pp. 57-70.

[②] Mary K. Feeney and Justin M. Stritch, "Family-Friendly Policies, Gender, and Work-Life Balance in the Public Sector", *Review of Public Personnel Administration*, Vol. 39, No. 4, September 2017, pp. 1-27.

[③] Stephen Wood and Lilian M. De Menezes, "Family-Friendly Management, Organizational Performance and Social Legitimacy", *The International Journal of Human Resource Management*, Vol. 21, No. 10, August 2010, pp. 1575-1597.

家庭亲善福利的纵向调查数据开始出现。根据短期或者某个时间点的调查资料或者统计结果无法感知家庭亲善福利的长期影响，而家庭亲善福利的使用决策和使用过程都需要一定的时间来形成，因此学者强烈呼吁使用纵向数据开展研究。这方面的学术尝试包括 Liu 和 Wang 通过邮寄问卷获得了 2005 年和 2006 年两年的企业数据，同时利用台湾经济日报数据库中的企业数据，来考察家庭亲善福利对企业层面生产率的影响[1]。

此外，工作—家庭研究学者越来越重视情景，而这也为家庭亲善福利带来了新的生机。有的学者开始借助情景实验观察人们对家庭亲善福利的态度，例如，Casper 和 Buffardi 运用 2×2×2 实验设计，发现工作日程弹性和依赖照料者护理援助与预期的组织支持有关，而预期的组织支持则充分调节了这两种家庭亲善福利对求职意图的影响[2]。还有的学者将跨文化情景纳入研究设计中来，例如，Bloom 等就以德国、法国、英国、美国制造业共 450 余家公司为样本，研究了家庭友善型工作场所实践（FF-WP）的决定因素及其影响[3]。

总之，家庭亲善福利的研究设计正在从以问卷调查为主向问卷调查、二手数据分析、情景实验等多种资料收集方法相结合的方向拓展，开始尝试纵向研究和跨文化研究。这种数据来源的多样性有利于获得更准确的信息。未来研究需要进一步推动家庭亲善福利质性研究，促进定量与定性相结合，并且积极筹建一个周期并连续的纵向数据库。

二 变量测量：整体性变量与代表性变量共存

如何测量家庭亲善福利是学者们面临的共同议题。在现有研究中，对家庭亲善福利变量的测量可分为两种类型：①将家庭亲善福利作为整体性变量，通过列举家庭亲善福利的具体条目来进行测量；②将家庭亲

---

[1] Nien-Chi Liu and Chih-Yuan Wang, "Searching for a Balance: Work-Family Practices, Work-Team Design, and Organizational Performance", *The International Journal of Human Resource Management*, Vol. 22, No. 10, June 2011, pp. 2071-2085.

[2] Wendy J. Casper and Louis C. Buffardi, "Work-Life Benefits and Job Pursuit Intentions: The Role of Anticipated Organizational Support", *Journal of Vocational Behavior*, Vol. 65, No. 3, December 2004, pp. 391-410.

[3] Nick Bloom, Tobias Kretschmer and John Van Reenen, "Are Family-Friendly Workplace Practices a Valuable Firm Resource?" *Strategic Management Journal*, Vol. 32, No. 4, April 2010, pp. 343-367.

善福利作为代表性变量,以某几项具体的家庭亲善福利来进行研究。

对于第一类研究,学者往往直接使用"家庭亲善福利"来进行研究。例如,Hamidullah 和 Riccucci 在考察不同肤色的女性如何看待家庭亲善福利的研究中就列举出家庭亲善福利的 6 个条目,即远程办公、可替代工作时间（Alternative Work Schedules）、健康计划、员工援助计划、儿童保健计划和老年护理计划[1]。Bae 和 Goodman 则将家庭亲善福利视为"一揽子政策",通过改编 2013 年美国员工福利的条目得到常见的家庭亲善福利列表[2]。不过,这类研究通常无法获知特定政策的效果,不能有效发掘某种家庭亲善福利的重要作用。

对于第二类研究,学者通常会根据研究需要,选择几个有代表性的政策条目来测量家庭亲善福利。例如,Yanadoria 和 Katob 就选取出四种员工离职研究常用的家庭亲善福利以考察家庭亲善福利对离职行为的影响,这四种政策为弹性工作时间、产假、育儿假、护理假[3]。Wang 等在针对亚非国家银行业家庭亲善福利实践的研究中选取出 6 个家庭亲善福利项目:现场子女照料中心、儿童照顾公司咨询服务、育儿津贴、灵活工作时间、居家工作、因个人和家庭原因请假,其理由为:①这 6 种政策被调查对象所在的银行广泛使用;②这些政策得到了绝大多数西方国家实证研究的关注,而这引起了作者对亚非情景下这些政策是否同样奏效的研究兴趣;③反映出家庭亲善福利"儿童照顾福利""弹性工作"的双因素结构[4]。然而,这种方法虽然能够增加研究便利性,但也混淆了家庭亲善福利的整体内涵。

这两种测量方式并存的现状要求研究者因地制宜,以最适宜的方式

---

[1] Madinah F. Hamidullah and Norma M. Riccucci, "Intersectionality and Family-Friendly Policies in the Federal Government: Perceptions of Women of Color", *Administration & Society*, Vol. 49, No. 1, January 2016, pp. 105-120.

[2] Kwang Bin Bae and Doug Goodman, "The Influence of Family-Friendly Policies on Turnover and Performance in South Korea", *Public Personnel Management*, Vol. 43, No. 4, December 2014, pp. 520-542.

[3] Yoshio Yanadoria and Takao Katob, "Work and Family Practices in Japanese Firms: Their Scope, Nature and Impact on Employee Turnover", *The International Journal of Human Resource Management*, Vol. 20, No. 2, February 2009, pp. 439-456.

[4] Peng Wang, John J. Lawler and Kan Shi, "Implementing Family-Friendly Employment Practices in Banking Industry: Evidences from Some African and Asian Countries", *Journal of Occupational and Organizational Psychology*, Vol. 84, No. 3, April 2011, pp. 493-517.

进行研究，根据研究需求选取整体性变量或代表性变量来达成研究目的。

三　调查对象：从普遍性到特殊性

在家庭亲善福利早期研究中，学者们通常对研究主体不做具体规定，普通员工是最常见的调查对象。这样做主要是因为学者们对家庭亲善福利的性质了解甚少，他们更倾向于通过大规模的社会调查探寻家庭亲善福利的作用机理。目前，家庭亲善福利研究对象则逐渐集中在特定群体。

双职工夫妇成为家庭亲善福利的重要选择。双职工家庭意味着男女双方需要共同满足工作和家庭需求，更有可能同时面临"上有老，下有小"的现实难题，因此会更加需要家庭亲善福利的帮助。另外，根据工作—家庭界面的溢出效应，一方配偶（如妻子）使用家庭亲善福利的行为会影响另一方配偶（如丈夫）的情绪和态度。基于上述考虑，Ferguson等使用270对在职者及其配偶的调查数据，证实了工作—家庭平衡是社会支持与工作满意度、物质满意度和家庭满意度的中介变量[①]；Schooreel和Verbruggen使用多层次结构方程模型来分析186对双职工夫妇信息，以获知双职工夫妇使用家庭亲善工作安排的潜在交叉效应[②]。

使用家庭亲善福利是员工申请和主管批准的结果，因此主管—下属（领导—成员）的配对样本也是家庭亲善福利的常用样本形式。例如，Carlson等就是使用主管—下属样本（161名下属，48名与之相对的直接主管），探讨了主管的工作—家庭增益对下属工作—家庭增益和工作绩效的交叉效应[③]。研究发现，主管工作—家庭增益体验有助于构建家庭亲善工作环境，而这种环境能够为员工带来更多的工作—家庭增益和更高的绩效。

此外，家庭亲善福利还开始关注特定职业群体。例如，Wallace和Young选取律师样本探索家庭需要、家庭资源、家庭亲善工作场所与生产

[①] Merideth J. Thompson, Dawn S. Carlson, Suzanne Zivnuska and Gary Dwayne Whitten, "Support at Work and Home: The Path to Satisfaction through Balance", *Journal of Vocational Behavior*, Vol. 80, No. 2, April 2012, pp. 299-307.

[②] Tess Schooreel and Marijke Verbruggen, "Use of Family-Friendly Work Arrangements and Work-Family Conflict: Crossover Effects in Dual-Earner Couples", *Journal of Occupational Health Psychology*, Vol. 21, No. 1, August 2015, pp. 119-132.

[③] Dawn S. Carlson, Merideth J. Thompson, K. Michele Kacmar, Joseph G. Grzywacz and Gary Dwayne Whitten, "Pay it Forward: The Positive Crossover Effects of Supervisor Work-Family Enrichment", *Journal of Management*, Vol. 37, No. 3, May 2011, pp. 770-789.

力之间的关系，就是因为律师具有全程标准化的工作生产力测量记录[①]。Moon 和 Roh 利用 127 名韩国教师的调查数据考察家庭亲善福利对个人层面的影响，也是因为在韩国教师是最频繁使用家庭亲善福利的公共雇员的事实[②]。针对特定职业的研究深化了我们对家庭亲善福利的理解，有利于推动家庭亲善福利的科学制定进程。

显然，家庭亲善福利的调查对象不再囿于一般员工，而是转向双职工夫妇，配对样本和特定职业群体。这些研究帮助我们厘清了家庭亲善福利的最佳调查对象，即已婚、全职工作、育有 18 岁以下子女，以及有需要照料的年迈父母或者其他亲属。

第六节　中国家庭亲善福利研究现状

目前，中国正处于社会转型时期，各种矛盾冲突不断涌现。家庭亲善福利作为缓解工作—家庭冲突的有力手段，受到中国学者越来越多的关注。在我国，2006 年之前的家庭亲善福利研究文献寥寥无几，在此之后学者对家庭亲善福利有了更多的研究热情，但是相关文献数量却增速缓慢。

家庭亲善福利的内容维度和理论基础是研究者遇到的首要问题。为此，张伶、聂婷和黄华对中国情境下家庭亲善福利量表进行了开发和验证，将家庭亲善福利归纳为弹性政策、家属照顾、休闲假期和员工援助四个维度[③]。张伶和刘叶从社会交换视角出发分析家庭亲善福利，指出家庭亲善福利以照料支持、弹性支持和假期支持三种方式体现组织关怀员工，员工以更高的绩效、更高的组织认同和更高的敬业度来回报组织，

[①] Jean Elizabeth Wallace and Marisa Young, "Young, Parenthood and Productivity: A Study of Demands, Resources and Family-Friendly Firms", *Journal of Vocational Behavior*, Vol. 72, No. 1, February 2008, pp. 110-122.

[②] Sin-Yong Moon and Jongho Roh, "Balancing Work and Family in South Korea's Public Organizations: Focusing on Family-Friendly Policies in Elementary School Organizations", *Public Personnel Management*, Vol. 39, No. 2, June 2010, pp. 117-131.

[③] 张伶、聂婷、黄华：《中国情境下家庭亲善福利量表的开发与验证》，《管理学报》2016 年第 3 期。

践行了社会交换理论的两条理论路径①。随后,张伶和刘叶深入探索了家庭亲善福利和社会工作的关系,发现家庭亲善福利为社会工作带来新视野,社会工作能够技术支持家庭亲善福利实践,两者既存在形式差异,更具有逻辑共性②。

在家庭亲善福利本土化发展的过程中,不少学者着眼于国际经验的总结与提炼。比如,洪秀敏和刘倩倩以安德森关于福利国家的划分为依据,选取三种典型福利类型的六个国家作为研究对象,探索了三种典型福利国家家庭亲善福利的共同取向、特点、主要成效和挑战③。于秀伟重点考察了社会保险制度(如养老、医疗、失业、工伤和长期护理五大保险)中蕴含的家庭亲善福利④。吕亚军以父母假指令为例,从政策文本、实施水平、欧洲法院的判例三方面对欧盟家庭亲善福利进行性别视角分析⑤。金炳彻和都南希在低生育率危机背景下,回顾了韩国前后3次健康家庭基本计划与低生育率和高龄化基本计划、中长期保育计划、幼儿教育发展计划及儿童政策基本计划等的大纲,并通过政策评价指出政策成就⑥。刘继同探讨了世界主要国家家庭福利政策经历的五个阶段的历史发展⑦。王军平和翟丽娜系统梳理了近20个OECD国家的家庭税收优惠措施,提出在我国工薪所得税中率先探索家庭税收优惠政策,提高家庭发展能力⑧。

此外,有更多的中国学者关注家庭亲善福利的作用机制。例如,刘玉新和张建卫以全国1868名企业经理人为对象,考察了家庭亲善实践、

---

① 张伶、刘叶:《社会交换视角下的家庭亲善福利》,《天津社会科学》2016年第4期。
② 张伶、刘叶:《家庭亲善福利与社会工作关系研究》,《天津师范大学学报(社会科学版)》2017年第1期。
③ 洪秀敏、刘倩倩:《三种典型福利国家婴幼儿照护家庭友好政策的国际经验与启示》,《中国教育学刊》2021年第2期。
④ 于秀伟:《德国社会保险制度中家庭友好政策的经验与启示》,《社会保障研究》2018年第4期。
⑤ 吕亚军:《欧盟家庭友好政策的性别视角分析——以父母假指令为例》,《妇女研究论丛》2008年第1期。
⑥ 金炳彻、都南希:《低生育率危机背景下韩国家庭福利政策变迁研究》,《社会保障评论》2020年第2期。
⑦ 刘继同:《世界主要国家现代家庭福利政策的历史发展与经验规律》,《中共中央党校学报》2016年第4期。
⑧ 王军平、翟丽娜:《OECD国家家庭福利政策实践与启示》,《北京社会科学》2012年第5期。

人格特质对工作—家庭冲突的影响,结果发现组织的"政策亲善""上司亲善""文化亲善"均对工作—家庭冲突总体有显著作用[①]。张建卫和刘玉新考察了家庭亲善实践与工作意义对工作家庭冲突与退缩行为的调节作用,发现"政策亲善"能显著减少各类以及总体的退缩行为[②]。张伶、聂婷和黄华基于550份主管—员工配对问卷调查,探讨了家庭亲善福利、员工工作压力和组织认同与创新行为之间的关系,证实家庭亲善福利可通过降低员工工作压力和提高员工组织认同的中介效应来显著提高员工的创新行为[③]。

另外,还有一些研究虽然针对的是其他议题,但是却将家庭亲善福利作为应对策略。如彭希哲和胡湛对1982—2010年历次人口普查数据的分析结果表明,现有家庭政策呈现"去家庭化""再家庭化"相博弈的特征,迫切需要在尊重传统及把握趋势的基础上,重构我国现有家庭政策体系,支持和引导现代家庭发展,其中就包括使用家庭亲善福利来帮助个体实现工作—家庭平衡,促进性别和年龄平等[④]。

尽管上述研究成果对于促进家庭亲善福利的中国情景研究不断走向成熟做出了努力,但是当前我国的家庭亲善福利研究依然处于初始阶段,描述性研究仍占较大比例,而实证性研究只是最近几年才逐渐兴起的,研究的数量、层面和变量选择上都存在着广阔发展空间。

第七节　文献述评

作为工作—家庭研究的重要组成部分,日益丰富的家庭亲善福利研究带来了工作—家庭关系研究的繁盛之景。学者们开始逐渐形成一些统一的家庭亲善福利研究认知,同时批判性地看待现有研究的局限。

[①] 刘玉新、张建卫:《家庭友好实践、人格特质对工作家庭冲突的影响》,《中国工业经济》2010年第5期。

[②] 张建卫、刘玉新:《工作家庭冲突与退缩行为:家庭友好实践与工作意义的调节作用》,《预测》2011年第1期。

[③] 张伶、聂婷、黄华:《基于工作压力和组织认同中介调节效应检验的家庭亲善福利与创新行为关系研究》,《管理学报》2014年第5期。

[④] 彭希哲、胡湛:《当代中国家庭变迁与家庭政策重构》,《中国社会科学》2015年第12期。

一 文献研究中的普遍认知

（一）家庭亲善福利是关乎组织和个人的重要议题

家庭亲善福利既是组织的人力资源管理策略，也是个人同时履行工作和家庭责任的重要选择。对于组织而言，家庭亲善福利是遵循社会规范性压力，并且根据组织特点、组织实践和各种组织内人口统计学变量而制定的政策，其最主要的目标在于提高绩效和降低离职率[1]；对于个体而言，家庭亲善福利则关乎员工能否较好地履行工作和家庭责任并且获得较高的幸福感和满意度。家庭亲善福利作为一种组织福利，体现出组织对员工生活的关怀，成为增强组织吸引力（如招聘、保留）的重要手段[2]，而这也导致员工基于互惠原则更积极地工作，从而使组织获得较好的工作结果。此外，组织通过政策营销（如举办公司聚餐、家庭日等）能够获得员工配偶的支持[3]，从而为员工全身心地投入工作创造契机。显而易见，家庭亲善福利将组织和员工密切联系了起来，是双方互相尊重、体谅和支持的重要资源。

（二）家庭亲善福利具有单向性和多元性

家庭亲善福利是由组织或者企业为员工制定的政策，是从组织到员工的福利流动，具有"组织→员工"的单一方向性。这种方向性使家庭亲善福利在一定程度上成为组织营销手段和福利水平的表征。家庭亲善福利的维度具有多元性，主要包括弹性政策、照料政策、假期政策和援助与保障政策四种类型，能够多层次、全方位地帮助员工应对工作和家庭的需求与责任，从而实现组织的预期目标。

---

[1] Soo-Young Lee and Jeong Hwa Hong, "Does Family-Friendly Policy Matter? Testing Its Impact on Turnover and Performance", *Public Administration Review*, Vol. 71, No. 6, November 2011, pp. 870–879.

[2] Anne C. Bourhis and Redouane Mekkaoui, "Beyond Work-Family Balance: Are Family-Friendly Organizations more Attractive?", *Relations Industrielles/Industrial Relations*, Vol. 64, No. 1, March 2010, pp. 98–11.

[3] Wendy J. Casper, Ann H. Huffman and Stephanie C. Payne, "How does Spouse Career Support relate to Employee Turnover? Work Interfering with Family and Job Satisfaction as Mediators", *Journal of Organizational Behavior*, Vol. 35, No. 2, February 2014, pp. 194–212.

(三) 积极视角是家庭亲善福利议题的主要范式

虽然冲突理论是工作—家庭议题的主要范式[1]，但是积极视角却是家庭亲善福利研究的主要倾向。大部分家庭亲善福利研究都侧重于积极层面，强调该政策不仅能够为员工个人带来直接好处（如帮助员工满足家庭需求、处理家庭紧急事件），而且能够为组织带来的内部（如提升营业额、提高组织承诺、增强工作满意度）和外部（如良好的公司宣传）的双重效益[2]。虽然有些研究仍然认为家庭亲善福利可能会让员工受到主管的冷落和惩罚，甚至影响日后晋升[3]，但是家庭亲善福利所能够带来的利益更多。同时，家庭亲善福利的积极效应还能够在夫妻之间产生交叉效应，也就是说一方配偶获得的家庭亲善福利会引发另一方配偶的积极感知，从而为员工的工作—家庭关系带来更多的积极收获。

二 现有研究的局限所在

工作与家庭的关系是繁杂多变的。这种性质既强调需要开展多样化研究，又暗含研究存在某些疏漏之处。现有研究的不足主要表现为以下三个方面：

(一) 西方国家或情境研究占据主导地位，研究谱系存在重要缺失

到目前为止，家庭亲善福利研究仍以西方国家为样本的研究为主，对东方情境的关注较少。虽然有些学者对韩国[4]、日本[5]、马来西亚[6]、

---

[1] Wendy J. Casper, Lilian Eby, Christopher Bordeaux, Angie Lockwood and Dawn Lambert, "A Review of Research Methods in IO/OB Work-Family Research", *Journal of Applied Psychology*, Vol. 92, No. 1, February 2007, pp. 28-43.

[2] Cathleen A. Swody and Gary N. Powell, "Determinants of Employee Participation in Organizations' Family-Friendly Programs: A Multi-Level Approach", *Journal of Business and Psychology*, Vol. 22, No. 2, January 2007, pp. 111-122.

[3] Tammy D. Allen and Joyce E. A. Russell, "Parental Leave of Absence: Some Not So Family-Friendly Implications", *Journal of Applied Social Psychology*, Vol. 29, No. 1, January 1999, pp. 166-191.

[4] Doug Goodman and Kwang Bin Bae, "The Influence of Family-Friendly Policies on Turnover and Performance in South Korea", *Public Personnel Management*, Vol. 43, No. 4, December 2014, pp. 520-542.

[5] Yoshio Yanadori and Takao Kato, "Work and Family Practices in Japanese Firms: Their Scope, Nature and Impact on Employee Turnover", *The International Journal of Human Resource Management*, Vol. 20, No. 2, February 2009, pp. 439-456.

[6] Zaiton Hassan, Maureen Dollard and Anthony H. Winefield, "Work-Family Conflict in East vs Western Countries", *Cross Cultural Management An International Journal*, Vol. 17, No. 1, February 2013, pp. 30-49.

香港[①]等国家和地区进行了家庭亲善福利研究，但是这些研究相对较少并有所局限。但是，研究谱系强调完整性，也就是说要共同纳入东西方情境的研究，而不应厚此薄彼，这也是学者们彼此交流和讨论的基础与平台。基于中国国情构建家庭亲善福利体系契合学术和现实需求。

（二）单纯强调供给行为，但对福利供给的质量缺乏探讨

早期的家庭亲善福利研究有明显的"重组织"倾向，特别强调由组织提供家庭亲善福利以便将更多的员工保留下来对抗劳动力萎缩的组织发展困境，后来其服务范围逐渐扩散到所有员工，但其致力于为员工减少工作—家庭冲突，获得更高绩效的目标从未改变。但是，家庭亲善福利的提供不能单靠数量，其品质、质量以及对员工需求的准确把握、匹配和满足更为重要，但恰恰缺乏对福利供给质量的学术思考。实际上，只有提高家庭亲善福利匹配性，才能更好地实现家庭亲善福利的目标。

（三）量化研究为主，缺少质性研究尝试

家庭亲善福利研究多为量化研究，涉及诸多横截面数据，追踪数据缺失的情况已经引起学者们的广泛关注和强烈呼吁[②]。虽然横截面数据有其内在优势（如易于管理和收集数据），但是根据短期或者某个时间点的调查资料或者统计结果无法感知家庭亲善福利的长期影响，更无法深入挖掘员工的内在要求，而质性研究更注重行为的时间维度和个体的生命历程，因此开展质性研究是未来研究方向。

总之，既有研究从多学科多角度对家庭亲善福利问题进行了理论诠释与实证，既有研究不足既是当前的研究局限之所在，又指明了未来研究的方向：①情境上，开展基于中国情境的研究。当前，中国的人口发展背景是积极生育政策，因此亟待开展有利于积极生育政策的家庭亲善福利体系构建的研究。②理论上，现有研究对家庭亲善福利的适切性关注不多，无法诠释微观、个体政策运用机制与逻辑，亟待开发一个整体

---

① Hang-Yue Ngo, Sharon Foley and Raymond Loi, "Family Friendly Work Practices, Organizational Climate, and Firm Performance: A Study of Multinational Corporations in Hong Kong", *Journal of Organizational Behaviour*, Vol. 30, No. 5, July 2009, pp. 665-680.

② Jungin Kim and Mary Ellen Wiggins, "Family-Friendly Human Resource Policy: Is It Still Working in the Public Sector?", *Public Administration Review*, Vol. 71, No. 5, September 2011, pp. 728-739; Marcus M. Butts, Casper Wendy J. and Yang Tae Seok., "How Important are Work-Family Support Policies? A Meta-Analytic Investigation on Their Effects on Employee Outcomes", *Journal of Applied Psychology*, Vol. 98, No. 1, October 2013, pp. 1-25.

性的家庭亲善福利需求理论框架。③设计上，家庭亲善福利的科学设计与人口政策发展的匹配研究。家庭亲善福利的设计局限于国外经验投射，而国内目前缺乏先验论证与引导。④实践上，家庭亲善福利与社会政策的对接。如何将现有的家庭亲善福利与社会政策有效连接，重构生育友好型社会生态系统尚待深入。⑤方法上，家庭亲善福利的质性研究。质性研究有利于准确把握组织员工的内心想法，明确他们的所思所想，而国内目前对此的研究较少。正是基于上述考虑，研究将立足于中国本土国情，以中国已婚、有照料责任和参与意愿人群为研究对象，运用半结构访谈和非参与或观察等方法来发现员工对家庭亲善福利需求的内心想法，从而有效地回应上述研究不足。

第三章 研究方法与设计

本章不仅是对全书研究方法的重点概述，而且是对整个研究过程的完整呈现。首先，本章会详细说明研究设计，包括研究对象与特征、抽样方式和执行程序；其次，本章会聚焦于资料获取方法，详细解读研究资料的收集方式；最后，本章会介绍扎根理论的流派和原则，然后重点阐述整个研究的资料处理方式。

第一节 研究设计

对于科学研究而言，研究设计至关重要。甚至在一定程度上，成功的研究设计会使整个研究事半功倍。研究设计不仅仅在于对于研究方法的重视和认可，更重要的是在整个学术研究过程中如何履行（如何操作）。本节将从三个方面展开论述，对整个研究的过程与细节进行阐释，具体包括研究对象与特征、抽样方式和执行程序。

一 研究对象与特征

根据研究需要，家庭亲善福利体系的构建需基于组织员工的政策需求来制定。基于生育政策影响的群体差异性，因此本研究分两个阶段，于 2020 年 7—9 月和 2021 年 8—10 月两个时间段分别收集半结构化访谈资料，以便为后续的扎根理论分析提供充足的资料。

（一）第一阶段研究对象

2020 年 7—9 月，在"全面二孩"政策实施五年后，聚焦于员工对家庭亲善福利的需求，以便回答"如何通过家庭亲善福利体系的再构来提高组织员工的生育意愿，并产生后续实际的生育行为"这一问题。因此，此阶段共招募 11 人的学生团队，在本书作者的组织和指导下展开为期 3 个月的暑期调研。此次调研的核心思路为：在当前生育政策影响下，员工基于哪些因素做出再生育决策？存在哪些生育障碍？对于家庭亲善福利有何期待？

根据课题需要，该阶段的研究对象具有如下特征：①已婚且家庭结构完整，即非丧偶和离婚；②家中育有且仅有一个孩子；③优选家中有老人需要赡养的员工；④愿意参与此项研究。将具有上述四种特征的研究对象作为课题的第一阶段的研究对象，主要是基于以下考虑：

1. 已婚且家庭结构完整，即非丧偶和离婚

在我国，结婚生子是一个水到渠成、自然而然的事情。虽然一孩或许有未婚育子或者奉子成婚的可能，但是"二孩"却往往是时机成熟之后，经由家庭成员全面权衡而做出的慎重考虑，因为很少有人会在离婚或者丧偶未婚之时再次选择生育二孩。因此，"已婚且家庭结构完整，即非丧偶和离婚"是家庭生育二孩的重要前提条件，而这也是课题所需研究对象的基础要素。

2. 家中育有且仅有一个孩子

考虑到该阶段主要研究的是当前生育政策影响下员工的家庭亲善福利需求，因此将家庭中的子女数量限定为 1 个，更贴近研究对象的现实情况，避免因研究对象假设或者猜测（自己已经育有一个孩子）所导致的研究误判。另外，社会生活中有大量的"一孩家庭"，因此将"家中育有且仅有一个孩子"作为研究对象的遴选标准对应也有大量样本可选。

3. 优选家中有老人需要赡养的员工

对于员工而言，生育决策不仅与家庭经济收入有关，更与幼儿照料的人力资源储备有关。换句话说，生育在加大家庭经济支出的同时，更迫切需要父辈提供照料援助。但是，对于"家中有老人需要赡养的员工"而言，再生育决策不仅意味着无人帮忙照料，还意味着家庭需要分出一部分精力和时间去照料老人。考虑到在过去的几十年里，城市化进程不断加快带来了居民社交网络的越发缩减和社会支持网络的持续衰退[1]，迫使员工转向自己所在的组织寻求帮助以渡过难关，为家庭亲善福利渗透到人们的日常生活提供了重要契机[2]。因此，当员工需要同时担负"养老""育小"两项人生责任时，寻求组织家庭亲善福利的帮助是其必然选

---

[1] France M. Weaver and Bryce A. Weaver, "Does Availability of Informal Care Within the Household Impact Hospitalisation?" *Health Economics*, *Policy and Law*, Vol. 9, No. 9, January 2014, pp. 71-93.

[2] 刘叶、张芸芸:《家庭亲善政策：社会政策的新动向》,《社会工作》2018 年第 2 期。

择，而这恰恰符合课题研究意旨。

4. 愿意参与此项研究

在研究时间极其紧张和有限的情况下，研究对象的参与意愿会直接影响研究开展的顺利与否和质量高低。因此，在有限的研究时间里，瞄准有参与研究意愿的研究对象群体，能够极大地提高研究效率。

（二）第二阶段研究对象

2021年5月31日，我国正式发布三孩生育政策。该阶段的调研思路为：当三孩生育政策发布后，已育有二孩的员工家庭是否会考虑再生一胎，成为三胎家庭？通过构建生育友好的家庭亲善福利体系，是否能够在满足员工某些特定需求的基础上再度提高组织员工的生育意愿，生育第三个孩子？考虑到时间紧迫等客观因素，此次调研由笔者牵头组建起一个三人调查小组（包括笔者本人，1名高校在职教师，1名MPA硕士研究生），调研时间为2021年8—10月，边收集资料边分析资料，在理论饱和后停止调研，共计有身处双职工家庭的研究对象12人（包括一对双职工夫妇）参与到该阶段的调研过程中来。

根据课题需要，该阶段的研究对象具有如下特征：①已婚且家庭结构完整，即非丧偶和离婚；②家中育有且共有两个孩子；③优选家中有老人需要赡养的员工；④愿意参与此项研究。将上述四种特征的研究对象作为课题的第二阶段的研究对象，除了第①、③和④条原因同第一阶段调研原因相同之外，第②条要求"家中育有且共有两个孩子"更为契合课题旨趣，主要原因是：考虑到该阶段课题主要研究的是当前生育政策影响下员工的家庭亲善福利需求，因此将家庭中的子女数量限定为两个，更贴近目标研究对象的现实情况，避免因研究对象假设或者猜测所导致的研究误判。一方面，他们最先并且最快面对是否再生育的考虑；另一方面，这些家庭对生育的机遇和挑战形成了自己的认知，因此对于是否再生育有更多的理性思考，对于员工家庭亲善福利的需求更具科学性和针对性。

在研究过程中，根据不同阶段研究的特点，紧密结合研究对象的特点开展调研工作。两轮调研工作的顺利完成充分地表明，在预先确定研究对象的特点后能够极大地提升研究效率，是一种非常明智的研究决策。

二 抽样方式

根据研究特点，结合研究需求，两个阶段的调查工作都采用了目的性抽样，同时结合理论性抽样的要求，衡量调研资料的准确性和充分性。下面将对这两种抽样方式进行详细介绍。

（一）目的性抽样

目的性抽样是质性研究中经常被使用的一种抽样方法，也是扎根理论获取研究对象资料的重要方式。与量化研究追求研究对象选取的随机性不同，质性研究不崇尚研究对象的随机性，反而更加重视研究对象的精准性和有用性。在这个意义上，目的性抽样这种非概率抽样方式更适合质性研究。目的性抽样指的是研究者带着研究主题，有目的地寻求契合研究需求的研究对象，通过准确定位和科学观察、访谈和交流，获得研究资料以便支持整个研究工作顺利进行的抽样技术[1]。因此，对于时间紧迫和成本有限的研究而言，目的性抽样是最完美的样本遴选策略。

在此次研究过程中，根据两个研究阶段的不同特点以及对所需研究对象的特定要求，同时基于提升研究效率的考虑，将目的性抽样作为主要抽样方式。需要说明的是，在目的性抽样的过程中，为了获得更多符合研究需求的研究对象数量，团队整合社会资源，也尝试借助"滚雪球"抽样为目的性抽样增加更多样本，收效亦非常显著。

在资料收集的最初阶段，研究主要采用目的性抽样，以便最快地获取研究样本，保证研究的顺利进行。

（二）理论性抽样

研究主要通过扎根理论方法来分析数据，因此为了保证资料收集的准确性和合乎规范，引入扎根理论的抽样方式——理论性抽样。理论性抽样简称为理论抽样，是指以已经证实与形成中的理论具有相关性的概念为基础所做的抽样，目的在于寻找那些最有可能呈现出概念间变异情形的人、事、地、物，以增加类属的属性与维度的密实度[2]。简言之，理论性抽样就是在运用扎根理论整理和分析资料的过程中，借助形成的概念、范畴、类属或理论来指导研究者后续研究的资料收集方法。

在研究过程中，理论性抽样作为资料收集过程中的抽样方法，以期通过审慎评估研究进展和资料质量，来明确下一步的具体抽样对象。

---

[1] 孙亚玲、罗黎辉：《教育研究的抽样问题——有目的抽样》，《云南师范大学学报》（哲学社会科学版）2002 年第 3 期。

[2] 李方安、陈向明：《大学教师对"好老师"之理解的实践推理——一项扎根理论研究的过程及其反思》，《教育学报》2016 年第 2 期。

通过目的性抽样和理论性抽样，在第一个调查阶段（2020年7—9月）共有24个研究对象（18名女性，6名男性）参与到研究中来，为整个研究提供了总计51002字的研究资料，具体情况详见表3-1。

表3-1　　　　　　2020年7—9月研究对象基本情况

序号	研究对象	性别	年龄	教育程度	职业情况	收入情况	子女情况	访谈字数
1	CM	男	29	本科	国企员工	稳定，北京中等收入	一个2岁半男孩	1914
2	CW	女	29	本科	互联网公司员工	稳定，中等收入	一个2岁半男孩	1713
3	ZW	女	35	高中	出纳员	稳定，年收入2万元多	一个10岁男孩	1632
4	ZM	男	27	高中	销售员	稳定，年收入2万元多	一个6岁男孩	1796
5	FW	女	32	高中	公司员工	工作稳定，中等收入	一个7岁男孩	1846
6	FWT	女	28	本科	银行员工	工作比较稳定，收入6000元左右，加上提成也还行	一个4岁女孩	1482
7	JM	男	32	本科	机关单位公职人员	工作稳定，收入还行	一个5岁男孩	1654
8	JMT	男	30	大专	业务经理	比较稳定，月收入2万—3万元	一个1岁多女孩	2344
9	JMD	男	40	本科	国企员工	工作比较稳定，年薪10万元左右	一个10岁女孩	1928
10	LW	女	27	专科	教师	稳定，收入一般	一个2岁半男孩	2211
11	LWT	女	24	大专	牙医	稳定，收入还可以	一个10个月女孩	1654
12	LZW	女	38	本科	教师	稳定，月收入3000元左右	一个13岁男孩	2300
13	LZM	男	28	大专	建筑行业员工	稳定	一个11个月男孩	2811
14	LZD	女	40	本科	小学教师	中等收入，4000元左右	一个9岁半男孩	2490
15	TW	女	27	中专	文员	工作稳定，月收入2500元	一个2岁半男孩	2269
16	TWT	女	33	大专	工人	算稳定，月收入大概3000—4000元	一个8岁男孩	1978

续表

序号	研究对象	性别	年龄	教育程度	职业情况	收入情况	子女情况	访谈字数
17	WW	女	43	中专	政府单位员工	收入算稳定，月收入3000多元	一个13岁男孩	2715
18	WWT	女	36	本科	事业单位员工	稳定，收入良好，不少但也算不上多	一个8岁男孩	3123
19	ZW	女	29	大专	会计	工作相对稳定，工资较低，大概3000元	一个9个月女孩	2327
20	ZWT	女	30	大专	会计	工作稳定，收入属于一般水平	一个1岁女孩	2096
21	ZYW	女	34	本科	库房管理	稳定，3500元左右	一个7岁女孩	2200
22	ZYD	女	34	本科	造价咨询员工	工作还算稳定，收入还行，算是比较稳定	一个6岁男孩	2486
23	ZMW	女	38	本科	国营小企业员工	稳定，月薪5000元左右	一个5岁男孩	1954
24	ZMD	女	40	本科	销售员	工作暂时挺稳定的，收入也可以，按正常来说相当可观了	一个16岁女孩	2079

注：编码方式：研究对所有访谈对象的编码遵循匿名化原则，以访谈人姓氏首字母为起点，如果出现同姓访谈人，则以访谈人姓名前两个字的首字母为起点；后面以 M/W 分别代表访谈对象的性别，如果同时出现两个同性别的访谈对象，则在第二个访谈对象的既有编码基础上加一个字母"T"，第三个访谈对象则在既有编码基础上加一个字母"D"。

在第二个调查阶段（2021年8—10月）共有双职工家庭中的一方或夫妻双方研究对象12个研究对象（8名女性，4名男性，其中包括一对双职工夫妇）参与到研究中来，为整个研究提供了总计31570字的研究资料，具体情况如表3-2所示。

表3-2　　　　　2021年8—10月研究对象基本情况

序号	研究对象	性别	年龄	教育程度	职业情况	收入情况	子女情况	访谈字数
1	ZMW	女	34	博士	高校教师	稳定，所在城市中上收入水平	一个4岁女孩	3220
2	ZMM	男	33	本科	互联网公司员工	相对稳定，所在城市中等收入水平	一个4岁女孩	2132

续表

序号	研究对象	性别	年龄	教育程度	职业情况	收入情况	子女情况	访谈字数
3	ZQW	女	33	本科	事业单位员工	稳定，县级城市普通工资，2000—3000元	一个6岁女孩，一个2岁女孩	3145
4	WMM	男	34	硕士	国企员工	区县副总经理，上等收入水平	一个5岁男孩，一个1岁男孩	2145
5	BW	女	34	本科	央企员工	稳定，收入中等以上	一个6岁女孩，一个2岁女孩	4210
6	LW	女	32	硕士	事业单位员工	稳定，收入中等水平	一个4岁女孩，一个2岁女孩	3288
7	SW	女	37	大专	国企员工	工资一般	一个8岁男孩，一个4岁女孩	2336
8	ZXW	女	38	大专	国企员工，后勤保障工作	比较稳定，工资一般	一个12岁男孩，一个3岁男孩	2341
9	FW	女	32	本科	国企会计员工	工作稳定，工资固定	一个6岁女孩，一个3岁男孩	2776
10	ZHW	女	57	中专	国美电器，店长	工资一个月大概8000元，工作比较稳定	一个20岁女孩，一个8岁女孩	1890
11	WDM	男	34	硕士	民办高校教辅人员	月到手工资5500元，年收入10万元，工作稳定	一个3岁半男孩，一个1个半月女孩	2109
12	WTM	男	33	本科	高校教师	工作稳定，中等收入	一个5岁男孩，一个3岁男孩	1978

注：编码方式：研究对所有访谈对象的编码遵循匿名化原则，以访谈对象姓氏首字母为起点，如果出现同姓访谈对象，则以访谈对象姓名前两个字的首字母为起点；后面以 M/W 分别代表访谈对象的性别，如果同时出现两个同性别的访谈对象，则在第二个访谈对象的既有编码基础上加一个字母"T"，第三个访谈对象则在既有编码基础上加一个字母"D"。

三 执行程序

按照定性研究的一般流程，研究在2020年7—9月和2021年8—10月两个时间段分别收集所需的半结构化访谈资料，同时根据研究需要补充部分二手资料，完成整个研究的资料收集活动，为研究后期分析提供丰富的资料储备。因此，在两个研究阶段，研究执行程序均为"访谈提纲编制—访谈提纲预试—访谈提纲修订—正式调研—二手资料补充—资料整理与分析"（见图3-1）。两个调查阶段的正式调查均采用团队合作的方式完成。

访谈提纲编制 → 访谈提纲预试 → 访谈提纲修订 → 正式调研 → 二手资料补充 → 资料整理与分析

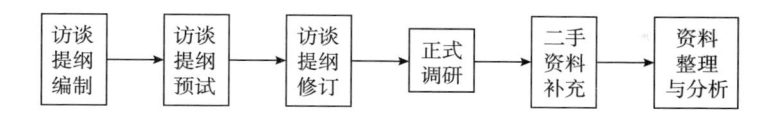

图 3-1　研究执行程序

（一）访谈提纲编制

根据研究核心思路，编制半结构化访谈提纲。因为研究选取半结构化访谈方式，因此访谈提纲既需要契合研究主题，还需要注重其开放性和灵活度。对于质性研究而言，访谈提纲的质量在很大程度上能够决定整个科学研究的水平。

在编制访谈提纲的时候，笔者结合国内外相关研究涉及的主题和既有的访谈提纲，先列出相关条目，然后进行组合，形成初步的访谈思路；再对整个访谈提纲进行统一整理，顺着一定逻辑将最后保留下来的访谈题目展现出来，形成访谈提纲的初始版本。

第一个阶段家庭亲善福利需求初始访谈提纲见附录1，涉及研究对象的人口统计学特征、家庭亲善福利现有条目、对家庭亲善福利的认知、子女养育情况、父母照料情况、夫妻对家庭的经济和照顾贡献、生育意愿与阻碍因素，以及基于员工自身出发最能促进其再生育家庭因素；第二个阶段家庭亲善福利需求初始访谈提纲见附录3，涉及研究对象的人口统计学特征、家庭亲善福利现有条目、对家庭亲善福利的认知、子女养育情况、父母照料情况、夫妻对家庭的经济和照顾贡献、生育意愿与阻碍因素，以及基于员工自身出发最能促进其再生育因素。

（二）访谈提纲预试

在研究正式开始之前，为了提升访谈提纲的质量，增加其针对性和适切性，首先就要进行访谈提纲预试。更重要的是，访谈提纲预试也是提高访谈效率的重要手段。

在定量研究中，学者们通常是通过两种方式对问卷质量进行检验和提升：预调查法和专家评价法。其中，预调查法旨在小范围进行调查来发现研究所涉及问卷的问题，以便在正式调查之前及时修订问卷，使之更契合研究需要。在研究过程中，与正式调查相比，预调查只是样本规模小（最少30人），但是其调查方式和样本代表性均需与正式调查相一致。专家评价法则会邀请相关领域的专家，对问卷中的主题概念及维度、总体结构、问题设计、选项编排等问卷内容进行总体评价，一般2—10位专家为宜，问卷设计者也可以以"专家"身份加入其中，通过做一遍问卷发现其内在问题。

借鉴定量研究"预调查法"的思路，在正式开始研究之前进行了"预访谈"，旨在达致同"预调查"同等的目的和效果。其中，第一阶段访谈（时间为2020年7—9月）对4位研究对象进行预访谈，第二阶段访谈（时间为2021年8—10月）对一对双职工夫妇进行预访谈，这6位受访者除了完成半结构化访谈之外，还被询问对现有访谈提纲的认识和看法，以及是否有语义混淆之处或者不确定之处，最后收集意见以备下一步的访谈提纲修订。其中，第一个阶段的"预访谈"将初始访谈提纲的问题更多地指向措辞以及核心概念释义不清晰；第二个阶段的"预访谈"则将初始访谈提纲的问题指向问题表达缺乏精简性。

借鉴定量研究"专家评价法"的思路，在正式开始研究之前对初始的访谈提纲进行了"专家评价"，针对每一份初始访谈提纲邀请了两位社科类学术同仁，与笔者一起对初始访谈提纲进行讨论，旨在从学术角度评判和甄别访谈提纲的质量，就初步开发的访谈提纲进行意见征询。囿于2020年和2021年中国疫情形势严峻，基于安全考虑，因此专家评价法均借助腾讯会议进行，即用线上交流代替线下面对面讨论。在学术讨论之前，笔者先向两位学者简单陈述了此次研究的主要思路和初始访谈提纲设计的初衷和过程，以及笔者基于自己的学术认知对初始访谈提纲存有的一些疑虑和提升的需求点；接着，两位学者分别阐述对该议题的认识和对初始访谈提纲的感知，并且提出自身对初始访谈提纲的修订意见；最后，包括笔者在内的三位学者先对上述修订意见进行讨论，然后逐一分析初始访谈提纲，对如何更有针对性地修订访谈提纲提出自己的见解并通过专家讨论最后确定下来。其中，第一个阶段的"专家评价法"建议如下：第一，初始访谈提纲的逻辑保持统一，即遵循从父母到配偶，从照料支持到经济支持的逻辑来安排问题次序；第二，最后一个问题"对您来说，您觉得家庭中再增添哪些助力，可以促进您考虑或者决定再生一个孩子呢？"实际上未考虑国家、组织和家庭之外的其他助力因素，有以偏概全之嫌，需要加以调整。第二个阶段的"专家评价法"建议如下：第一，将研究对象由原来设计的"二孩家庭"扩大为"准二孩家庭"＋"二孩家庭"；第二，针对第一个问题"您的职业是？工作稳定吗？收入怎么样?"可改为研究对象对于自身工作的自我描述,并包括稳定性、收入水平和发展前景等诸多要件。

(三)访谈提纲修订

在综合"预访谈""专家评价法"对初始访谈提纲的意见之后,本研究将这些意见进行了整合,增加先期遗漏但对课题相对比较重要的题目,剔除学术争议比较大的题目,并对部分问题的措辞进行重新界定和调整,以便让研究对象感到更加舒适和语义清晰。

1. 针对第一阶段初始访谈提纲的修订

根据访谈提纲预试结果,将家庭亲善福利需求初始访谈提纲的问题归为四类,并进行一一修订,具体如下:

(1) 针对核心概念不清晰的修订方案。此次访谈的核心概念为"家庭亲善福利",通常称其为企业福利,指的是以时间、服务或者经济福利的方式为缓解依赖照顾压力的员工提供显性支持[1]。几经更迭,学术研究将"家庭亲善福利"聚焦为四个维度:弹性政策、亲属照顾、休闲假期和员工援助[2],在每个维度包括若干具体条目,因此仅通过直接放上"家庭亲善福利"一词来达到使研究对象了解和明确"家庭亲善福利"含义的目的有些牵强。因此,基于研究对象便于理解的实际需求,在访谈一开始就对"家庭亲善福利"进行简单介绍,同时列出家庭亲善福利的具体维度和条目,以免出现概念混淆的现象。

(2) 针对访谈提纲逻辑一致性欠缺的修订方案。在原有访谈提纲的设计上遵循从研究对象到父母再到配偶的询问次序,但是具体问题存在照料支持和经济支持逻辑混乱的问题。为了保持整个访谈提纲逻辑一致性,做出如下修改:询问对象遵循从研究对象到父母再到配偶的询问次序不变,访谈问题则遵循从照料支持到经济支持的逻辑来调整现有访谈提纲的问题次序。

(3) 针对只将家庭因素作为居民生育意愿促进因素的修订方案。初始访谈提纲的最后一个问题为"对您来说,您觉得家庭中再增添哪些助

---

[1] Marcus M. Butts, Casper Wendy J. and Yang Tae Seok., "How Important are Work-Family Support Policies? A Meta-Analytic Investigation on Their Effects on Employee Outcomes", *Journal of Applied Psychology*, Vol. 98, No. 1, October 2013, pp. 1–25.

[2] 张伶、聂婷、黄华:《中国情境下家庭亲善政策量表的开发与验证》,《管理学报》2016年第3期。

力，可以促进您考虑或者决定再生一个孩子呢？"此外，便没有关于其他助力因素的表达，而将居民生育意见促进因素统统归为国家、企业和家庭三个因素，本质上有失偏颇。因此修改如下：在访谈提纲最后增加一个问题："对您来说，您觉得再增添哪些其他方面的帮助，可以促进您考虑或者决定再生一个孩子呢？"

（4）针对访谈提纲措辞的修订。在访谈提纲措辞上共存在两个问题。第一，问题表达学术化倾向。为了使访谈提纲贴近研究对象的实际生活，弥合学术称谓和口语表达之间的鸿沟，笔者率领学生团队基于"试访谈"和专家评价法的具体修订意见，进行了如下调整：首先，在不影响调查结果的前提下，努力将初始访谈提纲的问题表达口语化，增加其亲和力和表达性；其次，通过团队访谈培训，在访谈提纲之外让团队成员掌握灵活表达的技巧，能够以较为丰富的语言和解释来稀释访谈提纲学术化倾向。第二，第一阶段家庭亲善福利需求初始访谈提纲中存在一些表达问题，影响访谈问题的准确性和连贯性。对此，根据研究团队讨论结果，结合"试访谈"和专家评价法的意见，笔者对于某些措辞进行了简明化处理，比如：将"对于您来说"改为"对您来说"。

通过上述修订，形成第一阶段家庭亲善福利需求正式访谈提纲，见附录2。

2. 第二阶段初始访谈提纲的修订

根据访谈提纲预试结果，将家庭亲善福利需求初始访谈提纲的问题归为三类，并进行一一修订，具体如下：

（1）针对访谈提纲问题表达不精简的修订。结合第一次调研情况，结合"试访谈"和专家评价法的意见，对于访谈提纲的整体措辞进行重新核定，删除语义不明或者混淆的语言表达，对研究对象反映出来不太好理解或者不好回答的问题进行了重新调整，对整个访谈提纲多次进行通读并进行相关修订，力争让访谈提纲在正式调研之前相对完美。

（2）针对研究对象过于狭隘的修订。在第二个研究阶段将研究对象由原来设计的"二孩家庭"扩大为"准二孩家庭"+"二孩家庭"，并且规定准二孩家庭样本量小于或等于2个。需要说明的是，这里的"准二孩家庭"指的是已经育有一个子女，计划未来三年会再生育一个子女，并且二孩生育意愿比较坚定的家庭。

（3）针对研究对象对自身职业描述不足的修订。研究对象的总体工作情况（包括工作稳定性、收入水平和发展前景等）对于家庭是否有较高的再生育意愿有直接影响。因此，将附录 3 第一阶段家庭亲善福利需求初始访谈提纲中的第 1 个问题"您的职业是？工作稳定吗？收入怎么样？"改为研究对象对于工作的自我描述，包括但不限于稳定性、收入水平和发展前景等诸多要件。

通过上述修订，形成第二阶段家庭亲善福利需求正式访谈提纲，见附录 4。

（四）正式调研

在正式访谈提纲确定后，笔者带领团队成员分别于 2020 年 7—9 月和 2021 年 8—10 月两个时间段进行正式调研。通过团队成员的通力合作，2020 年 7—9 月和 2021 年 8—10 月两个时间段分别获得 51002 字和 31570 字的研究资料，为整个研究的顺利推进和有序完成提供了有力的保障。需要说明的是，2020 年 7—9 月和 2021 年 8—10 月均为我国新冠疫情防控的重要时间段，因此正式调研采取了较为灵活的方式开展。

1. 第一个调研阶段为 2020 年 7—9 月，当时学生已经全部离校。因此，笔者在学生离校前招募了 11 名学生作为调研团队成员，为其初步讲解了此次调研的要求和对象。当学生全部回家之后，召开了两次调研线上培训，对如何做质性研究，如何做访谈，可以采取哪些调研路径，调研策略有哪些进行了细致培训，并且通过学术提问+老师回答的形式破解学生疑问。培训之后，采取"小组长+成员"的形式将 11 个学生分为两个小组，利用学生的自身资源寻找符合要求的研究对象，然后采用多种灵活方式（如家庭访谈、QQ 语音、微信电话等）开展访谈计划，并且通过即时记录获得丰富的图片和音频资料。需要说明的是，由于处于新冠疫情期，因此学生团队的调研多以线上形式展开（如音频/视频），只有少量人员采取了面对面的半结构化访谈。

2. 第二个调研阶段为 2021 年 8—10 月，正处于新冠疫情在我国南京暴发严重之时，加之三孩生育政策出台不久，出于保证访谈质量和提高研究效率的考虑，因此由笔者组建对家庭亲善福利有较深了解、与笔者有较长科研合作关系的一位高校在职教师和一名 MPA 硕士生共同承担了调研任务。通过发动朋友圈力量，借助"滚雪球"的方法，共获得 12 个研究对象（其中包括一对双职工夫妇）的配合，为此次研究顺利完成奠定了坚实基础。囿于新冠疫情影响严重，为了保证研究的安全性，此次调研主要采用电话访谈、视频访谈和语音访谈这三种非接触式调研方式。

（五）其他资料补充

本书以两个阶段的半结构化访谈为主要收集方法，同时引入非参与式观察法和二手资料分析法，以期为整个研究提供丰富资料基础。

1. 运用非参与式观察法获取田野调查资料

2021年8—10月，恰恰处于第二次调研阶段，笔者与家人在山东省济宁市鱼台县H镇度过了为期一个月的暑假时光。在此期间，笔者发现了一个有趣的事情，当互联网上在大力宣扬"养不起""没人生"的时候，在这个平静的小村子却呈现出"未待三孩，已是三孩（甚至四孩）"的积极生育模式，这个生育模式一经发现就引起了笔者浓厚的研究兴趣。因此，笔者利用一个月的暑假时间运用非参与式观察法获取田野调查资料，通过与亲朋好友、村委会成员、多子女家庭父母和旁观者有针对性地观察和交谈，探求这一积极生育模式出现的内在原因和生成机理，尤其关注积极生育模式所植根的生育文化和生育逻辑，为本研究的顺利完成提供了重要支撑。

2. 运用文献研究法获取既有二手资料

二手资料又被称为"次级资料"，指的是对因其他目的而整理和收集的各种现有资料，包括年鉴、报告、文件、期刊、文集、数据库、报表等。在学术研究中，二手资料研究法经常与实地调查法、访谈法和观察法等其他资料收集方法交互使用。与一手资料相比，二手资料有获取便利、成本低、内容丰富等优点，如能有效利用可使学术研究达到事半功倍之效。因此，几乎所有的社会科学研究者都非常重视二手资料对学术的助益，并且将其作为一种能够有效丰富研究的重要研究方法。二手资料分析是一种比较重要的文献研究策略。本研究亦非常重视利用二手资料补充现有的研究资料。

具体地，每当最新生育政策出台之后，均能引起社会热议，新闻工作者、人口学家、社会学家、普通居民等各个行业都通过学术发言、热点评论和方便采访等多种形式出现在众人的视野中来，并且留存下大量的音频、视频和文字资料。考虑到这些资料能够极大地丰富两个阶段的调研资料，尤其是有利于弥补第二个调研阶段家庭亲善福利需求调研因时间紧致使访谈人数不多的缺漏，笔者利用互联网平台，通过多种渠道收集了相关二手资料约 5 万字（其中与第二阶段调研相符的资料约 1 万字），极大地扩充了研究资料的厚度和深度。

（六）资料整理与分析

在两个阶段的调研和二手资料收集完成之后，笔者带领研究团队对所有的资料再次进行整理和总结，将所有的资料分为两种类型：①第一阶段家庭亲善福利需求资料，其中包括针对 24 名研究对象的一对一半结构化访谈资料和约 4 万字二手资料，总研究资料为 9 万余字；②第二阶段家庭亲善福利需求资料，其中包括针对 12 个研究对象（包括一对双职工夫妇）的半结构化访谈资料、2021 年 8—9 月为期一个月的非参与式观察资料和约 1 万字的二手资料，总研究资料近 5 万字。

在分析阶段，本书将使用 Nvivo12.0，遵循扎根理论"开放性编码—主轴性编码—选择性编码"的资料分析方法分别对两个调研阶段的家庭亲善福利需求资料进行编码分析，提炼出家庭亲善福利需求理论模型。

第二节　资料获取

在学术研究中，丰富而有用的研究资料的获取是获得研究结论最关键的一环。聚焦于本书，资料获取内容主要包括：已婚已育父母对于家庭亲善福利的认知和使用体验、双方父母和配偶的家庭照料支持和经济支持、生育政策出台后的生育意愿波动和对现有家庭亲善福利的未来发展期待，以及居民对现行生育政策的认识和看法等。

根据研究流程，遵循学术研究的时间逻辑，本研究的资料收集方式主要包括三种：文献研究法、半结构化访谈法和非参与式观察法。下面将基于研究过程，分别阐述三种研究方法的应用情形。

一　文献研究法

文献研究法是一种最为省力的资料获取方法。在此项研究中，文献研究法主要运用于两个研究阶段：先导阶段和资料收集阶段。其中，在先导阶段，运用文献研究法，广泛收集与全面二孩政策、三孩生育政策、家庭亲善福利、生育意愿、人口结构、家庭结构、家庭功能、老龄化、少子化等相关的国内外文献资料，对既有文献进行梳理和归纳，根据文献研究得出已有研究的缺漏之处，指明本研究的研究方向与核心内容；

在资料收集阶段，文献研究法主要表现为进行二手资料收集，即对当前与研究相关的资料（包括学者发言、民众评论和互联网贴吧、论坛等）有针对性地收集与整理，丰富现有资料的深度和厚度，以便为后续扎根理论资料整理和分析提供一定的助力。

二 半结构化访谈

本书共进行了两个阶段的集中调研：第一个阶段为 2020 年 7—9 月，第二个阶段为 2021 年 8—10 月，两次调研都运用了半结构化访谈进行，只是由于正处于新冠疫情的重要防疫阶段，将面对面的半结构化访谈转换为视频/音频/电话等线上方式的访谈，但半结构化访谈的运行方式和操作原则没有任何改变。其中，在 2020 年 7—9 月的第一个调研阶段，主要是笔者带领学生团队完成，共有 24 名研究对象自愿参与进来；在 2021 年 8—10 月的第二个调研阶段，主要是笔者和一名高校老师、一名 MPA 硕士研究生共同承担调研任务，先后有 12 人参与调研过程（其中有 1 对双职工夫妇）。通过半结构化访谈，研究获得了丰富的调研资料，对于居民生育意愿和生育行为阻碍因素的识别有重要的推动作用。

三 非参与式观察法

三孩生育政策的出台是国家首次对于二孩以上子女生育意愿的支持，其隐含的意思是我国三孩生育意愿/生育行为偏低。基于这个认知，当笔者在 2021 年 8 月来到山东省济宁市鱼台县 H 镇，很惊讶地发现当地普遍存在的"未待三孩，已是三孩（甚至四孩）"积极生育模式，这引发了笔者的思考：为何在这样一个普通乡镇如此广泛地存在积极生育行为？到底是什么导致当地出现积极的生育文化？这种生育模式仅仅是一个个例，还是有着某种持续性的作用机制？带着这些疑问，利用暑期时间，笔者在山东省济宁市鱼台县 H 镇进行了为期一个月的非参与式观察，收集当地居民的行为模式、生活方式、经济观念、文化传统等资料，从而以"愿生"行为的需求满足条件映射到当前居民"不愿生"的需求不足，最后一并整合到第二阶段家庭亲善福利需求的资料库中。

总之，通过文献研究法、半结构化访谈法和非参与式观察法三种资料获取方式的通力合作，为本书提供了强大的资料基础，而这恰恰是研究顺利完成和产出的重要条件。

第三节 资料处理

在资料处理上，本研究通过质性分析软件 Nvivo12.0，遵循扎根理论的资料分析方法对两个阶段的资料进行编码分析，通过层层提炼和总结，最后得出家庭亲善福利需求理论模型。下面将对扎根理论的资料处理方法和质性分析软件 Nvivo12.0 分析进行介绍。

一 资料处理方法：对扎根理论的阐释

时至今日，学术界对扎根理论的认识有两种代表性观点：广义论与狭义论。其中，广义论将扎根理论视为一种方法论，是人们看待事物与解决问题的视角与技巧，其目的在于以程序化、规范化的方式来指导科学研究；而狭义论则将之界定为一种研究程序或操作方法，本质上仅仅是一种研究分析工具[1]。显然，这两种观点分歧的实质就是将扎根理论视为一种系统的整体研究方法，还是纯粹的资料收集与分析技巧，而正是这种不同致使扎根理论形成了两种不同研究流程。

虽然学者们见仁见智，观点不一，但是无论采取何种视角，扎根理论"填平理论研究与经验研究之间的鸿沟"[2]的宗旨都得到了学者们的普遍认同。扎根理论博采众多学科的思想之长，重视思维逻辑和研究脉络，逐渐发展出三种不同的理论流派，拥有四个基本要素，并且形成了自己的操作程序。为了有效地运用扎根理论来分析访谈资料，研究有必要先对扎根理论进行简单地介绍与梳理。因此，这里先简要介绍扎根理论的三大流派，然后指明本研究选定的流派；根据该理论流派的要求，详细解读扎根理论的资料处理方法；最后，介绍质性资料分析软件 Nvivo12.0。

（一）扎根理论的三大流派

扎根理论（Grouded Theory）最初发端于美国，其发起者为芝加哥大学的 Anselm Strauss（安塞尔姆·施特劳斯）和哥伦比亚大学的 Barney Glaser（巴尼·格拉泽）。作为一个西方的舶来品，学者们在将扎根理论

---

[1] 韩正彪、周鹏：《扎根理论质性研究方法在情报学研究中的应用》，《情报理论与实践》2011 年第 5 期。

[2] Barney G. Glaser and Anselm L. Strauss, *The Discovery of Grounded Theory Strategies for Qualitative Research*, Chicago, IL: Adline, 1967, p.7.

引入我国时，由于术语翻译的不同，扎根理论还被称为草根理论、基本理论、实基理论、植基理论、立基理论等。

伴随着社会科学研究的不断深入和学者们的不断思考，扎根理论开始涌现出不同的言论，并逐渐发展为三大派别：Glaser 和 Strauss 的经典扎根理论、Strauss 和 Corbin 的程序化扎根理论，以及 Charmaz 的建构式扎根理论。这些派别各有侧重，坚持创新发展，不仅促进了扎根理论的共同繁荣，使之呈现"百家争鸣"之象，而且引发了扎根理论学者们的长期争论与深度思考。三个流派的共同点为：均为归纳性的质性研究方法，宗旨都是从经验资料的基础上建立理论，但其实质略有不同。

1. Glaser 和 Strauss 的经典扎根理论

经典扎根理论是指由 Glaser 和 Strauss 创建的经典扎根理论，也是目前出现最早的并被后人所称道的研究范本，其形成的标志性事件为 1967 年《发现扎根理论》（The Discovery of Grounded Theory）一书的出版，而恰恰是通过这一著作 Glaser 和 Strauss 开始将扎根理论正式带入研究者的学术视野；随后，两位学者相继发表了一系列著作和文章，进一步拓展了扎根理论的维度，促进了其实践运用。自诞生之日，扎根理论就以建构理论为主要使命。事实上，经典扎根理论主要有"实质理论""形式理论"两大类，其中实质理论指的是基于原始资料集构建出来去解释特定现象的理论；而形式理论则更侧重于是一种系统的观念体系和逻辑架构[1]。

在经典扎根理论中，编码技术分为两种：实质编码和理论编码，而实质编码又包括开放编码（Open Coding）和选择编码（Selective Coding）两个子步骤。其中，实质编码主要用来反映被研究的实质研究领域中一个理论的范畴及其特征，它们是用作构造概念化的理论。理论编码则是概念化实质性编码之间隐性的相互关系，可作为相互连接多变量的假设，从而用来解释研究对象如何去解决他们的主要关注。它们是自然呈现的，穿插于破碎的事件之中，形成概念，然后形成一个完整的理论。它们提供理论形成的模式，在编码、写备忘录，特别是在手工整理备忘录的时

---

[1] 陈向明：《扎根理论在中国教育研究中的运用探索》，《北京大学教育评论》2015 年第 1 期。

候自然呈现①。经典扎根理论的编码步骤如表 3-3 所示。

表 3-3　　　　　　　　　经典扎根理论的编码步骤

序号	编码阶段	编码步骤要求
1	开放编码	对文字资料进行逐字地检视，用关键词把每一个事态标记出来。根据概念划分，将关键词聚拢分类，尽可能多地建立起一些概念范畴。经过持续的收集、整理、比较和分析，概念范畴会变得厚重，不同范畴之间的关系逐渐变得清晰，此后一个核心范畴就会涌现出来
2	选择编码	研究者集中关注核心范畴和其他与其有意义联系的范畴。此时可以通过理论抽样来收集证据，对访谈提纲进行相应调整。当核心范畴变得足够充实，与其他范畴之间的关系变得足够清晰时，研究就达到了饱和状态。这时就可以开始进一步的抽象化，将不同范畴进行整合和压缩，以得到一些实质概念
3	理论编码	进行最后一级的抽象，确定多个实质概念之间的关系，这种关系表明了研究所考察的社会行为过程背后的潜模式，这种潜模式就是研究所要发现的理论。在这个过程中，可以参考既有文献，同时借助访谈中所做的备忘录来撰写论文

资料来源：参见吴肃然、李名荟《扎根理论的历史与逻辑》，《社会学研究》2020 年第 2 期。

　　经典扎根理论杜绝先入为主的思想，这就要求研究者不带任何假设地进入研究场域收集原始资料，然后基于对原始资料的分析来逐步提出、比较、归纳、聚焦出理论。在收集与分析资料的时候，研究者要尽量悬置自身的主观看法，多从研究对象的视角来考虑问题，将研究对象的思路更好地表达出来。在研究的过程中，研究者要时时刻刻地保持开放的思想，善于发现并接受新观点、新现象与新思路，根据资料研究发现及时调整理论取样的条件和方向，以便收集到最契合选题的资料与内容。经典扎根理论具有鲜明的"田野"色彩，研究者与被研究者、原始资料之间存在循环往复的互动，研究问题被打断或者调整到新研究领域也极有可能，而这也对研究者的自身素质提出了较高的要求。

2. Strauss 和 Corbin 的程序化扎根理论

　　程序化扎根理论指的是由 Strauss 和 Corbin 共同创建的程序式扎根

---

① 费小冬：《扎根理论研究方法论：要素、研究程序和评判标准》，《公共行政评论》2008 年第 3 期。

理论，也是应用最为广泛、受到学者们诟病最多的研究范本。1990 年，Strauss 和 Corbin 共同发表《定性研究基础：扎根理论程序与技术》(*Basics of Qualitative Research：Grounded Theory Procedures and Techniques*) 一书，将扎根理论的操作过程程序化，强调基于数据进行开放性、主轴性和选择性编码，然后一级级螺旋式地抽取主范畴，据此概括出研究的核心范畴，描述该核心范畴的故事线，最终通过挖掘主范畴之间的关系来构建理论。他们还提出了一些相对于经典版本较为新颖，与扎根理论程序化密切相关的新概念和分析技巧，例如挖掘维度、主轴性编码等①。

虽然这两位学者对扎根理论的程序化拓展极大地推进了扎根理论的规范化进程，而恰恰是这种学术尝试引起众多学者的集中批判，而批判的中心思想就是"扎根理论过度程序化容易掩盖丰富的生活形态"。其中，批判力度最大和呼声最高的就是扎根理论的创始人之一 Glaser，其认为这种程序化的操作技巧已经完全背离了扎根理论的基本精神，因为研究者在研究开始之前已经形成了一个相对完整的概念，因此在收集资料过程中必然有所侧重，与研究者价值中立的经典扎根理论要求相悖。其中，《扎根理论的分析基础：自然呈现与生硬促成》(*Basics of Grounded Theory Analysis：Emerging vs Forcing*) 一书是 Glaser 批判声音的集中体现。

程序化扎根理论的资料分析流程为："开放性编码→主轴性编码→选择性编码"，将其整合进整个研究过程，如图 3-2 所示。

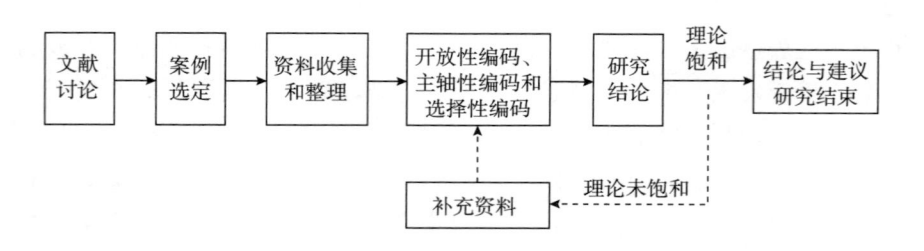

图 3-2　程序化扎根理论流程

资料来源：Naresh R. Pandit, "The Creation of Theory：A Recent Application of the Grounded Theory", *The Qualitative Report*, Vol. 2, No. 4, December 1996, pp. 1–14.

---

① 贾旭东、谭新辉：《经典扎根理论及其精神对中国管理研究的现实价值》，《管理学报》2010 年第 5 期。

3. Charmaz 的建构式扎根理论

建构式扎根理论是由 Strauss 的博士研究生 Charmaz 创建的，是出现最晚、极为强调研究者与研究对象双主体互动的研究范本。作为 Strauss 的博士研究生，Charmaz 在导师 Strauss 的指导下对扎根理论进行了诸多探索，并将建构理论的思维引入其中，逐渐形成建构式扎根理论。其中，《建构主义与客观主义扎根理论》（Constructivist and Objectivist Grounded Theory）、《建构扎根理论：质性研究实践指南》（Constructing Grounded Theory: A Practical guide Through Qualitative Analysis）是 Charmaz 建构思想的代表著作。

建构式扎根理论非常强调研究者的重要性，而研究者的个人研究素养会直接关涉研究过程与理论模型构建，主张将研究者的主观认知也纳入资料范畴中来，在研究者与资料、研究者与被研究者的不断互动中探索生命事件的真谛。正是因为建构主义思想的引入，扎根理论才得以摆脱实证主义的约束，"成为一种更具有前瞻性、细致性与反思性的质性研究方法"[1]。

建构主义认为，知识由观察者与被观察者共同创造，因此根据建构主义取向，数据是由采访者与受访者间的互动解释构成的。"扎根理论的威力就在于它提供了一个理解经验世界的工具，我们可以从实证主义立场重新运用这些工具，形成一套强调建构主义特征的更开放的扎根理论研究实践，可以将扎根理论方法用作理论的启发性的方法而不是刻板的研究程序。"[2] Charmaz 主张工具导向的资料收集方法，"正如我们选取的方法影响我们看到的东西，我们带入研究的东西同样会影响我们能够看到什么"[3]。

相较于程序化扎根理论，建构式扎根理论对于资料的分析更为简要，将其分为初始编码、聚焦编码和理论编码三个步骤，如表 3-4 所示。

---

[1] 吴毅、吴刚、马颂歌：《扎根理论的起源、流派与应用方法述评——基于工作场所学习的案例分析》，《远程教育杂志》2016 年第 3 期。

[2] 凯西·查马兹：《扎根理论：客观主义与建构主义方法》，诺曼·邓津、伊冯娜·林肯、风笑天译，重庆大学出版社 2007 年版，第 544—574 页。

[3] Kathy Charmaz, Constructing Grounded Theory: A Practical Guide through Qualitative Analysis, 2nded. London: Sage, 2014, p. 27.

表 3-4　　　　　　　　建构式扎根理论的编码步骤

序号	编码阶段	编码步骤要求
1	初始编码	研究者应该探究和阐释数据中发生了什么，并且产生"短的、简单的、精确的、活跃的"代码。在这一观念中，代码的产生是中心目的，而且研究者还需对数据中正在发生的事情保持开放。连续比较法应用来引导编码的态度
2	聚焦编码	帮助研究者致力于"发现"那些最重要或最频繁出现，且具有最多分析意义的初始代码，研究者利用这些代码……从更大范围的数据中进行筛查。溯因推理是聚焦编码的主要原则。研究者为了验证假设或者得出较为可信的解释，他对可能用到的数据进行富有想象力的诠释。溯因推理强调研究者在分析过程中的角色，强调他们的所见、所闻、所思，强调研究者建立的关联和可能的理论扩展
3	理论编码	研究者使用既有文献和理论中的概念，以及已有的理论解释中不同类型的分析逻辑，并将这些既有理论概念更加开放地使用到自己的分析中

资料来源：参见伍威·弗里克《扎根理论》，项继发译，格致出版社 2021 年版，第 71—74 页。

（二）扎根理论的实践原则

扎根理论秉持研究者时刻思考研究问题，并致力于从原始资料中逐级归纳出理论的实践策略。在扎根理论践行过程中，研究者需要时刻铭记该研究方法固有的基本原则。例如，作为中国质性研究方法和扎根理论研究的领军人物，陈向明就明确提出扎根理论的基本原则为：①理论源于资料；②理论敏感性；③不断比较；④理论抽样；⑤文献运用方法和准则；⑥检核与评价[1]。

还有学者将扎根理论的基本原则解读为"方法论要素""核心思想"等。例如，费小冬[2]指出，扎根理论具有 6 大要素，即阅读及运用文献，自然呈现，概念化潜在模式，社会过程分析，一切皆为数据和不以时间、地点和人物为转移。不过，吴毅、吴刚和马颂歌却将之归纳为 5 种格外强调的核心思路，即：①理论源于数据；②时刻保持"理论敏感性"；③理论建构是不断比较、连续抽象的思维过程；④强调多种抽样方式相结合；⑤文献灵活运用[3]。

---

[1] 陈向明：《质的研究方法与社会科学研究》，教育科学出版社 2000 年版，第 327—331 页。

[2] 费小冬：《扎根理论研究方法论：要素、研究程序和评判标准》，《公共行政评论》2008 年第 3 期。

[3] 吴毅、吴刚、马颂歌：《扎根理论的起源、流派与应用方法述评——基于工作场所学习的案例分析》，《远程教育杂志》2016 年第 3 期。

毫无疑问，所谓的扎根理论的实践原则，其实质就是强调研究者在研究过程中需要注意什么，明确思维要点。通过对扎根理论既有文献资料的梳理和借鉴，本研究将扎根理论的实践原则概括为如下五个方面。

1. 数据多元化

作为一种质性研究方法，扎根理论强调一切皆为数据。也就是说，只要是对研究有所帮助的信息及资料，都可以纳入到扎根理论中来，这些资料包括工作日志、项目报告、细节观察、互动谈话、视频、录音、他人评价，以及研究者对被研究者的早期事件的记忆、备忘录等。虽然扎根理论以观察法、访谈法等为主要资料收集方法，而问题聚焦访谈法（Problem-Centered In-Depth Interview，PCI）更被视为最适合扎根理论的方法，但是在实践过程中，研究者不应囿于现有方法，而应该积极拓展研究方法范畴，将其他有益于扎根理论的科学研究方法纳入进来，丰富扎根理论资料收集方法的范畴，以便获得更为丰富的研究数据。

2. 理论敏感性

所谓理论敏感性（Theoretical Sensitivity），指的是研究者的一种个人特质，一种能够察觉资料内涵、意义的精妙之处的能力[1]。运用扎根理论方法来分析原始数据，对数据进行一级级的编码和范畴提取，并最终构建出研究问题的理论模型，这些全过程式的分析都离不开研究者自身对理论抱持的敏感性。备忘录是提高研究者理论敏感性的重要方法。研究者可以在研究准备、资料收集、资料分析、资料编码和理论模型构建等阶段将自己对理论层面的各种考虑记录下来，思考概念与范畴的相互关系，斟酌资料的解释力和可能性，从而以更为清晰的思路阐释基于资料所建构出来的理论。另外，问问题、作比较、摇旗子等也是提升理论敏感性很好的办法[2]。

3. 持续比较

扎根理论非常重视持续比较（Constant Comparison），甚至扎根理论还一度被称为"连续比较法"。在整个研究过程中，研究者需要对数据与数据、数据与文献、文献与理论、数据与理论、理论与理论之间进行周而复始地对比，直至达到"理论饱和"。早在1967年扎根理论创设之时，

---

[1] ［美］安塞尔姆·施特劳斯、朱丽叶·科宾：《质性研究概论》，徐宗国译，巨流图书公司1997年版，第86页。

[2] 张敬伟、马东俊：《扎根理论研究法与管理学研究》，《现代管理科学》2009年第2期。

Glaser 和 Strauss 就提出了持续比较的四个具体操作步骤：①依据概念类别来比较资料；②整合有关概念的类属与属性，对比概念类属，思考它们之间存在何种关系以及有何关联；③勾勒出理论的初步模型，明确理论含义；④对理论进行陈述①。

4. 理论检验

研究者运用扎根理论，根据原始资料构建出一个理论模型并不意味着研究的终结。事实上，这个理论模型还需接受理论饱和度检验。首先，研究者通过再次查验摘记和备忘录来确定是否有理论构想和思考被遗漏；其次，将构建出来的理论模型回溯到原始资料，通过一一比对，证实该模型的正确性；最后，借助对新资料的再次核实，来明确该理论是否完全代表了研究问题的所有情况，是否仍有欠缺之处。只有当这三种情况都再次证实理论的客观性、真实性与互斥性时，研究者才能得出该理论模型达到了理论饱和的结论。

5. 灵活运用文献

何时回顾文献以及如何利用文献一直是扎根理论研究者非常关注而观点分歧较大的一个问题。目前，学术界主要有两种代表性观点：一种观点认为，扎根理论自古都坚持自下而上的研究路线，预先回顾文献会打乱研究者的思路和方向，因此主张延后文献回顾，即在构建出理论之后再做文献综述；另一种观点则与之相反，他们认为在使用扎根理论时一味回避早期研究，在保持研究者价值中立的同时还极易产生重复问题和结论，于整体科学研究进展无益，因此主张在扎根理论研究之初就做文献研究，辨别理论空白点，明确可供研究的方向。其实，研究者不必过于纠结文献研究的时间先后和全面程度，而应根据研究的具体情况来加入对既有文献的回顾，在最能促进研究进行的时间内进行，这个时间可以是研究之前、之后或之中。

在扎根理论研究过程中，研究者不仅要坚持遵循实践原则的要求，坚持理论演绎与归纳相结合，还要以开放的思维和创新的想法综合运用推理、比较、分析、假设检验等来推进研究顺利开展。

二 适用于本研究的资料处理策略

在研究流派的选择上，本书有两点考虑：①选用学术界普遍使用，

---

① 陈向明：《质的研究方法与社会科学研究》，教育科学出版社 2000 年版，第 329—330 页。

或者研究相对规范、争议较少的研究流派；②选用易学易会易上手的研究流派。在这两点上，程序化扎根理论都符合研究预期，因此尽管该理论流派仍然存在很多争议，本研究还是将其作为了主要遵循的理论流派。

程序化扎根理论的资料处理方法步骤依次为开放性编码、主轴性编码和选择性编码，表 3-5 为程序化扎根理论的编码步骤。

表 3-5　　　　　　　　　程序化扎根理论的编码步骤

序号	编码阶段	编码步骤要求
1	开放性编码	将数据进行概念化、抽象化，不断比较形成概念或范畴
2	主轴性编码	将所分析现象的条件、脉络、行动的策略和结果——把各范畴间联系起来，实现资料重新组合的过程
3	选择性编码	利用假设或者关系图的形式，将不同概念和范畴组织起来

资料来源：参见吴毅、吴刚、马颂歌《扎根理论的起源、流派与应用方法述评——基于工作场所学习的案例分析》，《远程教育杂志》2016 年第 3 期。

本书将严格遵循程序化扎根理论的要求，遵循"开放性编码→主轴性编码→选择性编码"的扎根理论资料处理方法，对半结构化访谈法、非参与式观察法和互联网二手资料进行细致分析，最终构建出家庭亲善福利需求理论模型。

三　质性分析软件 Nvivo12.0

Nvivo 是一款功能强大的质性分析（Qualitative Analysis）软件，能够有效分析多种不同类型数据，诸如文字、图片、录音、录像等数据，是实现质性研究的最佳工具。使用 Nvivo，可以将研究者从以往的资料分析过程诸如分类、排序、整理等繁杂手工作业的劳累中解脱出来，让研究者有更充分的时间去探究发展趋势，建立理论模型，并最终获得研究问题的结论。Nvivo 的最新版本为 Nvivo12.0。

在质性研究领域，Nvivo12.0 经常被作为资料分析的辅助软件，可以大大地提高科研效率，让研究人员能够将更多的精力投入到学术分析中来。正是基于 Nvivo12.0 的这种优势和特色，本书将 Nvivo12.0 引入此次研究中，以便更快地构建和发现理论模型，并且发现不同维度之间的内在关联。

第四章　家庭亲善福利需求模型的理论构建

基于2020年7—9月和2021年8—10月两个时间段收集的非结构化访谈资料和非参与式观察资料，运用扎根理论编码方法进行分析，遵循扎根理论"开放性编码→主轴性编码→选择性编码"的资料分析流程对资料进行逐级提炼，使原始资料概念化与范畴化，共得到16个范畴；借助典范模式，将16个范畴归纳为5个主范畴：削减教育成本、增加育儿时间、提升经济实力、解决照料难题和实现弹性办公；根据主范畴提炼出核心范畴："家庭亲善福利需求"，描绘了一条研究故事线，最终构建出家庭亲善福利体系需求理论模型。

第一节　开放性编码

开放性编码（Open Coding）又被称为"一级编码""初始编码""开放式登录"等，是对原始资料的首次处理阶段。在该阶段，研究者需要坚持开放、包容、客观的心态，"悬置"个人认知与倾向，以逐词、逐句、逐行和逐段编码的方式"打破""切割""分解"或"揉碎"所收集到的原始资料，为其中发现的现象贴上最新的概念标签，通过持续比较、梳理、提炼、聚拢相似概念，将新的概念标签概念化和范畴化，并且识别具体范畴的性质与性质的面向[1]。为了更加完整地呈现研究分析过程，下面将分步骤对开放性编码进行阐述。

一　为现象贴标签

所谓贴标签（Label Phenomena），就是对原始资料下最初定义，也被

---

[1] 在既有研究中，也有学者将性质与面向分别称为属性与维度，但是本研究之所以仍将其称为性质与面向是借用了徐宗国于1990年所翻译的《质性研究概论》一书中的称谓。

称为"定义现象""命名"。基于扎根理论强调数据为本，让数据自己"说话"，因此，本书会尽量提取被研究者的原话或者主要含义作为标签（称为初始编码）。在对访谈资料初步整理的过程中，研究者采取一边阅读原始资料并删除无价值资料以确定分析单元，一边为分析单元贴标签的实践策略。这里的分析单元通常指的是一件独立的事故（Discrete Incident）、念头或事件（Event）[①]，即原始资料中具有独立分析意义和价值的语句或段落。

在贴标签的过程中，研究者所删除的无价值资料主要包括三种情况：①被研究者所提及的事件或者行为与研究问题毫无关系或者关系不大，不具有继续分析价值；②与被研究者刚刚叙述的事实完全一致或者基本雷同，不具有重复分析的必要；③被研究者在半结构化访谈过程之中或者完成访谈之后，多次强调删除或者严禁作为此次研究的内容。如果研究者经过多次协调，仍无法获得被研究者许可，基于学术研究道德，本着对被研究者完全尊重的原则，在研究分析中也会删除此类资料。

在为现象贴标签的过程中，研究发现有些访谈资料的同一句话或者段落拥有多种含义并存的情况，对此则主要采取两种应对策略：①便于分离开来去单独分析的资料，则将资料划分为两个独立的分析单元，并分别对其贴标签；②词句联系过于紧密而无法直接分离的资料，则选取具有主导地位的含义并为之贴标签。最终，研究共得到236个分析单元。基于这些分析单元，笔者为访谈资料贴上了新的概念标签，标签举例如表4-1所示。

表4-1　　　　　　　　开放性编码：标签举例

概念标签
直视真正需求、降低抚育成本、协同异地户口、降低教育限制、单位协调职工入学、增加时间自由、延长产假时间、哺乳期女性灵活上班、增加男性照料政策、校企合作、协同异地教育、一次性现金补贴、幼儿抚育支持、平衡消费需求与生育需求、降低户籍影响、小学课后照料、增加工作弹性、解决户籍难题、平衡工作与家庭、实现居家办公、协同异地医疗、削减母婴价格、不耽误职业晋升、降低教育花费、平衡教育与照料冲突、增加育儿政策、增加照料支持、增加经济支持、给孩子一个伴、经济条件允许、提高工资待遇、管理人性化、有人照顾孩子、完善医疗保险、生一个就压力大、国家帮忙养老、老人自行养老、提高家庭收入、工作繁忙、时间不充裕、父母照料压力大、精力有所不足、增加假期时间、开放育儿场所、增加老年福利、

[①]　[美]安塞尔姆·施特劳斯、朱丽叶·科宾：《质性研究概论》，徐宗国译，巨流图书公司1997年版，第71页。

续表

概念标签
增加资金收入稳定性、实质性奖金、提供优质教育资源服务、增加公立幼儿园、降低外来子女入学限制、增加教育公平、增加儿童福利、增加幼儿照料、国家作为、解决0—3岁照料、优质幼儿园供不应求、缩减小学教育城乡差异、加大教育投入、亲属提供照料帮助、工作场所提供哺乳室或者公寓、兼顾工作和家庭、二孩家庭经济补贴、新生儿照料人员、产假延到一年、经济能力增强、0—3岁弹性坐班、全薪延长产假、降低教育成本、降低幼儿园费、保障幼儿照料、经济条件为先、增加单位福利、国家教育补贴、降低抚育疲惫、不妨碍工作、缺少照顾人员、三年带薪休假、父辈经济支持、父辈照料支持、保障接送孩子、放学育儿服务、降低生活消费、降低教育消费、降低物价水平、下调房价、幼儿抚育支持、单位无育儿支持、增加政策奖励、奖励到位、降低教育成本、增加抚育支持、提升健康状况、降低婚娶压力、接送弹性时间、调整上下学时间、单位低价育儿场所、考虑弹性时间、加大补贴力度、解决教育问题、增加额外收入、增加鼓励政策、降低生活压力、增加单位理解、支持幼儿园政策、减少教育麻烦、提高教育质量、完善保险体系、滞后生育时间、延长日常假期、灵活下班时间、减少加班、提供收入补贴、增加单位福利、单位照顾哺乳期、提供固定补助、带孩子上班、增加收入保障、解决养老问题、降低保险起征点……

需要指出的是，虽然该阶段共获得了236个分析单元，但是在为现象贴标签的过程中却有很多分析单元的标签是相同的，因此最后得到的标签不足236个，而这种情况在运用扎根理论方法分析资料的过程中是极为常见的。

二 将标签概念化

贴标签实质上是对原始资料的简要表达或者现象描述，因此它们在相当大的程度上仍然保持在与原始资料持平或类似的概念层次，这就会导致研究者无法据此对资料进行深入分析。于是，在为原始资料贴标签之后还需要使标签概念化，使其具有更强的理论深度。概念化（Conceptualizing）旨在将标签转换为概念，是对新概念标签含义的再次提升，其语言表达极具概括性的特征，因此往往可作为若干个标签的统一表述。更重要的是，概念化是下一步范畴化的必要条件和前提基础。

概念是扎根理论分析的基本单位。在资料分析过程中，通过不断地、反复地自我提问："这是什么现象（What）？""为什么会出现这种现象（Why）？""居民怎样应对这种现象（How）？"，深入探索被研究者的心理活动，并将其中最关键的原因定义为所研究的概念。在该阶段，概念化过程中出现了一些重复性概念，而这正能说明概念提炼的作用所在。表4-2是对概念化所获得的现象定义的举例。

表 4-2　　　　　　　　开放性编码：概念化举例

概念化

哺乳支持、不碍工作、儿童福利、父辈照料、公立幼园、组织福利、鼓励政策、固定补助、国家主导、户籍弱化、加大补贴、减少加班、健康状况、奖励到位、降低投入、降低房价、降低花费、降低疲惫、降低物价、降低消费、降低压力、降低影响、教育保障、教育不限、教育成本、教育公平、教育时间、教育质量、接送弹性、经济补贴、经济能力、经济支持、课后服务、老年福利、落实奖励、男性照料、平衡需求、日常假期、入学简单、时间弹性、实质奖励、收入稳定、缩减差异、提高经济、提高薪资、完善保险、完善医疗、稳定房价、无碍晋升、现金补贴、校企合作、协调入学、协同医疗、延长产假、养老无忧、异地户口、异地医疗、优质教育、幼儿照料、育儿场所、育儿成本、育儿政策、人性管理、直视需求、子女相伴

三　使概念范畴化

虽然概念化得到了一些重复性概念，但是因为重复概念相当有限，仍有大量待分析的概念存在，因此还需要对概念加以深度甄别和提炼，即使之范畴化。所谓范畴化（Categorizing），就是研究者基于对概念化的含义思考、相似性持续比对，将概念提炼到更高的概念层次，将概念化获得的一系列概念概括与归类为具有更广泛意义的某些概念的过程，而这些新获得的概念则被称为范畴。

沿着这种思路，本书阶段共提炼出需求满足等 16 个范畴。基于范畴提炼的具体访谈资料情境与出现频次，研究为这些范畴做出简要释义，如表 4-3 所示。

表 4-3　　　　　　　　开放性编码：范畴释义

序号	范畴	频次	释义
1	组织支持	11	组织理解并人性化管理，提供便利服务
2	儿童福利	6	以抚育为中心的各项保护和支持措施
3	工作弹性	13	在保证工作质量的前提下提高工作自由度
4	国家主导	2	国家在促进生育上拥有主体地位
5	降低成本	26	降低员工的生活消费、抚育成本
6	教育保障	30	提供充足的教育资源，保证教育公平
7	经济增强	45	国民收入得到实质性增长

续表

序号	范畴	频次	释义
8	平衡需求	8	弥合工作和家庭冲突与矛盾
9	生命健康	3	拥有健康的身心体魄
10	手足亲情	2	父母给孩子一个伴
11	完善保障	4	打造覆盖全民的社会保障体系
12	协同户籍	6	解决异地户籍、医疗和教育难题
13	增延假期	10	延长产假并增加日常假期
14	养老无忧	6	降低组织员工的养老压力
15	照料支持	36	由社会和家庭提供幼儿照料，缓解疲惫
16	政策奖励	7	提供一次性和固定性现金补贴

由表4-3可知，不同范畴的出现频次大不相同，最少的仅出现过2次，而最多者则达45次。在一定程度上，范畴的数量能够体现具体范畴的重要性和价值，即高频次代表更重要和高价值；反之亦然。基于这种考虑，研究将出现频次在10次以上的范畴作为关系分析的重点范畴，这些范畴包括组织支持、工作弹性、降低成本、教育保障、经济增强、增延假期和照料支持。

四 挖掘范畴性质与面向

为了使范畴得到完整地开发，扎根理论还要求从原始资料中挖掘每个范畴的性质和性质的面向。其中，性质（Properties）指的是一个范畴的诸多特质或属性，如速度、范畴、程度、效果、时间、可行性等；而性质的面向（Dimensions）则是一种性质在一个连续系统（Continuum）上所有的不同位置，如快—慢、大—小、多—少、长—短、深—浅[①]。也就是说，性质包括若干个不同的面向，而面向恰恰是对性质的具体阐释。

本书阶段对这16个范畴的性质和面向进行挖掘，表4-4列示出以"照料支持"为例的范畴发掘过程。

---

① ［美］安塞尔姆·施特劳斯、朱丽叶·科宾：《质性研究概论》，徐宗国译，巨流图书公司1997年版，第79页。

表 4-4　　　　　　　开放性编码：照料支持的性质与面向

范畴	性质	面向	代表性语句
照料支持	可行性	是	我们是双职工，家里两个人都在银行工作，虽然有轮休班，但是还是比较忙的，再生一个孩子的话时间上可能不是特别充裕，再一个的话虽然有父母帮忙照顾，但是如果同时带两个孩子的话，压力还是比较大的（FWT）
		否	我就没有考虑过这个问题，主要是我的年龄也大了，身体也不是特别好，我觉得孩子不在多在精……如果有两个孩子的话，肯定会分心，就可能达不到子女培养的预期效果了（LZD）
	效果	积极	希望父母都能够到县城来，这样的话我们就会有更多的精力……我们可能会考虑再生一个孩子（JM）
		消极	上了年纪的就总是觉得他还是个孩子，其实不良行为也没什么，但是日积月累就能感觉出父母带的孩子在后期培养上有差距（WW）
	程度	多	如果公公婆婆说，你们再生一个吧，我给你们钱，我给你们看，你没有后顾之忧，都不用管，你就安安心心上班去……也许我会再要一个（LZD）
		少	我不会考虑三胎了，毕竟生完之后，养才是大问题。双方父母已经很大岁数了，为我们带老大和老二付出了很大心血，不想再给父母压力了（FW）

研究依次探究了 16 个范畴的性质和面向，这样做不仅能够深化对概念含义的理解，而且为深度研究奠定了坚实的基础。同时，分析范畴的性质与面向不仅有利于更全面地了解各个范畴的内涵，而且会被用作理论模型构建过程中对概念是否完全开发的依据，而那些未完全开发的概念仍然需被进一步开发。

总之，开放性编码旨在从原始资料中找寻建立理论的基础——概念，通过对概念一次次地甄别、提炼与持续比较，构建出明确的范畴意义框架。运用扎根理论分析原始资料的开放性编码践行了"为现象贴标签—将标签概念化—使概念范畴化—挖掘范畴性质与面向"的研究流程。上文分别就这四个步骤进行了具体分析和举例，而在具体分析中，这些步骤通常会同时进行，并且通过原始资料、标签、概念化、范畴化之间往复循环地比较和权衡来明确或者敲定相关概念，因此将整体分析过程举例列示在表 4-5 中。

表 4-5　　　　　　　　　　开放性编码过程举例

资料记录	标签	概念化	范畴化	范畴的性质	性质的面向
我感觉国家这个二胎政策只是放开了限制，但不是真正意义上的二胎政策，二胎政策如何落实或者怎么去激发人们主动生育的意愿方面做的不够好。不了解年轻人真正的需求（a1）	直视真正需求	直视需求	平衡需求	程度	不够
对于我来讲，主要是收入问题，因为在教育产业化的背景下，养育孩子的成本是很高的，需要两代人、三个家庭的共同努力，就是双方父母、我和妻子（a2）	降低抚育成本	降低成本	降低成本	数量	很高
户籍政策也是一个问题，因为北京现在把户籍政策的门槛提得很高，年轻人想落户基本上不可能，所以你如果有要小孩的意愿，你就得考虑离开北京，但目前不考虑离开北京（a3）	成功落户	借鉴异地户籍	协同户籍	价值	不考虑
主要是上学限制，要有工作居住证，但是这个证审核严格，首先公司要有资格申请；其次个人收入达到一定程度；最后在北京居住满足一定年限（a4）	降低教育限制	教育不限	入学便利	成本	高
经济的话就是给一些补贴，现在人口老龄化嘛，人口红利也慢慢消失了，国家层面可以适当给一些补贴，比如直接以现金形式发放，二胎家庭一次性给多少钱（a5）	一次性现金补贴	现金补贴	现金补贴	物质	适当
也有工作方面的原因。如果是上小学，他自己能照顾自己了还好，但是上幼儿园的话，像现在我了解到的好多小孩下午三点半可能就要放学，如果有老人帮忙带还好，如果没有的话，我们就根本就没有时间照顾孩子（a6）	小学课后照料	课后服务	教育保障	数量	少
如果能实现居家办公更好，之前因为疫情在家办公，也感觉不会影响工作（a7）	实现居家办公	增加弹性	工作弹性	方式	灵活
还有什么医疗啊之类的，我们都不能享受那些待遇，然后就感觉生活上的压力很大（a8）	享受医疗待遇	医疗待遇	医疗待遇	频率	不能

如表 4-5 所示，每个分析单元都发展出自己的概念和范畴，并且有着自身独特的性质与面向。运用扎根理论，原始半结构化访谈资料的开放性编码为整个研究的顺利开展奠定了坚实的基础。

第二节　主轴性编码

主轴性编码（Axial Coding）又被称为"二级编码""聚类编码""文联式编码""关联式登录"等，它指的是研究者基于开放性编码结果，厘清各个概念与范畴的内在关系，通过聚类分析和重新组合使不同范畴关联起来，使它们的关系变得更加具体和明晰，并且从中提取具有更高抽象层次的"主范畴"，识别出主范畴各自的逻辑规则。扎根理论以关联性数据的整理与分析为特征[1]，其中关联性指的是概念与范畴之间的关系，包括因果性关系、时间性关系、语义性关系、情境性关系、雷同性关系、差异性关系、对等性关系、类型学关系、结构性关系、功能性关系、过程性关系、策略性关系等[2]。

在该阶段，研究借用编码的典范模型来——识别不同概念与范畴之间的关联与互动，并且从16个范畴中逐步地提炼出5个主范畴。为了顺利完成主轴性编码，研究首先简单介绍了典范模型的发展过程，以及要素的含义与关系；其次运用典范模型来分析通过开放性编码得到的16个范畴，并且致力于从中发掘出新的主范畴。

一　提炼主范畴

在如何识别概念与范畴的内在关系上，Strauss和Corbin主张使用编码典范模型（Coding Paradigm Model）以程序化和系统化的分析方式来阐明范畴之间的关系。最初，Corbin和Strauss[3]在1990年发表的一篇学术论文中仅仅指出编码典范模型包括条件、脉络[4]、策略和结果4个要素。同年，他们在扎根理论的代表性著作《定性研究基础：扎根理论程序与技术》一书中将现象、中介条件加入典范模型，使其要素拓展为6个。近年来，Corbin更是在《质性研究的基础：形成扎根理论的程序与方法》

---

[1] Anselm Strauss and Juliet Corbin, *Basics of Qualitative Research: Techniques and Procedures for Developing Grounded Theory*, Sage Publications, 1998, p. 124.

[2] 陈向明：《质的研究方法与社会科学研究》，教育科学出版社2000年版，第333页。

[3] Juliet Corbin and Anselm Strauss, "Grounded theory Research: Procedures, Canons, and Evaluative Criteria", *Qualitative Sociology*, Vol. 13, No. 1, December 1990, pp. 3-21.

[4] 脉络所对应的英文为context，因此还有的研究将之翻译为"情境"。考虑到该术语更加偏重于扎根理论概念之间的过程性，本书选用了"脉络"这一翻译表达。

中对该模型再次修订,即在"行动/互动"部分增加情感内容,并且引用沙茨曼的"解释范式矩阵"以丰富分析层次[①]。

不过,时至今日,学术界公认的典范模型仍是两位学者在 1990 年著作中所论述的六大要素。基于此,本研究也将根据典范模型规范,遵循"(A)因果条件→(B)现象→(C)脉络→(D)中介条件→(E)行动/互动策略→(F)结果"的思维逻辑展开具体分析。为了更清晰深入地理解典范模型的 6 种要素,以便高效率地将开放性编码得到的范畴提升到主范畴,表 4-6 列示出典范模型要素的含义。

表 4-6　　　　　　　典范模型:要素的含义

步骤	要素	含义
A	因果条件	现象产生与发展的条件、基础与事件
B	现象	针对重要的条件、基础与事件而发生的若干行动
C	脉络	现象的事件、事故,在它们面向范围内的位置的组合,是行动或互动策略之所以发生的一组特殊条件
D	中介条件	在某一特定脉络中,针对某一现象而采取促进或阻碍的行动或互动上的策略的一种结构性条件
E	行动/互动策略	针对某一现象,在现象可见、特殊的一组条件下所采取的处理策略
F	结果	处理策略的结果

资料来源:[美] 安塞尔姆·施特劳斯、朱丽叶·科宾:《质性研究概论》,徐宗国译,巨流图书公司 1997 年版,第 109—110 页。

根据表 4-6 可知,典范模型中存在着 4 对显著关系:因果条件本质上是产生现象的原因或者前置条件(Antecedent Conditions),与现象构成第 1 对"因果型"关系;第 2 对关系则是脉络与行动/互动策略,即基于诸多现实情境(脉络)的考虑才会形成某种处理策略,因此这是一种"条件型"关系;行动/互动策略会导致结果,而这便形成了第 3 对"因果型"关系;另外,中介条件是行动/互动策略的助力或者阻力,直接关乎行动/互动策略的效能,因而两者存在"调节型"关系。在分析过程中,典范模型表现为一种具有时间先后关系、过程性的行动,拥有详尽

---

① [美] 朱丽叶·科宾、安塞尔姆·施特劳斯:《质性研究的基础:形成扎根理论的程序与方法(第三版)》,朱光明译,重庆大学出版社 2015 年版,第 4 页。

严谨的逻辑思路，而从这些逻辑规则中演绎和归纳出主范畴正是主轴性编码的意义所在。德国学者伍威·弗里克（Uwe Flick）将其归纳为编码范式模型，并且强调"这一简单而又普适的模式，可用来阐明现象、它的起因和结果、产生的背景，以及其中的行动者采用什么样的策略这五个要素之间的关系"①。

运用典范模型分析工具概括和鉴别范畴之间的关联性，通过范畴之间的持续比较和情境假设，描绘范畴间内在关系，研究共得到削减教育成本、增加育儿时间、提升经济实力、解决照料难题、实现弹性办公5个主范畴，主范畴提炼过程如表4-7所示。

表4-7　　　　　　　主轴性编码：主范畴提炼

逻辑主线							主范畴
A 因果条件	B 现象	C 脉络	D 中介条件	E 行动或互动策略	F 结果	
工作弹性	平衡需求	手足亲情	协同户籍	降低成本	教育保障	削减教育成本
养老无忧	照料支持	国家主导	生命健康	政策奖励	增延假期	增加育儿时间
降低成本	教育保障	政策奖励	平衡需求	组织支持	经济增强	提升经济实力
国家主导	手足亲情	儿童福利	养老无忧	增延假期	照料支持	解决照料难题
组织支持	儿童福利	完善保障	降低成本	照料支持	工作弹性	实现弹性办公

注：范畴可以重复利用。

二　阐释主范畴

为了揭示主轴性编码的内在逻辑，展现主范畴提取过程的科学性和严谨性，下面将对削减教育成本、增加育儿时间、提升经济实力、解决照料难题、实现弹性办公5个主范畴的提炼过程分别进行阐述。

1. 削减教育成本

组织员工在本单位工作的时候，出于组织绩效的考虑，组织往往以多加班、少请假作为员工管理策略，工作环节缺乏时间弹性和人性化管理，因此员工往往不得不去平衡自身工作与家庭的冲突、工作晋升与幼

---

① [德] 伍威·弗里克：《扎根理论》，项继发译，格致出版社2021年版，第63页。

儿照料的冲突。当员工为了给孩子找一个伴，再次生育时就会面临医疗、教育等各种问题，这些问题对于异地工作员工的消极影响更为明显。在这种情况下，员工所在家庭不得不想尽办法去为子女教育努力，甚至不惜花费高价为子女赢得本地就学机会，从而使自己的孩子得以在父母工作地点接受教育，享受当地的教育资源和教学管理，而这样做往往是以提高员工家庭成本为代价的。在这种情况下，削减教育成本对于居民而言有着非凡的意义，能够对居民生活质量提供稳定支持。

2. 增加育儿时间

当前适用于三孩生育政策的家庭均为"80后""90后"群体，在最佳生育时间内均处于"上有老，下有小"的家庭情况，养老和育儿是其不可躲避的责任。当父母身体尚可，不需要子女现阶段进行养老时还可以为子女育儿提供帮助。在国家政策的推动下，当员工身体情况良好时，考虑到国家会相继出台或者未来出台的各种鼓励政策，会出现再生育行为，但是抚育幼儿仍然面临精力不足的困境，因此延长产假，以及提供更多的日常假期是居民的普遍诉求。在这种情况下，一旦为组织员工提供足够的育儿时间（如产假、陪产假、哺乳假等），就能极大地激发居民的生育意愿。

3. 提升经济实力

在国家出台"双减""稳房价"等各种政策之下，教育、住房经济压力呈下滑趋势。伴随着国家提供越来越多优质的教育资源，并为符合条件的家庭提供一次性补贴和月固定补贴，员工有可能考虑再次生育。但是，组织员工通常同时面对工作和家庭两种领域的双重需求和压力，并引发一系列的工作—家庭冲突。员工秉持工作第一的价值观念，在得不到组织的时间和福利支持时，就不得不通过提升自身及家庭的经济能力来实现再次生育。说到底，提升经济实力是员工能够再次生育和决定最终生育数量的最关键因素。

4. 解决照料难题

在国家相继出台积极生育政策之后，考虑到给孩子找一个伴的现实诉求，虽然我国儿童福利尚不完善，但是组织员工仍会进行再次生育。当组织员工父母无法提供照料帮助，甚至需要子女进行赡养之时，员工在短暂的产假和哺乳假之后仍要面临沉重的幼儿照料难题，一旦照料问题无法得到有效纾解，组织员工将面临工作和生活的双重挑战。事实上，照料问题已经成为影响组织员工生育意愿的重要现实阻力。

5. 实现弹性办公

在工作过程中，员工往往希望组织能够考虑自身家庭情况，并且进行扶持帮助。当前，我国母婴产品价格较高，缺乏医疗、教育和户口等多种保障。说到底，生育是一个极其耗费成本的事情。一旦社会层面或者家庭层面（如父辈）无法为员工提供幼儿照料帮助，那么组织员工将面临巨大的经济和生活压力，为了照顾新生儿，尤其是在幼儿进入幼儿园之前的三年时间里，如果能够为组织员工提供有弹性的工作机会（如弹性地点、弹性时间），那么将有效提升员工的生育意愿。因此，实现弹性办公已经成为居民积极生育的重要现实条件。

第三节　选择性编码

选择性编码（Selective Coding）又被称为"三级编码""理论编码""选择式登录""核心式登录"等。该阶段的主要任务是：基于主轴性编码得到的主范畴，通过持续比较与反复思考将这些主范畴联结起来，然后借助分析式的语言将它们之间的内在关系勾勒为完整的故事线，从中提取出能够涵盖所有概念和范畴的核心范畴，并且阐明主范畴与核心范畴的系统关联。为此，本节将审慎思考各个概念与范畴之间的关系，描绘其故事线；接着提取核心范畴，并对核心范畴的性质与面向，以及其与主范畴之间的关系加以阐释。

一　阐明故事线

故事线（Story Line）是概念化的故事[1]，而故事则是以描述性的语言对研究中心现象的阐述。面对浩瀚的文字、语音、图像等资料，研究者从中找到并且决定一条故事线的过程非常具有难度，这种难度不仅是研究者需要仔细研读每个分析单元，对其逐一加以循环往复地提炼与概括，更是对研究者基本科学素养、决断力与学术自信的多方考验。

扎根理论强调对资料的整体分析和全面把握，而恰恰是这种要求极

---

[1] ［美］安塞尔姆·施特劳斯、朱丽叶·科宾：《质性研究概论》，徐宗国译，巨流图书公司1997年版，第133页。

容易导致研究者沉迷于资料当中，不愿意舍弃任何一个内容，甚至造成最后概念过于繁杂而无法理出一个清晰的思路。因此，对于研究者而言，在使用扎根理论分析资料的过程中，不仅需要重视资料挖掘，保证资料的全面性；更重要的则是，面对诸多概念和范畴，敢于大胆删去"没有关系的概念，很好的思想，但却从来没有得到发展，最有可能是因为它们在资料中出现得不多，或者是少得我们找不到它们"[1]，力图获得更为重要的、核心的与明确的概念体系，并且据此梳理出由不同范畴构建的故事线。

基于主轴性编码，共得到5个主范畴，即削减教育成本、增加育儿时间、提升经济实力、解决照料难题、实现弹性办公。通过不断地问问题、举出假设和持续比较，可以发现这5个范畴都是家庭亲善福利需求因素，均具有概括性且非重叠性，不存在关系疏远或者强硬增添的情况，因此无须删除任意一个范畴。

为了从资料中梳理出一条故事线，研究对所有个案的资料进行收集与提取，从研究所关注的具体问题出发，对被研究者的决策过程加以描述。在此过程中，研究者需要不断地问问题，如此项研究有何特别之处？其焦点是什么？不同的研究对象对同一研究问题会有何反应？这些反应有着怎样的逻辑共性与不同之处呢？

通过对资料的多次演绎与归纳，共得到一条故事线：当员工面临工作和生活共同挑战时，为了摆脱因生育导致的相互矛盾、相互冲突的处境，他们会借助家庭亲善福利（如弹性办公）来增加育儿时间，提升自身的经济实力，从而去解决幼儿照料难题，以经济实力增加对抗教育成本增强，提高生活质量；反之，如果员工现有家庭亲善福利体系无法满足员工需求时，那么他们就不会再次出现生育行为。

二 提取核心范畴

提取核心范畴（Core Category）是选择性编码最核心、最重要的研究目标。对于如何选定核心范畴，Corbin和Strauss[2]给出了有益的指导建议：①抽象概念，必须包含并且能够将所有的主范畴都连接起来；②频

---

[1] ［美］朱丽叶·科宾、安塞尔姆·施特劳斯：《质性研究的基础：形成扎根理论的程序与方法（第三版）》，朱光明译，重庆大学出版社2015年版，第124页。

[2] ［美］朱丽叶·科宾、安塞尔姆·施特劳斯：《质性研究的基础：形成扎根理论的程序与方法（第三版）》，朱光明译，重庆大学出版社2015年版，第115页。

繁出现于原始资料；③自有逻辑，契合资料；④具有较高的抽象层次；⑤可在深度和解释力上再度拓展。显然，核心范畴具有统领性、逻辑性、抽象性和拓展性，是对原始资料的深度整合，可将所有范畴概括到一个更为宽泛的理论范围之中。

基于对故事线的阐释，研究对由主轴性编码所获得的 5 个主范畴的核心元素再次审慎思考，通过含义挖掘、持续比较和问问题，从中提炼出"家庭亲善福利需求"这一核心范畴，用于回应"员工在生育行为上有何家庭亲善福利需要"这一研究主题，并将所有的访谈资料统合起来，核心范畴的提炼过程如图 4-1 所示。

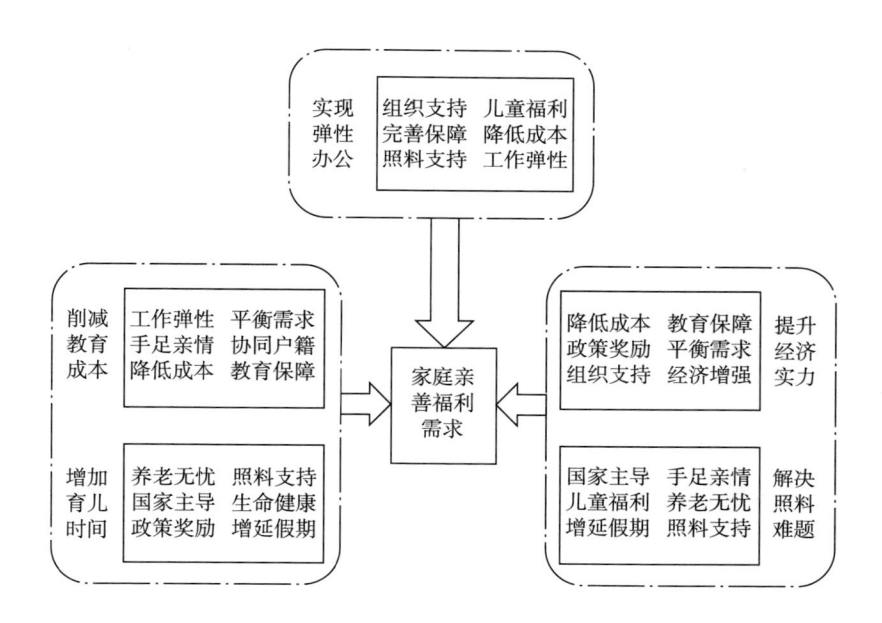

图 4-1 选择性编码：核心范畴提炼

作为概念，核心范畴与其他范畴、主范畴类似，拥有自身特定的性质和面向。在一定程度上，核心范畴性质和面向的全面、完善，以及与原始资料的高契合度，能够进一步证明研究所开发的核心范畴是高质量的。基于此，研究对核心范畴进行发掘如表 4-8 所示。

表 4-8　　　　　　　　选择性编码：挖掘核心范畴

核心范畴	性质	面向
家庭亲善福利需求	效果	积极—消极
	数量	多—少
	程度	深—浅
	频率	经常—从不

由表4-8可知，核心范畴"家庭亲善福利需求"有效果、数量、程度和频率四种主要性质，相应地：效果分为积极影响和消极影响，数量则有多和少两种情况，程度从深到浅，频率的面向则有经常和从不两个端点。由于核心范畴是基于原始资料的逐级编码提炼而来，每个性质和面向都对应着诸多原始内容，对此一一比对才确定了其性质与面向，具体比对过程就不再赘述了。

在挖掘了核心范畴的性质与面向之后，研究还对核心范畴与各个主范畴之间的关系进行了探索。由图4-1可知，主轴性编码获得的5个主范畴（削减教育成本、增加育儿时间、提升经济实力、解决照料难题、实现弹性办公）共同围绕着核心范畴而交互作用。

总体而言，运用扎根理论分析方法对访谈资料进行整理和分析，通过开放性编码，得到16个范畴；经过主轴性编码，利用典范模型提炼出5个主范畴；最后，选择性编码提炼出"家庭亲善福利需求"的核心范畴，并且实现了核心范畴与主范畴的紧密联结。上述资料分析的结果都为理论模型的构建做好了准备。

第四节　理论模型构建

本节是整个研究最核心的部分，主要包括两个方面的内容：第一，通过开发既有范畴与挖掘文献来丰富扎根分析结果，明确需求以及要素含义，最后构建出相应的理论模型，并对这些需求因素的内在关联做出说明。第二，通过摘要和备忘录综合检验、原始资料回溯式检验与新研究对象访谈资料检验三种方式对所构建的理论模型加以检验。

一 理论模型构建

建构理论不仅是任何社科研究的内在要求,而且是研究结果的必然归路[1]。虽然很多学者试图描述和解释社会现象,但是仍然有大量学者沉迷于理论发现与深度拓展。从一定意义上来说,"理论"是社会科学研究的最终目的,因此本书将构建家庭亲善福利需求理论模型作为落脚点。

根据扎根理论的三级编码过程,研究得到了5个主范畴:削减教育成本、增加育儿时间、提升经济实力、解决照料难题、实现弹性办公,并且将"家庭亲善福利需求"提炼为核心范畴。到此为止,研究似乎可以据此提炼出家庭亲善福利需求理论模型。不过,根据Corbin和Strauss观点,仅仅从原始资料中得出结论并不意味着研究便可以结束,只有在充分确保概念和范畴得到完全开发,文献研究亦没有其他不同结论加入之后,才能着手进行模型的构建工作[2]。因此,研究对未得到充分开发的既有范畴进行二次开发,保证了所有范畴都得到充分发展。

理论建构过程兼具抽象性和稠密性(Density)[3]。所谓稠密性,指的就是研究能够获取范畴全部的性质和面向,并且构建出该范畴的变化形式。因此,研究者需要再次检核扎根分析得到的所有范畴,明确这些既有范畴是否都得到了充分发展,即同时具有性质、面向和变化性,并对未得到完全开发的范畴进行二次开发。

研究将出现频次在5次或者不足5次的范畴作为重点审查对象。对于这些范畴,研究者首先通过回顾摘记、图表和原始资料,寻找可能被忽视的资料,但是仍然发现这些概念的确存在不充分发展情况。这些未充分发展情况主要包括:①范畴面向单一,缺乏相反面向资料;②范畴资料不全面,致使范畴未能得到充分发展;③范畴性质与面向难以确定,亟待新资料补充。

对于范畴未充分发展的情况,一般的做法都是研究者通过理论抽样,再次收集新的资料并对之整理与分析,通过三级编码过程将之补充到理论模型中来,直至范畴得到充分发展。但是,延续原有的研究设计框架

---

[1] 陈向明:《质的研究方法与社会科学研究》,教育科学出版社2000年版,第318页。
[2] [美]朱丽叶·科宾、安塞尔姆·施特劳斯:《质性研究的基础:形成扎根理论的程序与方法(第三版)》,朱光明译,重庆大学出版社2015年版,第120—125页。
[3] [美]朱丽叶·科宾、安塞尔姆·施特劳斯:《质性研究的基础:形成扎根理论的程序与方法(第三版)》,朱光明译,重庆大学出版社2015年版,第123页。

去收集资料，很容易收集到重复性资料或者意义不大的资料，无法更具针对性和更有效地丰富这些亟待二次开发的范畴。因此，本研究将选取二手资料，快速收集到所需资料。在此次研究中，该方法更有针对性地补充了资料的缺漏，为研究提供更多分析素材。通过二手资料使未充分发展的既有范畴获得了明确的性质和面向，为理论模型的构建奠定了坚实基础。

二 构建理论框架，明确内在机理

基于对削减教育成本、增加育儿时间、提升经济实力、解决照料难题、实现弹性办公这5个因素本质含义的阐释，通过进一步厘清这些因素之间的内在逻辑，研究最终构建出"家庭亲善福利需求理论模型"，具体如图4-2所示。

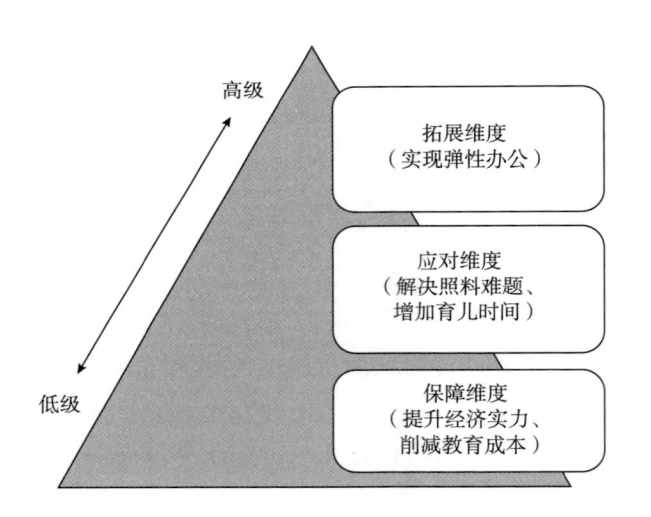

图4-2　家庭亲善福利需求理论模型

该模型以"家庭亲善福利需求"为核心，阐释出不同需求因素对员工生育行为的积极或者消极影响。具体来说，员工生育行为对家庭亲善福利的需求主要受到三种因素的影响：第一种因素是保障维度，即提高员工自身及家庭的经济实力，削减与生育有关的教育成本，为员工生育行为提供稳定的经济基础；第二种因素是应对维度，直指幼儿照料问题，提出应该延长产假，增加日常假期，以期解决照料难题；第三种因素素是拓展维度，即家庭亲善福利当前或许能够改革之处，即不断实现弹性办公。

基于员工对家庭亲善福利有五种主要需求，而这些因素通常有着各自不同的目的和效果，它们相互作用、相互影响，使员工生育倾向随之增强或者降低。在实践层面，员工需要根据自身实际情况，评估不同因素的优先次序和不同领域的需求程度，从而做出最优决策。

第五节　理论模型检验

理论模型检验以理论饱和度检验为主，指的是通过一定的技术手段来证明研究所构建的理论模型的正确性、解释力与代表性。根据扎根理论的研究流程，理论饱和度检验是决定所建构出来的理论模型是否需要继续完善的关键环节。如果理论饱和，那么研究者就可以直接得出结论；反之，研究者则需要重复"资料收集—扎根理论分析—模型构建"的程序，直至理论再次达到饱和才能结束研究。本研究将运用以下三种方式来对理论模型加以检验。

一　摘记与图表综合检验

摘记（Memos）又被称为备忘录，是为构建理论而在资料整理和分析过程中记录的分析文字，包括编码摘记、理论性摘记和操作性摘记三种类型。其中，编码摘记（Code Notes）是对三级编码过程和结果的记录，如标签、范畴、概念、现象等；理论性摘记（Theotetical Notes）则是研究者通过资料归纳与演绎，对资料中可能产生的范畴及其性质、面向、关系、典范模型等的思考结果；操作性摘记（Operational Notes）指的是提示研究者接下来该做的抽样、该问的问题、可做的比较，甚至后续追踪方向的文档。至于图表（Diagrams），则是对概念含义与内在关系的直接呈现，包括逻辑性图表和综合性图表。逻辑性图表（Logic Diagrams）就是使用典范模型的分析图表；综合性图表（Integrative Diagrams）则是以视觉方式来展示研究者的分析思路。在资料分析和整理过程中，研究者还需同时进行摘记，画出图表，这些图表除了前文已经列出的，还有在三级编码和理论构建期间的其他要点摘记和关系图表。

通过重读摘记，再次查看和斟酌现有图表，研究重新梳理了核心范畴的故事线，再次肯定了概念开发的概括性和抽象性，以及故事线的流畅性；再次证实家庭亲善福利需求理论模型具有内部一致性和逻辑关系上的一致性，逻辑思路顺畅。

二 原始资料回溯式检验

正如 Strauss 所说，扎根理论概括出的理论命题需要再回到资料或类似情境中接受检验，以进一步验证理论模型[1]。通过理论模型与原始资料之间的交互印证和持续比较，查看理论模型是否能够完全落实到原始资料的具体情境，以此来判断理论模型的代表性和准确度。

为此，研究将根据扎根理论分析过程获得的家庭亲善福利需求理论模型反向回溯到访谈资料中来，即按照"选择性编码—主轴性编码—开放性编码"的顺序依次实现理论模型与资料的一一对照，不断反思家庭亲善福利需求理论模型能否与访谈资料高度契合。

资料回溯式验证结果表明，家庭亲善福利需求理论模型与资料具有较好的匹配性，能够在相当大的程度上代表员工的内心感受，该理论模型具有较好的代表性和理论深度。

三 新研究对象访谈资料检验

扎根理论强调研究者视角的主导性，即以研究者的整体思维来推动资料整理与分析，直至理论构建。这样做，一方面有助于保证研究整体理论思维的一致性和系统性，避免分析思路被打断，规避其他干扰因素的影响；另一方面却也会导致研究者完全遵循个体思路，而无法意识到自己看待资料立场的单一性，极易造成观点错误。不过，作为访谈资料收集的直接参与者和讲述者，被研究者对访谈资料有着最准确的理解和感知。因此，从被研究者的立场而非研究者试图假设的立场出发，可以保证访谈资料得到最详尽可靠的诠释。

基于上述考虑，通过研究者的社会关系，笔者与未参与研究的 3 对双职工夫妇进行联络并邀请他们参与家庭亲善福利需求理论模型的检验研究。需要明确的是，为了与理论归纳阶段的研究者进行区分以体现异质性，这 3 对双职工夫妇具有与之前调查明显不同的"70 后"特征，满足了研究对异质性的要求。非常幸运的是，除了一对夫妇中的丈夫因忙于工作无法参与之外，其余的 5 名被研究对象都愿意参与进来。

---

[1] Anselm Strauss, *Qualitative Analysis for Social Scientists*, Cambridge, UK: Cambridge University Press, 1987, p. 5.

遵循访谈流程，研究者与 5 位参与者约定了记录与反馈时间。由于参与者中间有事情耽搁，所以访谈工作延后，此次检验资料收集前后共花费了 25 天，总访谈字数为 6340 字。基于访谈资料，遵循扎根理论"开放性编码—主轴性编码—选择性编码"的分析策略，再次提取范畴、主范畴与核心范畴，并尝试提出相关的理论性构想。结果表明，从最新的 5 位研究对象中收集到的访谈资料中没有发现其他新的范畴，从而再次证实了本研究所构建的家庭亲善福利需求理论模型具有较强的代表性和解释力。

总之，本章成功构建出家庭亲善福利需求理论模型，这些因素包括削减教育成本、增加育儿时间、提升经济实力、解决照料难题、实现弹性办公，而该模型也通过了理论饱和度检验。事实上，这五个因素各自有其独特的效果，但在实践层面却并不会独立发挥作用，而是彼此之间密切关联，通过交互作用来共同影响员工的生育决策，形成了一个系统的影响机制。

第五章　国外激励生育的家庭亲善福利举措与启示

随着劳动分工、教育和城市化等因素的集中性涌现，国际上有许多国家都出现了家庭规模缩小，生育率下降和老龄化程度不断深化的问题。为了应对这些问题，各国先后出台了多项家庭亲善福利，试图通过改善社会和组织环境来提高人们的生育意愿。这些家庭亲善福利的内容直指因生育而引发的工作—家庭冲突、儿童照料困境和生育成本居高不下等问题。本章将对欧洲、亚洲和北美洲中代表性国家的家庭亲善福利生育支持政策进行梳理和总结，总结可供我国借鉴的促进生育水平提高的家庭亲善福利推进意见，以期助力我国生育水平的有效提高。

第一节　国外家庭亲善福利促进生育的主要内容

当前，生育率低迷已经成为一项重要的国际议题。不同国家纷纷基于自身特色打造促进生育的家庭亲善福利举措，能够为我国家庭亲善福利体系构建提供重要参考。本节共选取三类国家：第一类是以"高福利国家"闻名的欧洲国家；第二类是与中国具有地缘临近特点、文化趋同的亚洲三国：日本、韩国和新加坡；第三类是以社会福利的"第三条道路"为标志的北美洲国家：美国和加拿大。

一　欧洲鼓励生育的政策

20世纪90年代后期，欧洲国家家庭亲善福利形成了较为完善的生育支持政策体系，主要涵盖了三方面内容：（1）育儿津贴，主要是通过提供丰富的财政补贴，给予在职父母一定的经济支持，例如，减免税金、生育补贴等。育儿津贴是欧洲国家普遍持续采用的一项援助政策，为降低养育子女带来的家庭经济风险,这项援助政策会帮助低教育水平或经济收入少的家庭更早生育第二个和第三个孩子[①]。(2)育儿假,包括父母带薪产假、父母带薪育儿假等。育儿假可能会对女性职业发展产生负面影响,但伴随着父亲育儿假的推行,不仅体现了男女平等政策理念[②],同时有效激发了家庭生育二孩的意愿[③]。研究表明,共同享受父母育儿假政策的家庭生育第二个孩子的可能性更大[④]。(3)儿童照料服务,主要包括儿童托育和课后照顾。虽然研究发现降低儿童保育费用等会对生育率产生积极影响[⑤],但是Luci-Greulich却认为儿童托儿服务对生育率的作用大于育儿假政策和分娩时给予妇女福利补助的作用[⑥]。然而,这三类政策对各国生育率的影响存在明显差异[⑦]。以瑞典为例,国家在公共儿童照料服务上投入巨大财力、规定较长的育儿假、倡导与实践父亲育儿责任、促进男女平等[⑧],从而推动国家总和生育率从2000年的1.55上升到2018年的1.78,但挪威和芬兰却从1.7—1.8的水平跌至1.5左右[⑨]。有学者直言平衡女性工作和家庭的家庭亲善福利使北欧、西欧、北美和大洋洲这

---

① Olivier Thévenon and Gerda Neyer, *Family Policies and Diversity in Europe: The State-of-the-art Regarding Fertility, Work, Care, Leave, Laws and Self-sufficiency*, Stockholm: Stockholm University (Families and Societies Working Paper Series), 2014, pp. 5-6.

② Olivier Thévenon, "Family Policies in OECD Countries: A Comparative Analysis", *Population and Development Review*, Vol. 37, No. 1, March 2011, pp. 57-87.

③ Kimberly J. Morgan and Kathrin Zippel, "Paid to Care: The Origins and Effects of Care Leave Policies in Western Europe", *Social Politics: International Studies in Gender, State and Society*, Vol. 10, No. 1, March 2003, pp. 49-85.

④ Ann-Zofie Duvander and Ann-Christin Jans, "Consequences of Father's Parental Leave Use: Evidence from Sweden", *Finnish Yearbook of Population Research*, Vol. 44, No. 1, January 2009, pp. 49-62.

⑤ Rainald Borck, "Adieu Rabenmutter: Culture, Fertility, Female Labour Supply, the Gender Wage Gap and Childcare", *Journal of Population Economic*, Vol. 27, No. 3, January 2014, pp. 739-765.

⑥ Angela Luci-Greulich and Olivier Thévenon, "The Impact of Family Policies on Fertility Trends in Developed Countries", *European Journal of Population*, Vol. 29, No. 4, July 2013, pp. 387-416.

⑦ Gauthier Anne, "Public Policies Affecting Fertility and Families in Europe: A Survey of the 15 Member States", Paper Prepared for the European Observatory on Family Matters: Annual Seminar, "Low Fertility, Families and Public Policies", Sevilla, Spain, September 15-16, 2000.

⑧ 徐兴文、刘芳:《低生育率时代典型国家家庭政策的实践与启示》,《四川轻化工大学学报》(社会科学版)2020年第3期。

⑨ United Nations, "World Fertility Data", September 30, 2021, https://www.un.org/development/desa/pd/data/world-fertility-data.

些国家的生育率接近更替水平[1];也有学者通过分析儿童照料服务、育儿假和育儿津贴与生育率的关系发现育儿假有利于家庭生育二孩,而育儿津贴则与生育第三个孩子具有较为显著的关系[2];还有学者借助同年代人群的跨国比较,发现以育婴假制度和儿童照护政策为核心要义的家庭政策扩展对瑞典生育率提升和生育间隔缩减有积极作用[3]。

  作为欧洲国家的重要成员,俄罗斯同样面临严峻的人口锐减压力。为了应对持续减少的人口数量和下滑的人口质量,俄罗斯打造出政府为主导的人口发展方针,相继制定并实施《俄罗斯联邦2015年前人口政策构想》《俄罗斯联邦2025年前人口政策构想》,通过假期生育支持,为青年夫妇生育、养育和教育提供助力[4]。自2000年起,俄罗斯人口下降趋势趋缓,其采取了一系列激励生育的家庭亲善福利措施,主要包括三个方面:①家庭补贴政策,包括各类儿童津贴、"母亲资本"(主要补贴有子女家庭)、青年家庭的住房补贴,保障其基本生活。第一,儿童津贴主要包括社会救助金、一次性补助金、月度津贴、多子女校服津贴、照顾三岁以下残障儿童而不能外出工作的父母补贴、抚养三岁以下儿童的大学生家庭每月食品补贴、因防范孤儿出现提供抚养被监护人的资金补贴、幼儿园和托儿所费用补贴等,在实践过程中会根据家庭子女数量对儿童津贴力度给予调整[5]。2006年,俄罗斯出台并于2007年1月1日正式实施的《关于有子女家庭国家支持的补充措施》明确规定,对具本国身份的家庭而言,自生育第二个孩子起均可获得孕产(家庭)基金资助,以便改善家庭居住条件、增加教育投入和补充家庭中母亲优抚金的累积资金[6]。第二,"母亲资本"强调对多子女家庭母亲进行现金补贴,从2007年1

---

[1] Ronald R. Rindfuss, Minja Kim Choe and Sarah R. Brauner-Otto, "The Emergence of Two Distinct Fertility Regimes in Economically Advanced Countries", *Population Research and Policy Review*, Vol. 35, No. 3, June 2016, pp. 287-304.

[2] Trude Lappegård, "Family Policies and Fertility in Norway", *European Journal of Population*, Vol. 26, No. 1, February 2010, pp. 99-116.

[3] Anders Björklund, "Does Family Policy Affect Fertility? Lessons from Sweden", *Journal of Population Economics*, Vol. 19, No. 1, February 2006, pp. 3-24.

[4] 王臣雷:《俄罗斯鼓励生育措施研究》,硕士学位论文,黑龙江大学,2020年。

[5] 蓝瑛波:《俄罗斯儿童福利与保障制度述评》,《中国青年研究》2009年第2期。

[6] 童伟、田雅琼:《俄罗斯养老基金改革:现实与未来》,http://www.easdri.org.cn/newsinfo/2219051.html,2021年12月10日。

月1日起，俄罗斯便对生第二个孩子的妇女提供高达25万卢布的补贴①。目前，如果妇女生育一个孩子，其"母亲资本"账户中可收到近47万卢布，账户资金可用于改善住房条件、教育子女等；如生育两个孩子，那么她们可以按月领出这一资金；如生育第三个孩子，国家将为该家庭减免45万卢布的抵押贷款②。第三，青年家庭住房补贴会根据家庭子女数来计算补助金额的大小，不仅在一定程度上缓解了青年夫妇的住房难题，而且鼓励了青年夫妇生育行为，对减缓人口负增长有一定效果。例如，在青年家庭住房补贴的准入门槛中，对夫妻双方年龄、登记排队、区域限制等有明确规定，但是当生育子女后相关条件均可放宽③。②产假。俄罗斯是全世界带薪产假最长的国家。《俄罗斯联邦劳动养老金法》（2001年12月15日，第166号联邦法）明确规定，在孩子年满1.5周岁之前，一方父母可以离开工作岗位照顾新生儿，但总计时间不得超过3年④；2002年2月1日生效的《俄罗斯联邦劳动法典》对孕假、产假和小孩照料假期做出规定：根据医生证明和本人申请，女性拥有不少于70天产前假，如果是多胞胎则为84天；不少于70天产假，难产为86天，多胞胎则是110天，两个假期均享受符合国家法律规定的社会保险补助，并获得雇主提供的全薪工资。在全薪假期之后，孩子年满1.5周岁之前，母亲仍然可以全职照看孩子，并获得国家社会保险基金提供的相当于原工资40%的补贴⑤。在孩子年满1.5周岁未满3周岁时，母亲可申请小孩照看无薪假期，原雇主需为其保留职位，该假期也可全部或部分由小孩的父亲、祖父、祖母、其他亲戚、监护人使用，期间可享受国家社会保险补助和弹性工时⑥。③大力宣传传统家庭生育文化，如2005年设立"俄罗斯家庭奖"，以此奖励多子女的家庭；远东母亲论坛申请恢复"英雄母亲"的称号并对"英雄母亲"开展奖励计划，还提倡实施"俄罗斯家庭

---

① 肖来付：《俄罗斯的家庭问题及家庭补贴政策》，《俄罗斯中亚东欧市场》2008年第3期。
② 参见环球时报《俄罗斯女性可享受3年产假，多次生育还可获高额津贴》，https：//news.cctv.com/2020/11/30/ARTIgo4hUpKWbZlFIDcoGdZX201130.shtml，2020年11月30日。
③ 余劲、李凯：《俄罗斯的青年家庭住房保障制度》，《城市问题》2010年第3期。
④ 王臣雷：《俄罗斯鼓励生育措施研究》，硕士学位论文，黑龙江大学，2020年。
⑤ 职场指南网：《俄罗斯产假规定》，https：//mip.cnrencai.com/law/196113.html，2021年5月18日。
⑥ 参见中俄经贸合作网《俄罗斯劳动管理法》，http：//www.chinaruslaw.com/CN/Invest-Ru/LISS/2005531143724_1872064.htm，2005年5月31日。

和孩子"国家计划,制定俄罗斯相关家庭政策;莫斯科市则将2007年命名为"幼儿年",并计划设立"莫斯科市英雄母亲"荣誉称号[1]。通过多种措施并举,俄罗斯政府致力于打造积极、促进、迫切与鼓励的生育氛围[2]。

二 亚洲国家抑制生育持续下降的措施

与我们有着类似历史文化背景的亚洲国家,日本、韩国和新加坡近些年也遭受着持续低生育率的困扰。三国都积极采取措施,尽管从整体上来看并没有显著提升总和生育率,但是至少抑制了进一步下降的风险。在亚洲国家中,日本、韩国、新加坡和中国同属生育率转变的"领头羊",其生育率转变具有共同特征:起步早、下降快、已经降至更替水平以下[3],因此,对日本、韩国和新加坡抑制生育持续下降的举措进行研讨能够有效启发中国的生育友好实践。

(一) 日本

20世纪40年代起,日本先后颁布了六项法令:《儿童福利法》(1947年)、《儿童抚养津贴法》(1961年)、《特别育儿津贴法》(1964年)、《单亲家庭和寡妇福利法》(1964年)、《妇幼保健法》(1965年)和《儿童津贴法》(1971年),耗时30余年构建儿童和家庭政策基本框架。1974年,日本总和生育率首次低于人口更替水平;1989年,"1.57"超低总和生育率(甚至低于"第二次世界大战"时期)震惊了整个日本社会[4]。图5-1为日本总和生育率变化示意。

自20世纪90年代开始,日本政府就开始实施一系列应对"少子化"的家庭亲善福利政策。这些举措主要包括生育假期、照料服务和育儿津贴三种类型,下面将就这三种福利政策进行详细解读。

1. 生育假期

在传统生育观念中,"女人天性就应该以生养孩子为第一要务",并且"身为母亲就应该献出一切爱孩子",母职是女性最重要的经历和自

---

[1] 维烈娜:《俄罗斯家庭政策研究》,硕士学位论文,内蒙古大学,2012年。
[2] 王臣雷:《俄罗斯鼓励生育措施研究》,硕士学位论文,黑龙江大学,2020年。
[3] 张现苓:《积极应对后人口转变努力创建家庭友好型社会——"可持续发展视野下的人口问题:生育转变与社会政策应对国际研讨会"综述》,《人口研究》2018年第1期。
[4] 徐兴文、刘芳:《低生育率时代典型国家家庭政策的实践与启示》,《四川轻化工大学学报》(社会科学版)2020年第3期。

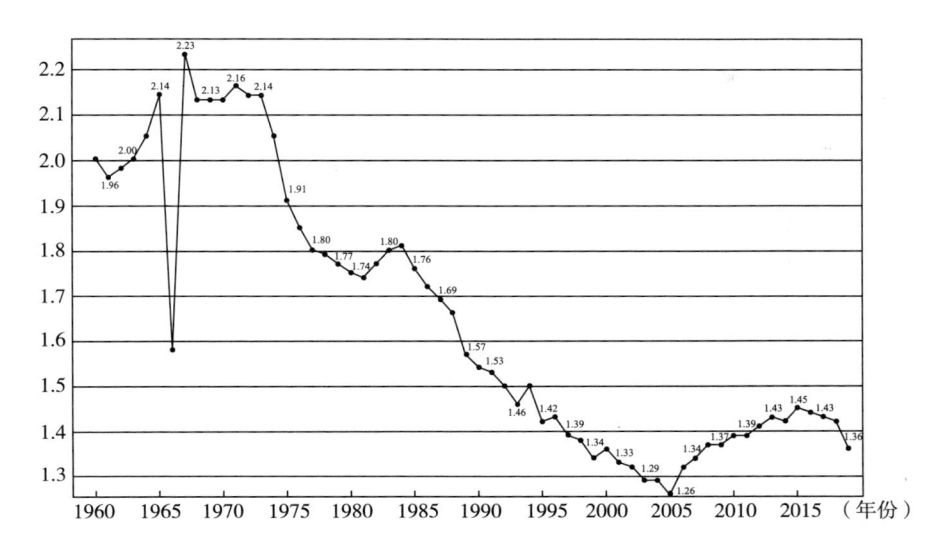

第五章 国外激励生育的家庭亲善福利举措与启示 | 115

图 5-1 日本总和生育率变化示意（1960—2015）

资料来源：OECD, "Fertility rates", OECD iLibrary, March 28, 2022, https://www.oecd-ilibrary.org/social-issues-migration-health/fertility-rates/indicator/english_8272fb01-en.

我实现途径[1]，甚至不惜辞职来承担育儿责任。为了降低女职工因照顾子女辞职的就业选择，日本政府相继颁布《育儿护理休假法》《儿童福祉法》，规定育龄妇女享有 90 天带薪产假和 12 个月育儿假，并且育龄夫妇可以在育儿假期间获得相当于工资 40% 的补贴[2]。表 5-1 为日本产假制度概览。

表 5-1　　　　日本产假制度概览（截至 2018 年 12 月）

	育儿假	家庭照顾假
实施	编制：1991 年 执行：1992 年	编制：1995 年 执行：1999 年
持续时期	◎子女不满 1 周岁前保证居民拥有育儿假（在特定情况下，如无法让孩子进入日托中心，则为两周岁前）； ◎子女不满一年零两个月时，父母双方均可休育儿假（爸爸/妈妈单独休育儿假除外）； ◎如果父亲在妻子分娩后八周内休育儿假，那么他可以再休一次育儿假	◎保证居民每年享有最高三次的家庭照顾假，其中针对特定家庭成员年度总照顾时间为 93 天

---

[1] 刘冰：《战后日本家庭观念的变迁研究（1945—2019）》，硕士学位论文，中国社会科学院研究生院，2020 年。

[2] 汤兆云、邓红霞：《日本、韩国和新加坡家庭支持政策的经验及其启示》，《国外社会科学》2018 年第 2 期。

续表

	育儿假	家庭照顾假
补贴福利	◎工资将由劳动保险支付； ◎最多180天，工资水平为原工资的67%； ◎从181天到孩子1周岁生日的前一天，工资水平为原工资的50%（如果假期延长至两年，则在2周岁前均依该标准予以支付）； ◎社会保险费豁免	◎工资将由劳动保险支付； ◎工资水平为原工资的67%

资料来源：National Institute of Population and Social Security Research, Population and Social Security in Japan 2019, IPSS Research Report No. 85, July 26, 2019, https：//www.ipss.go.jp/s-info/e/pssj/pssj2019.pdf.

2. 照料服务

20世纪90年代，日本政府先后发布"天使计划"（《关于今后育儿支援政策的基本方向》）、"待机儿童零作战计划"、"儿童、育儿支援计划"[1]，通过增加保育所数量、构筑多元化保育服务体系、实施放学后儿童托管事业、扩充育儿咨询、援助体制、健全母子保健医疗体制、促进用人单位完善雇用环境[2]等多种方式为育儿家庭提供照料服务。需要特别强调的是，日本提倡的育儿服务最低年限为0岁[3]，致力于为育儿家庭提供无缝隙的照料服务，提升生育意愿。日本创办了社区育儿支援中心，为因特殊情况无法照料孩子时使用，每周2次，为3周岁以上的儿童提供托儿服务，但价格实惠的公立幼儿园资源紧缺，"待机儿童"（需要经过长时间的排队才能够入园的儿童）数量激增。为了有效应对待机儿童问题，日本多举并行：2016年4月开展企业主导的托育服务，并为该新型托育服务提供了一系列支持政策[4]；鼓励兴建私立幼儿园，通过法律支持、办学监管、经费投入、入园津贴等多种方式保证私立幼儿园的规模

---

[1] 汤兆云、邓红霞：《日本、韩国和新加坡家庭支持政策的经验及其启示》，《国外社会科学》2018年第2期。

[2] 裘晓兰：《日本儿童福利政策的发展变迁》，《当代青年研究》2011年第7期。

[3] 杨爽：《儿童照顾的"家庭化"与"去家庭化"——日本育儿支援政策分析与启示》，《社会建设》2021年第2期。

[4] 金熳然、冯倩、柳海民：《日本企业主导型托育服务支持政策：背景、内容与效果》，《外国教育研究》2020年第6期。

扩张与质量保障①。此外，日本还有 10% 的无执照照料机构（又被称为"儿童旅馆"），主要提供流动性的夜间儿童照料服务②；社区中设有"家庭支援中心"，在保育所和幼儿园上班前或下班后照顾社区内 1 周岁到 10 周岁的孩子，并负责接送③。

3. 育儿津贴

2010 年 4 月，日本实施了一项新的无收入限制儿童津贴法案；2012 年 4 月对其进行了修订，重新引入了收入门槛，修订后的儿童津贴适用于育有 15 周岁以下子女的家庭，收入门槛如表 5-2 所示。根据孩子的年龄和家庭收入水平，育儿津贴金额从 5000 日元到 15000 万日元不等，一般发放到上初中之前④。除此之外，日本还有两项其他类型的特殊育儿津贴。第一项是为抚育 18 周岁以下子女的低收入单亲家庭提供一项独立的育儿津贴，其中为仅有一个孩子的家庭每月提供 9980 日元到 42290 日元不等的津贴，为第二个孩子每月提供 5000 日元到 9990 日元不等的津贴，为育有三个及以上子女家庭的每个孩子每月提供 3000 日元到 5990 日元不等的津贴金额，后来该津贴申请从单亲母亲家庭扩展到单亲母亲/父亲家庭。第二项是为低收入残障儿童家庭提供育儿津贴，其中 20 周岁以下一级残障子女每月津贴为 51700 日元，二级残障子女每月则为 34430 日元；为照顾 20 周岁以下严重残疾儿童父母发放每月 14650 日元福利津贴⑤。

表 5-2　　　　　日本现行子女津贴制度的内容（2018 年）

目标群体	从新生儿到初中毕业（直到他们 15 周岁生日后的第一个 3 月 31 日）
收入限额	发生特定情形，例如：有丈夫、妻子和两个孩子的家庭年收入为 960 万日元

---

① 徐晓：《日本政府对私立幼儿园的支持政策及启示》，《教育观察》2020 年第 32 期。

② Tokie Anme and Uma A. Segal, "Child Development and Childcare in Japan", *Journal of Early Childhood Research*, Vol. 8, No. 2, May 2010, pp. 193-210.

③ 李晓琳：《日本促进女性就业政策对我国的启示》，《劳动保障世界》2020 年第 20 期。

④ 张华：《家庭政策：基于工作与家庭平衡的视角研究》，硕士学位论文，南京大学，2014 年。

⑤ National Institute of Population and Social Security Research, Population and Social Security in Japan 2019, IPSS Research Report No. 85, July 26, 2019, https://www.ipss.go.jp/s-info/e/pssj/pssj2019.pdf.

续表

目标群体	从新生儿到初中毕业（直到他们15周岁生日后的第一个3月31日）
补贴金额	[1] 对于收入低于限额的家庭 　　—子女低于3周岁　　　　　　15000日元/月 　　—3周岁或以上但未小学毕业 　　　第一个/第二个孩子　　　1万日元/月 　　　第三个及以后的孩子　　15000日元/月 　　—初中生　　　　　　　　　1万日元/月 [2] 超过收入限额的家庭（目前的特殊福利）　　5000日元/月
费用分摊	国家政府、地方政府、雇主为育有不足3周岁子女的员工提供津贴
福利支出	补贴总额22216亿元人民币（2017财年预算）

资料来源：National Institute of Population and Social Security Research, Population and Social Security in Japan 2019, IPSS Research Report No. 85, July 26, 2019, https://www.ipss.go.jp/s-info/e/pssj/pssj2019.pdf.

（二）韩国

韩国与中国的生育政策都经历了从抑制生育到强调人口质量，最后鼓励生育的发展轨迹[1]，而韩国之所以选择抑制生育主要是因为片面地遵循人口学家的建议，未能结合自身国情予以调查分析。从1983年开始，韩国总和生育率一直低于更替水平，2001年更是进入超低生育率国家行列，2005年总和生育率甚至骤降为1.08，迎来韩国历史上生育水平最低的一年[2]，更是当时全球最低生育水平国家[3]。图5-2为韩国总和生育率变化示意。

面对严峻的低生育率压力，韩国在2005年成立了"低生育率和老龄化社会委员会"，并决定每五年制定一次"老龄化社会和人口计划"。2006—2020年，韩国政府已经连续开展3次五年为一期的生育率与老龄化社会基本计划，即第一次低生育率与老龄化社会基本计划（2006—2010年）、第二次低生育率与老龄化社会基本计划（2011—2015年）和第三次低生育率与老龄化基本计划（2016—2020年），这些政策推出了

---

[1] 朴晟爱：《韩国的低生育率与生育政策的转变》，硕士学位论文，中央民族大学，2016年。

[2] 翟永兴：《韩国低生育水平的原因研究》，硕士学位论文，河北大学，2011年。

[3] 袁蓓、郭熙保：《韩国从计划生育到鼓励生育的政策演变与启示》，《东南学术》2015年第3期。

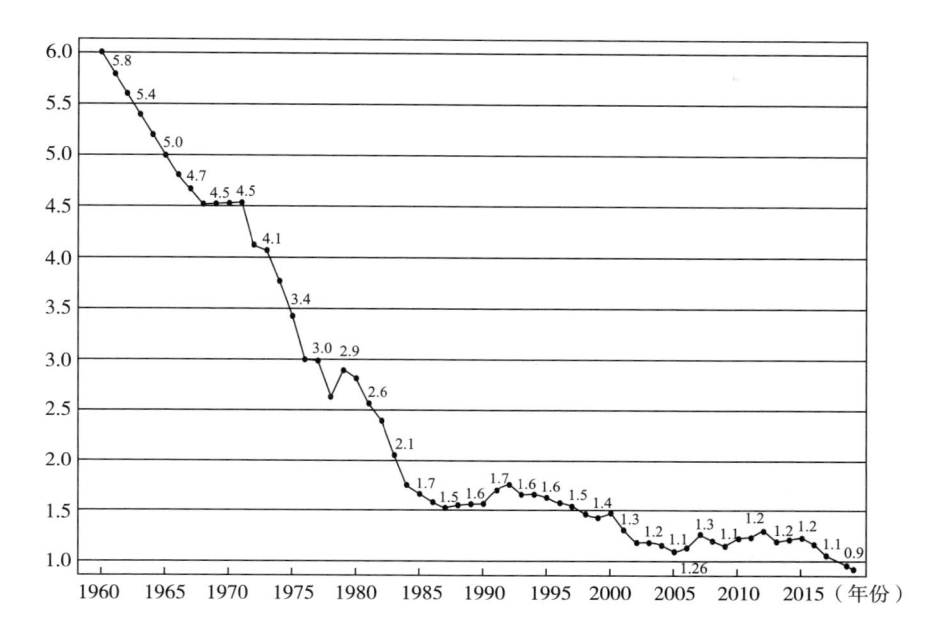

图 5-2　韩国总和生育率变化示意（1960—2015 年）

资料来源：OECD，"Fertility rates"，OECD iLibrary，March 28，2022，https：//www.oecd-ilibrary.org/social-issues-migration-health/fertility-rates/indicator/english_ 8272fb01-en.

多种家庭亲善福利，服务对象从以弱势群体为中心逐渐扩大到所有家庭。一系列家庭亲善福利旨在构建生育友好型社会环境并最终提升生育率，这些政策主要包括三个方面：扩大政府对儿童照料的财政支持、兴建额外的儿童照料体系和降低女性的工作—家庭冲突[①]。Cho 对这些政策进行了详尽的梳理，如表 5-3 所示。

2020 年，韩国低生育老龄社会委员会发布《第四次低生育率与老龄化社会基本计划（2021—2026 年）》，希望通过"一揽子"政策"组合拳"鼓励生育，表 5-4 为 2020 年韩国鼓励生育的"一揽子"政策"组合拳"。

---

① Sam-Sik Lee，"Low Fertility and Policy Responses in Korea"，*The Japanese Journal of Population*，Vol. 7，No. 1，March 2009，pp. 57-70；Seung-won Choi，Aggie J. Yellow Horse and Tse-Chuan Yang，"Family Policies and Working Women's Fertility Intentions in South Korea"，*Asian Population Studies*，Vol. 14，No. 3，January 2018，pp. 251-270.

表 5-3　　韩国应对低生育水平的优生优育家庭亲善福利措施

1. 加强生育和养育的社会责任

1-1 减轻有子女家庭儿童保育的社会经济压力
□扩大对儿童保育和学前教育费用的支持
　　——支持 0—4 周岁儿童的日托和学前教育（补贴）
　　——支持 4 周岁儿童的免费日托和学前教育（免费）
　　——为有两个或两个以上孩子的家庭提供日托和教育支持
□扩大课后教育，减轻家庭经济负担
　　——完善课后教育制度并支持低收入阶层
　　——为低收入阶层提供代金券
　　——扩张初级日托
　　——整合课后日托和教育
　　——改善网络家庭教育
□为多子女家庭增加税收和社会保险福利
　　——修订税收制度，支持多子女家庭
　　——修订医疗保险费用考核制度
　　——推行国家养老金信用制度
□为有孩子的家庭提供各种奖励
　　——支持有子女家庭获得稳定住房
　　——优先为有子女家庭提供日托设施
□加强对收养家庭的支持
　　——提升收养观念
　　——强化对收养家庭的支持
　　——支持收养费
　　——支持免费日托和学前教育
　　——增加对残疾儿童收养者的补贴和医疗费用
　　——推行领养津贴

1-2 扩建具有多样性和高质量的托儿所
□扩建公共场所和工作场所的托儿所
　　——扩建公共场所的托儿所
　　——建立和支持综合托儿所
　　——扩建工作场所的托儿所
□提高私立托儿所的服务质量
　　——支持提高私立托儿所的服务
　　——实施托儿所评估认证
□延伸幼儿服务，满足多样化需求
　　——拓展长期日托服务
　　——扩建全日制幼儿园
　　——为非全日制托儿所提供帮助
　　——在文化场所兴建和支持托儿所

续表

1-3 增加对怀孕和分娩的支持
□建立妇幼健康和营养服务体系
　　——建立妇幼保健专业中心
　　——建立新生儿系统健康管理基础
　　——为分娩和儿童保育提供可靠的信息和咨询服务
　　——支持生殖健康计划
　　——扩大国家疫苗接种的先决条件（national prerequisite vaccination）
　　——增加对母婴健康诊断和营养管理的支持
　　——产妇和婴儿营养补充管理
　　——扩大对母乳喂养的支持
　　——保护产妇免受不当人工流产
□为不孕夫妇提供经济支持
　　——为试管婴儿费用提供支持
□为贫困阶层产后护理和新生儿提供支持
　　——提供产妇保护辅助服务
2. 培养家庭亲善和性别平等的社会文化
2-1 增进工作和家庭之间的兼容性
□扩大政府对产假津贴的支持
　　——支持中小型企业支付补助金
　　——为堕胎和死胎假提供补助金
　　——引入配偶陪产假
□育儿假期多样化和劳动条件灵活性
　　——启动育儿假
　　——减少育儿期间的劳动时间
　　——增加工作模式的灵活性
□支持女性在照顾完孩子后重返劳动力市场
　　——增加女性生育后重返工作岗位的补贴
　　——为分娩后继续就业的临时工发放补贴
　　——实施家庭主妇重返劳动市场项目
　　——运行职业中断女性的人力银行
□支持家庭亲善机构
　　——开发家庭亲善企业家的经营模式
　　——支持家庭亲善型企业家，例如为其提供企业家证书
　　——发展和推广家庭亲善教育项目
2-2 建立性别平等的家庭和社会文化
□加强学校和社会教育，强化终身教育宣传
　　——学校和社会教育，以及强化终身教育宣传
□加强家庭成员之间的联系
　　——为家庭生活提供教育计划及家庭辅导
　　——支持家庭休闲和家庭文化
　　——提供家庭亲善社区环境
3. 健康抚养（healthy "abbreviations"）新生代

资料来源：Nam-Hoon Cho, "New Challenges for Low Fertility and Policy Responses in Korea", August 19, 2009, https：//www.neaef.org/public/neaef/files/documents/publications_pdf/young_leaders/4th/Population%20-%20Cho%20Nam%20Hoon%20YLP%20paper.pdf.

表 5-4　　2020 年韩国鼓励生育的"一揽子"政策"组合拳"

序号	维度	具体内容
1	新生儿津贴	从 2022 年开始政府将新增新生儿津贴，向 0—1 周岁婴儿家庭每月发放 30 万韩元，并计划于 2025 年将补贴额提升至 50 万韩元
2	新生儿家庭补助金	2022 年将对新生儿家庭一次性提供 200 万韩元的现金补助金，补助金不限用途，同时将用于提供孕妇体检、胎儿健康管理等项目的生育医疗保险补贴从 60 万韩元提高至 100 万韩元
3	育儿假期	新设立"3+3"育儿休假（产假）制，即父母双方都为未满 12 个月的子女申请 3 个月的育儿假时，每人每月最高可获 300 万韩元的育儿补贴
4	住房和教育援助	将现行的 3 名以上多子女家庭援助标准逐步扩大到双子女家庭，截至 2025 年向多子女家庭提供 2.75 万户公租房。对于 3 名以上子女的低收入家庭，政府还将以国家奖学金的方式资助第 3 名子女的全额学费，同时对考上大学的多子女家庭将向每位大学生每年提供 450 万至 520 万韩元的资助

资料来源：参见陆睿《韩国以政策"组合拳"应对人口负增长》，《经济参考报》2021 年 6 月 21 日第 2 版。

研究显示，一些具体政策如怀孕生育医疗费援助、对生育的社会保护、保育照护、工作—家庭平衡政策等对生育率提升有积极作用[1]；家庭津贴对总和生育率有显著影响，家庭福利津贴每增加 1000 万韩元，总和生育率增加 3.5‰[2]。基于工作—家庭冲突的性别平等视角，儿童照料和家务劳动是影响女性生育意愿最重要的两个原因[3]。因此，尽管韩国政府实施了一系列家庭亲善福利，比如：为不孕不育夫妇支援治疗费用；将以往"劝告堕胎"转换为"杜绝堕胎"；奖励生育，给生一胎、二胎、三胎、四胎的家庭以不同程度的经济奖励；家有三个子女的父母可延迟退休，子女考大学考公务员加分；产妇 90 天产前产后休假工资全额由国家负担；上调育儿休职工资；为有工作的父母提供夜间保育服务；将 80% 以上的幼儿园改为全天制；政府甚至派"托儿帮手"，帮助照顾有新生婴

---

[1] 金炳彻、都南希：《低生育率危机背景下韩国家庭福利政策变迁研究》，《社会保障评论》2020 年第 2 期。

[2] Yeon-Jeong Son, "Do Childbirth Grants Increase the Fertility Rate? Policy Impacts in South Korea", *Review of Economics of the Household*, Vol. 16, No. 3, September 2018, pp. 713-735.

[3] Sam-Sik Lee, "Low Fertility and Policy Responses in Korea", *The Japanese Journal of Population*, Vol. 7, No. 1, March 2009, pp. 57-70.

儿的家庭[1]，但是韩国家庭亲善福利未能达到预期效果。究其原因，方萍[2]将其归纳为女性面临的工作—家庭冲突状况没有本质改善、男性对参与儿童和家庭照顾事务兴趣缺失、财政投入力度欠佳；朱荟和苏杨[3]基于激励相容理论，指出生育率具有下滑到一定程度后难以扭转的客观规律，同时韩国鼓励生育的配套政策激励与民众的政策需求并未有效相容；蔡非[4]认为韩国鼓励生育政策侧重于帮助已婚韩国人，但对于未婚年轻人的帮助有限。

（三）新加坡

新加坡生育政策经历了"抑制生育政策—鼓励优生政策—鼓励生育政策"的发展逻辑[5]。1965 年，新加坡脱离马来西亚建国，弹丸之地却拥有世界上最高的人口密度，社会资源和自然资源压力巨大，因此制定了"在未来保持相对稳定的人口"的人口控制目标，颁布了《家庭计划法》，次年成立新加坡家庭计划与人口局，只用了 9 年（1966—1975 年）就有效地降低了人口出生率，1975 年新加坡的人口出生率甚至降到"更替水平"[6]。1984 年，新加坡推出鼓励高教育水平夫妇生育三个及以上孩子的人口政策；1987 年，新加坡大幅度调整政策鼓励生育；2004 年，新加坡正式出台鼓励生育的政策[7]，既借鉴了经济合作与发展组织（OECD）国家的鼓励生育政策，又充分考虑了新加坡华人社会的传统观念，主要包括三个方面：降低养育成本、带薪产假和购房援助[8]。

1. 降低养育成本

新加坡政府推出多项措施，主要从退税减税、育儿津贴两个维度切实降低居民的养育成本，其中包括生育特别退税、在职母亲子女退税减免、降低女佣税和设立祖父母育孙税款减免、幼儿津贴和为新生儿建立保健储蓄账户等。表 5-5 为新加坡降低养育成本政策的具体内容。

---

[1] 詹小洪：《韩国人口政策变迁让我们思想》，《太原日报》2010 年 1 月 8 日第 9 版。
[2] 方萍：《韩国家庭政策分析及其启示》，《社会工作》2018 年第 6 期。
[3] 朱荟、苏杨：《基于激励相容理论的韩国生育政策实践检视——兼论对中国的启示》，《人口与经济》2019 年第 3 期。
[4] 蔡非：《韩国鼓励生育政策为何没起到效》，《证券时报》2020 年 1 月 10 日第 A03 版。
[5] 刘玮玮：《新加坡生育政策的变迁、成效及启示》，《人口与社会》2020 年第 5 期。
[6] 崔晶、Jon S. T. Quah：《新加坡公共住房和人口控制政策》，《东南亚纵横》2011 年第 1 期。
[7] 寒辛：《新加坡、韩国生育政策变化及启示》，《决策与信息》2014 年第 4 期。
[8] 刘玮玮：《新加坡生育政策的变迁、成效及启示》，《人口与社会》2020 年第 5 期。

表 5-5　　新加坡降低养育成本政策的具体内容

序号	维度	年份	政策内容
1	退税减税	1984—1985	高学历女性子女税款减免，第一胎减免5%，第二胎减免10%，第三胎减免15%
		1987—1989	第三胎和第四胎的生育退税为2万新元，第二胎的退税金额取决于母亲的生育年龄，年龄越小金额越大；在职母亲子女退税减免，前四胎税款减免额增加至1500新元；高学历女性前四胎子女税款减免比例分别为5%、15%、20%和25%
		2004	前两胎的生育退税为1万新元，取消年龄限制；第三胎和第四胎为2万新元；在职母亲子女税款减免，取消学历限制，减免比例没有变化；将照顾子女的女佣税由每月345新元降到250新元，在2005年又降为200新元；如果由祖辈照看孩子，在职母亲可获得每年3000新元的祖父母育孙税款减免
		2008	第一胎的生育退税为5000新元，第二胎为1万新元，第三胎及以上为2万新元；在职母亲生育第一胎可获得15%税款减免，第二胎为20%，第三胎及以上均为25%
		2015	将女佣税由每月200新元降到140新元
2	育儿津贴	1987—1989	给予在职母亲前三胎每月100新元的托儿补助；保健储蓄账户可用于支付分娩费用，且由前两胎扩展到第三胎
		2000	分两个层级为第二胎和第三胎孩子设立幼儿津贴：第一层级，政府在前六年为第二胎和第三胎孩子每年分别给予500新元和1000新元的幼儿津贴；第二层级，建立儿童发展账户，政府根据每年父母存入的金额给予相应补贴，第二胎和第三胎政府总共最高补贴为6000新元和12000新元
		2004	政府计划在18个月内，给予前两胎各3000新元，第三胎和第四胎各6000新元的幼儿津贴；在儿童发展账户中第二胎最高可获得6000新元的幼儿津贴，第三胎和第四胎最高可获得12000新元的幼儿津贴；给予在职母亲每月400新元的托婴补助，保健储蓄账户可用于支付前四胎的住院分娩费用
		2008	给予第一、第二胎各4000新元的幼儿津贴，第三、第四胎各6000新元的幼儿津贴；在儿童发展账户中前两胎可获得政府最高配套6000新元，第三、第四胎最高配套12000新元，第五胎最高配套18000新元；给予在职母亲每月300新元的托儿补助，托婴补贴为每月600新元
		2013	给予第一、第二胎的幼儿津贴为6000新元，第三、第四胎的幼儿津贴为8000新元；给予每月300新元的基本托儿补贴和600新元的基本托婴补贴，如家庭年收入低于7500新元则可申请100—440新元的额外托儿补贴，200—540新元的额外托婴补贴；为每个新生儿建立保健储蓄账户，政府为每个账户存入3000新元

续表

序号	维度	年份	政策内容
2	育儿津贴	2015	给予前两胎的幼儿津贴为8000新元，第三胎及以上为1万新元；在儿童发展账户中政府给每一个孩子首先存入3000新元，再根据父母存入数额配套，前两胎政府最高配套3000新元，第三、第四胎最高配套9000新元，第五胎及以上最高配套15000新元；新生儿保健储蓄津贴涨到4000新元

资料来源：参见刘玮玮《新加坡生育政策的变迁、成效及启示》，《人口与社会》2020年第5期。

由表5-5可知，退税减免维度呈现出从限制生育年龄到放开生育年龄、分胎次生育退税从部分到整体、从强调高学历到取消学历限制的特点，同时关注女佣税减免和祖父母育孙税款减免，由此可以推论出新加坡致力于通过各种宽松政策来降低育儿家庭的生活成本；育儿津贴维度呈现出从关注三胎家庭到关注多胎家庭、幼儿津贴不断提高的特点，已初步建立"托儿补助+托婴补贴+额外托儿补贴+额外托婴补贴"的补贴体系，分娩费用由保健储蓄账户覆盖并开始获得国家津贴存入。通过这两个维度的协同发展，一"增"一"减"，为新生儿家庭降低抚育压力，尽最大力气让生育行为得到切实鼓励。

2. 带薪产假

新加坡的带薪产假采取的是政企合作支付模式，即在16周带薪产假中前8周的薪水由政府支付，后8周的薪水由企业支付，当生育子女在三胎及以上时则全部转为政府支付。当然，职业女性想要获准产假必须符合表5-6的所有要求。

表5-6　　　　　　　　职业女性获准产假要求

序号	具体要求
1	孩子必须是新加坡公民
2	怀孕和生育时已经和孩子的父亲结婚
3	雇员：生育前在公司上班至少三个月
4	自雇、个体：生育前工作了至少三个月，并且在产假期间属于无收入状态

资料来源：参见凤凰新闻《在新加坡上班竟可以拿26周带薪产假，再不生娃还等啥！》，https://ishare.ifeng.com/c/s/7n6aBP9Ck7f，2019年5月30日。

表5-7为新加坡产假政策演变轨迹,从中可以看出其产假具有周期延长、从女性单独产假到夫妇双方分享产假的特点。

表 5-7　　　　　　　　　新加坡产假政策演变轨迹

序号	年份	政策内容
1	2000	新加坡给予生育前三胎的在职女性 8 周带薪产假
2	2008	在职母亲享受的带薪产假由 12 周延长到 16 周
3	2013	父亲有 1 周的带薪产假,可以分享在职母亲 1 周的产假
4	2015	将父亲的带薪产假延长到 2 周,可以分享在职母亲为期 4 周的共用产假

资料来源:参见刘玮玮《新加坡生育政策的变迁、成效及启示》,《人口与社会》2020 年第 5 期。

3. 购房援助

面对人口老龄化和少子化的发展趋势,新加坡致力于通过利用公民个人中央公积金的工具性意义鼓励生育,具有明显的"不劳动不得食"的倾向[1]。政府推出一揽子住房计划,以降低结婚成本,提高结婚率。1960 年,新加坡成立建屋发展局,主要负责公共建屋计划;1961 年,新加坡以组屋形式为居民提供大量用于出租的公共用房[2]。

为了激发生育意愿,帮助新婚夫妇获得稳定的家庭生活,新加坡从房地产政策方面做足了功夫。具体政策包括:①2000 年"放宽购买住房首付要求,20%的首付可以分两个阶段交,签订合同时交 10%,获得住房时交 10%";②2004 年规定"给予购买婚用住房的年轻人 3 万新元的现金住房补贴";③2013 年"设立育儿优先配屋计划和育儿短期住屋计划,该计划给已育有孩子的首次购屋夫妇预留一定比例的组屋,并在其等候期间可以以优惠的租金租住组屋";④2015 年"设立已婚子女优先计划和第三儿童优先计划,为申请与父母/已婚子女同住或在其父母/已婚子女附近居住的人和有至少 3 个孩子的父母预留一定比例的组屋;为帮助夫妇支付购买首套住房,低收入夫妇可以申请额外的 4 万新元的公积金住房

---

[1] 刘笑言:《家庭角色的式微——新加坡家庭政策的现状和挑战》,《东南亚南亚研究》2012 年第 2 期。

[2] 李娟霞:《新加坡公共住房政策对我国的启示》,《党政干部论坛》2008 年第 7 期。

补助金①"。不难发现，新加坡购房政策对购置婚房、已婚、有孩子等申请资质有明显的倾斜，甚至会以优惠组屋租金和公积金住房补助金等多种方式支持夫妇"居者有其屋"。

根据最新数据，2021 年新加坡的总和生育率为 1.12②，远远低于正常的人口更替水平（2.1），人口形势严峻。无奈之下，新加坡一方面继续现有的生育支持政策，另一方面调整移民政策③，缓解人口下滑压力。

三　北美洲国家促进生育率提升的"第三条道路"

受新自由主义的影响，美国和加拿大走上了社会福利的"第三条道路"，向积极福利和社会投资型政府转变，制定了一系列有别于北欧国家的家庭亲善福利。安德森在《福利资本主义的三个世界》一书中将这种模式称为"自由主义模式"，即崇尚个人自由，反对国家对包括收入在内的全部社会生活有过多的干预④。

（一）美国

美国对于家庭福利的态度始终是"不积极"，政治缺乏明确承诺，从不自诩"福利国家"，更加倾向于标榜自身的"自由性"。到目前为止，美国没有联邦层面的国家政策，没有普惠性儿童福利，没有全国性带薪产假安排（全世界只有三个国家没有产假安排），不设家庭政策专门的部门，在全世界各类家庭政策子项目排名中都身处末位，还是唯一一个在宪法中未提及"家庭"的国家⑤。然而，美国并非对家庭福利政策无动于衷，实际上美国在很多方面都在尝试构建更为完善的家庭亲善福利体系来服务社会、激励生育、鼓励婚姻和发展公民意识。具体到激励生育的家庭亲善福利，可将其归为两个主要类型：家庭经济支持和儿童养育支持。

1. 家庭经济支持

家庭经济支持指的是以家庭为服务对象，旨在为其减缓生育造成的经济压力和提升生育意愿而实施的一系列经济援助计划。这类支持始于 20 世纪初期对陷入困顿的女性单亲家庭提供的专项"母亲援助项目"，通

---

① 刘玮玮：《新加坡生育政策的变迁、成效及启示》，《人口与社会》2020 年第 5 期。
② Department of Singapore, "Birth and Fertility", March 2, 2022, https://www.singstat.gov.sg/find-data/search-by-theme/population/births-and-fertility/latest-data.
③ 龚达伟：《新加坡人口政策的转型与发展评估》，《河南师范大学学报（哲学社会科学版）》2013 年第 4 期。
④ 丁兴富：《美国家庭福利政策的演变》，硕士学位论文，山东师范大学，2008 年。
⑤ 柯洋华：《美国家庭福利政策的历史、原则和经验》，《社会政策研究》2017 年第 4 期。

过有限的救济金帮助单亲母亲重新进入劳动力市场，1935 年地方层面的"母亲援助项目"被纳入《社会保障法》，从而确立了单亲家庭福利国家制度①。在 1935 年颁布的《社会保障法》首次提出构建全国性的社会福利体系，其中"失依儿童补助"（Aid to Dependent Children，ADC）是其重要内容，该计划旨在帮助"父母一方丧失劳动能力、死亡、长期离家出走或失业家庭"里的孩子，后来由于意识到母亲和婴幼儿一样都接受了援助，将其改称为"失依儿童家庭救助"（Aid to Families with Dependent Children，AFDC）②。

1994 年，美国出台《福利指标法》（Welfare Indication Act），强调国家福利政策必须强化婚姻与家庭，以保证儿童在经济自给自足、充满友好希望的家庭中健康成长；1996 年颁布的《福利改革法》（Welfare Reform Act）更是提出，福利改革重在促进健康婚姻与健全家庭③。根据《福利改革法》，美国废除"失依儿童家庭救助"，出台"贫困家庭临时救助"政策（Temporary Assistance to Needy Families，TANF），要求"受益者（少数例外）一旦条件成熟必须工作，条件不成熟在开始接受福利之后的 2 年之内也必须工作；单亲家长每周至少参加工作 30 小时，双亲家庭每周必须参加工作 35 小时或 55 小时"，通过强制性工作要求提高家庭经济能力，践行了"劳有所得"④。

事实上，美国不仅出台政策为贫困家庭提供救助，而且还制定了指向普通家庭的家庭亲善福利政策。其中，税收减免策略是促进生育率提升的重要手段。1975 年，美国政府通过"所得税税收抵免"（EITC）项目，为有孩子有工作的低收入家庭提供补助⑤。例如，当家中有 17 岁以下的儿童时，那么这个孩子可以帮助年收入在 11 万美元以下的家庭获得每年 1000 美元的免征额⑥。美国政府从 1999 年起为有孩子的家庭每年提

---

① 吕洪艳：《20 世纪初美国女性单亲家庭福利项目的缘起及实践》，《贵州社会科学》2019 年第 4 期。
② 姚建平、朱卫东：《美国儿童福利制度简析》，《青少年犯罪问题》2005 年第 5 期。
③ 胡杰容：《美国福利改革的家庭化趋势及其启示》，《青海社会科学》2014 年第 1 期。
④ 薛在兴：《美国儿童福利政策的最新变革与评价》，《中国青年研究》2009 年第 2 期。
⑤ 徐富海、姚建平：《美国儿童福利制度发展历程、特点与启示》，《治理研究》2021 年第 3 期。
⑥ 马蔡琛、李萌、那万卿：《发达国家现代家庭补贴与税收减免的政策法律》，《社会政策研究》2017 年第 6 期。

供 500 美元的儿童退税,并对收养特殊需要儿童的家庭提供免税[①]。另外,美国部分州市开始推行婚姻发展账户的初衷也是通过提高结婚率来提升生育率的。对此,华盛顿特区明确规定,除房子和汽车外,资产在 1 万美元以下且年总收入在 5 万美元以下者均可参加,当个人存入款项时就会获得政府 3 倍的配额支持以促进参加者个人发展;参加婚姻教育咨询课程的情侣还可获得 300 美元奖金;完成培训的情侣可获得婚姻登记费用全部或部分免除,另外还能获得 200 美元的结婚资助[②]。

2. 儿童养育支持

美国素有"儿童天堂"的美誉。为了提升居民生育率,美国打造了科学完备的儿童养育支持体系,主要包括照料支持、教育支持和营养支持,具体包括儿童教育、儿童饮食健康、儿童医疗、普遍家庭的心理辅导与训练、父母教养能力训练、针对困境家庭的居家服务和托儿服务、针对严重问题家庭的寄养和领养服务等诸多方面[③]。美国儿童福利奉行"立法先行"的原则,构筑出强有力的儿童福利法律保障[④]。表 5-8 为美国儿童福利相关法律。

表 5-8　　　　　　　　　美国儿童福利相关法律

类别	颁布年份	法律名称
针对特殊需要儿童的法律	1974	《虐待儿童的预防和治疗法》
	1974	《少年司法与犯罪预防法》
	1975	《所有残疾儿童教育法》
	1986	《学龄前残疾人教育修正法》
	1990	《障碍者教育法》
	1996	《个人责任和工作机会协调法案》
	2004	《残疾人教育促进法》

---

① Sheila B. Kamerman and Alfred J. Kahn, "Child and Family Policies in the United States at the Opening of the Twenty-first Century", Social Policy & Administration, Vol. 35, No. 1, March 2001, pp. 69-84.

② 胡杰容:《美国福利改革的家庭化趋势及其启示》,《青海社会科学》2014 年第 1 期。

③ 姚伟、王宁:《当代美国儿童福利政策的特点》,《外国教育研究》2011 年第 5 期。

④ 龚婷婷:《法国、美国和日本儿童福利的发展及其启示》,《教育导刊(下半月)》2010 年第 3 期。

续表

类别	颁布年份	法律名称
针对儿童家庭支持的法律	1972	《补充保障收入法》
	1988	《家庭支持法案》
	1990	《农场法》
	1996	《个人责任与工作机会协调法》
	2002	《为自立而工作法案》
	2006	《儿童和家庭服务改善法案》
	2011	《儿童和家庭服务改善与创新法案》
针对儿童寄养、收养等相关问题的法律	1978	《印第安儿童福利法案》
	1980	《收养救助与儿童福利法案》
	1997	《收养与家庭安全法案》
	1999	《寄养独立法》
	2008	《促进成功与增加收养法案》

资料来源：参见姚伟、王宁《当代美国儿童福利政策的特点》，《外国教育研究》2011 年第 5 期；严敏、朱春奎《美国社会福利制度的历史发展与运营管理》，《南京社会科学》2014 年第 4 期；王宁、姚伟《政府在儿童福利中的责任：以当代美国为借鉴》，《江西社会科学》2015 年第 12 期；徐富海、姚建平《美国儿童福利制度发展历程、特点与启示》，《治理研究》2021 年第 3 期。

（1）照料支持。在美国，带薪产假并不普遍，但是某些地区有生育计划的家庭仍然可以申请到 12 周的产假，也可以累计病假当作产假来一起使用[①]。自 20 世纪 60 年代末开始，美国开启父职发展的一系列计划，倡导父亲参加子女日常照料，并取得一定进展，从 1965 年平均每周照顾孩子 2.6 小时发展到 2000 年增长至 6.5 小时[②]。美国早期的日间托儿所（Day Nursery）主要为贫苦家庭照顾入托婴幼儿的身体健康，包括喂养、洗澡，并且看管他们不许在街上乱跑，也教儿童养成基本的良好习惯，比如爱清洁、守纪律、勤劳等[③]。新生幼儿从六个月开始就可以送到日间照料中心（Day Care）进行看顾，在市场机制运作下，父母可以根据自身

---

① 李超民：《美国社会保障制度》，上海人民出版社 2009 年版，第 373、374 页。
② 王向贤：《社会政策如何构建父职——对瑞典、美国和中国的比较》，《妇女研究论丛》2014 年第 2 期。
③ 祝贺：《以教育促权益：美国儿童福利运动中的教育议题》，《教育研究》2019 年第 5 期。

经济水平和托儿所的评价情况来自由决定使用哪一家托儿所的服务。同时，美国还基于照料者视角开发了"儿童和被抚养者照料减免"计划（Child and Dependent Care Credit），主要面向 13 岁以下儿童以及其他不能自理者的家庭，以便减少照料者因为现有工作或找工作而必须支付的儿童照料费用[1]。此外，根据《儿童保育和发展固定拨款法》，美国还借助儿童保育发展基金为低收入工作的家庭提供儿童保育补贴，资助对象主要是 13 岁以下的儿童，但大多数经费都用于 5 岁及 5 岁以下的幼儿照顾；该津贴由联邦人类健康与服务部（HHS）中的儿童保育局负责管理，旨在提升儿童保育的质量，帮助低收入家庭获得临时公共援助以及那些从公共援助转变而来的儿童保育援助，以便使他们能够工作或者接受教育[2]。

（2）教育支持。美国实行 K-12 义务教育制度，所有公立小学和中学校都免费[3]。1965 年，美国就学前教育开发儿童福利项目，即开端计划（Head Start），旨在以 0—5 岁困境儿童教育资助来扭转贫困代际传递[4]，包括保健、营养、教育和社会其他服务。联邦人类健康与服务部通过儿童及家庭管理署（ACF）向特定社区的机构提供资金支持。该机构必须遵守一系列与行政和财政管理有关的要求，并提供高质量的服务，以满足符合资格的儿童及其家庭的需要，并接受 ACF 定期审查[5]。

（3）营养支持。美国专门制定了"妇女、婴儿和儿童特别补充食品计划"，不仅为他们提供补充营养食品来保障女性身体健康，保障婴幼儿身体发育，还为他们提供身体健康相关教育咨询服务[6]。针对学龄儿童的营养计划主要有三个："国家学校午餐计划"（NSLP）、"国家学校早餐计划"（NSBP）、"暑期食品服务计划"（SFSP）[7]。家庭收入低于联邦贫困线

---

[1] 柯洋华：《美国家庭福利政策的历史、原则和经验》，《社会政策研究》2017 年第 4 期。
[2] 江夏：《美国联邦儿童福利支出对早期保育与教育发展的积极影响及其启示》，《外国教育研究》2013 年第 7 期。
[3] 徐富海、姚建平：《美国儿童福利制度发展历程、特点与启示》，《治理研究》2021 年第 3 期。
[4] 王宁、姚伟：《政府在儿童福利中的责任：以当代美国为借鉴》，《江西社会科学》2015 年第 12 期。
[5] Community Action Program Legal Services（CAPLAW），"Head Start"，March 5，2022，https：//www.caplaw.org/resources/bytopic/HeadStart.html.
[6] 李超民：《美国社会保障制度》，上海人民出版社 2009 年版，第 368 页。
[7] 徐富海、姚建平：《美国儿童福利制度发展历程、特点与启示》，《治理研究》2021 年第 3 期。

130%的儿童可以享受免费早餐和午餐。收入在联邦贫困线 130%—185% 的儿童可享受低价伙食①。此外，美国最低收入保障计划中有一项"食品券"（food stamp）服务，主要是基于家计审查为低收入个体和家庭提供特定商店购买食品补助，该政策虽然并未直接指向儿童营养支持，但是实际上大约60%的受益人是儿童及其家庭②。

（二）加拿大

加拿大曾是英国殖民地，20 世纪 80 年代恢复所有权利，因此其社会福利发展有着明显的欧洲印迹。70 年代，加拿大形成了比较完善的福利国家体制；2000 年之后，加拿大的社会政策在福利国家危机之后重建③。传统上，加拿大一直是一个地广人稀的国家，人口出生率常年偏低，因此鼓励生育的家庭亲善福利受到格外重视，已形成育儿津贴、照料服务和产假支持三位一体的体系布局。

1. 育儿津贴

加拿大联邦政府自 2016 年起，以家庭收入等级为标准，实行加拿大儿童津贴项目，面向低收入和中等收入家庭提供育儿津贴，例如，年收入在 3 万加元以下的家庭，家中如育有 6 岁以下子女则每月可以领取 533.33 加元，6—17 岁则领取 450 加元，家庭收入水平越高领取的津贴越低④，目的在于帮助中低收入家庭减轻育儿和照料家庭负担。在职父母若因产假和育儿假造成收入降低，可以申请失业保险。表 5-9 为加拿大新生儿育儿津贴历史沿革。

表 5-9　　　　　　　加拿大新生儿育儿津贴历史沿革

日期	第一个孩子	第二个孩子	三个及以上孩子
1988 年 5 月—1989 年 4 月	一出生获得 500 加元	一出生获得 500 加元	按 8 个季度支付，每季度 375—3000 加元

---

① 姚建平、朱卫东：《美国儿童福利制度简析》，《青少年犯罪问题》2005 年第 5 期。
② 何欢：《美国家庭政策的经验和启示》，《清华大学学报（哲学社会科学版）》2013 年第 1 期。
③ 柳玉臻：《加拿大家庭福利政策历史变迁及其发展逻辑》，《社会政策研究》2017 年第 6 期。
④ Canada Revenue Agency, "Canada Child Benefit and Related Provincial and Territorial Programs", T4114（E）Rev. 16, http://earlyedu.ecnu.edu.cn/_upload/article/files/c5/b6/96f274394855a59169d562a4183a/bdb712b7-652e-4440-be7e-753f985f2ad0.pdf.

续表

日期	第一个孩子	第二个孩子	三个及以上孩子
1989年5月—1990年4月	一出生获得500加元	一出生获得500加元；满一周岁获得500加元	按12个季度支付，每季度375—4500加元
1990年5月—1991年4月	一出生获得500加元	一出生获得500加元；满一周岁获得500加元	按16个季度支付，每季度375—6000加元
1991年5月—1992年4月	一出生获得500加元	一出生获得500加元；满一周岁获得500加元	按20个季度支付，每季度375—7500加元
1992年5月—1997年9月	一出生获得500加元	一出生获得500加元；满一周岁获得500加元	按20个季度支付，每季度400—8000加元

资料来源：Natalie Malak, Md Mahbubur Rahman and Terry A. Yip, "Baby Bonus, Anyone? Examining Heterogeneous Responses to a Pro-Natalist Policy", *Journal of Population Economics*, Vol. 32, No. 1, October 2019, pp. 1205-1246.

此外，加拿大还有着完善的"学前教育+义务教育"的津贴扶持。学前教育津贴包括家庭津贴（又被称为"牛奶金"）、日托津贴和单身母亲津贴等，其中家庭津贴自婴儿出生可以领到孩子年满18周岁，以便满足孩子的健康需求；日托津贴专门服务双职工家庭，为进入学前教育机构或者雇佣保姆降低经济负担；单身母亲津贴是专为单身母亲准备的幼儿津贴，服务于幼儿健康成长和降低家庭经济压力[1]。义务教育津贴指的是国家全权承担1年级到10年级的义务教育费用，包括交通费、空调费和试验费等。

2. 照料福利

加拿大联邦政府不断推动增加和改善公立托儿所和幼儿园，完善儿童教育与照料服务体系，消除双职工家庭儿童照料方面的后顾之忧，而且这些儿童服务项目不仅服务质量高而且收费低廉[2]。考虑到加拿大自小学1年级起为儿童提供12年制免费义务教育，因此表5-10仅涉及加拿大5岁以下幼托情况。

---

[1] 姜峰：《加拿大社会福利制度对教育的保障作用》，《外国中小学教育》2007年第12期。
[2] 柳玉臻：《加拿大家庭福利政策历史变迁及其发展逻辑》，《社会政策研究》2017年第6期。

表 5-10　　　　　　　　　加拿大 5 岁以下幼托情况

类型	招收对象	经营特点	收费标准
Daycare（全日制幼托）	6 个礼拜到 5 岁的孩子（不同托儿所有不同规定）	Daycare 没有寒暑假，很适合双职工家庭。Daycare 的开放时间一般为早上 7：00 到 8：00，关闭时间为傍晚 5：30 到 6：00。收费标准一般是按年龄来区分的，年龄越小收费就越高	每月在 650 加币到 1500 加币
Preschool（半日制幼托）	招收 30 个月（至少在 12 月 31 日前为 3 岁）到入小学年龄的孩子	最多为 20 个孩子，3 岁、4 岁各一个组，其他的混为一个组。Preschool 是半天的计划，一天最多为 4 个小时。大多数 Preschool 的入学时间是根据小学的上学时间，9 月开学，7 月放假	每月在 350 加币到 400 加币

资料来源：参见知乎《加拿大幼儿园免费吗？几岁可以上幼儿园？》，https：//zhuanlan.zhihu.com/p/28573898，2017 年 8 月 17 日。

此外，加拿大不仅对照料行为提供各种资金扶持，而且为照料者提供有针对性的带薪休假福利。表 5-11 为加拿大三种照料福利。

表 5-11　　　　　　　　　加拿大三种照料福利

政策名称	最高带薪照料周数	照料对象
儿童照料者福利	35	18 岁以下需照料的人
成人照料者福利	15	18 岁以上需照料的人
补充性照料福利	26	要求接受终身照料的人

资料来源：Government of Canada,"Canada EI caregiving benefits", December 31, 2021, https：//www.canada.ca/en/services/benefits/ei/caregiving.html.

由表 5-11 可知，照料者福利项目较多，在实践上有利于缓解照料者的疲劳感，其中儿童照料者福利有利于父母以更大的精力投入子女照料中来。

3. 产假支持

加拿大产假支持政策旨在为身处职业生涯的女性兼顾职业发展和家庭照料的双重角色提供了一种可能性[①]。产假支持政策共包括两项内容：

---

① Shelley A. Phipps, "Maternity and Parental Benefits in Canada: Are there Behavioural Implications?" *Canada Public Policy*, Vol. 26, No. 4, February 2000, pp. 415-436.

产假和陪产假。表 5-12 为加拿大产假支持福利的基本要求和保障范围，从中可看出加拿大获得产假支持福利的基础条件是为国家发展做出贡献（如满足工作时数要求），符合等待期限制，然后才能获得为期一年的半薪产假（包括陪产假）。

表 5-12　　　　加拿大产假支持福利的基本要求和保障范围

序号	维度	具体内容
1	基本要求	◎证明你的周收入减少了 40%以上（所有就业项目的共同资格要求）； ◎在过去的 52 周内（合格期内）累计 600 个确定工作时数； ◎如果申请产假，请提供您孩子的预产期或实际出生日期； ◎如果申请陪产假，请您提供新生儿的出生日期，如果是领养也请提供孩子的收养时间；在收养的情况下，您还需要提供处理收养的机构名称和完整地址
2	保障范围	◎必须有 2 周的无薪等候期； ◎产假和陪产假总计为 50 周以上的时间； ◎将获得平均保险收入的 55%，最高每周 457 美元

资料来源：Sarah Dykeman and Allison M Williams, "Agenda-setting for Canadian Caregivers: Using Media Analysis of the Maternity Leave Benefit to Inform the Compassionate Care Benefit", *BMC Women's Health*, Vol. 14, No. 1, April 2014, pp. 1-13.

当然，加拿大当前的产假支持福利不是一蹴而就的，其同样有着发展变化的路径。表 5-13 为加拿大产假福利的演变轨迹，从 1971 年到 2009 年，产假周数从 15 周增加到 50 周（包括陪产假），产假福利的获取与就业保险、工作时数关联密切，养父母获得产假支持福利早在 1983 年就被提及。最为可贵的是，2009 年加拿大的产假支持福利就扩大到了自由职业者，真正实现了全民"产假福利支持"。

表 5-13　　　　加拿大产假福利的演变轨迹

年份	事件
1971	针对去年工作了 20 周以上的生母有 15 周产假；《加拿大劳工法》修订法案可禁止解雇因怀孕而被解雇的员工；女性需要证明其在孕前工作了 10 周，才符合休产假资格（在常规就业保险（EI）×资格标准之上）——这被称为"魔法 10 法则"

续表

年份	事件
1974	制定灵活产假政策，允许获得15周产假资格的女性在26周时间内任意分配15周的产假时间，包括产前8周和产后17周
1979	修订就业保险，允许在上一个年度工作不满20周的女性同样获得产假资格
1983—1984	养母也能够休产假，产假福利的目的不仅有利于母亲恢复身体，还能够提升婴儿的适应力。产假期限为15周。"魔法10法则"被废止，即要求女性必须工作规定额度才能获得常规就业保险福利
1987	联邦政府通过立法，在加拿大劳工法下强制雇主执行产假福利，从而填补了一个政策漏洞
1988	最新立法允许母亲们将产假开始的时间推迟到她们出院后。之前的制度在15周后就过期了
1989—1990	在生母获得15周假期的基础上，生父可通过就业保险（EI）再获得10周额外假期；新获得的10周假期也可由母亲代替父亲享有；根据《劳工法》修订法案，因劳资纠纷而失业的人能够获得陪产假福利并领取疾病津贴，同时不受任何处罚；养父母的假期被合并到相同的福利制度中，其可同生父一样获得10周假期，而非1984年就业法所提到的15周假期
1997	1997年获得加拿大产假资格的工作时数从300个小时增加到700个小时，这意味着比1996年减少1.2万名符合要求的女性
1999	将就业保险改造成一个"特殊福利"项目，该项目要求申请陪产（包括产）假福利的父母资格工作时数为600个小时而非之前的700个小时
2000	很多父亲并未享有陪产假福利。为了促进政策实施，福利时间从10周增加为35周，如果父母双方都申请休假的话，则会取消两周等待期中的一周等待时间（因此只需要父母一方进入等待期）。在15周的产假期，就业保险会提供高达55%的工资，因此合并假总计为50周。除了产假福利之外，父母还可以在陪产假期间兼职工作
2000	自由党政府宣布，如果在生育第一个孩子后不久就生育第二个孩子，将减少申请产假所需要的工作时数以便更容易申请到产假。获得产假资格的工作时数减少到600个小时
2009	2011年，产假福利和陪产假福利将扩大到自由职业者。为了达到申请资格，个体户必须在申请福利一年前与加拿大服务局签署协议

资料来源：Sarah Dykeman and Allison M Williams, "Agenda-Setting for Canadian Caregivers: Using Media Analysis of the Maternity Leave Benefit to Inform the Compassionate Care Benefit", *BMC Women's Health*, Vol. 14, No. 1, April 2014, pp. 1-13.

"富人不富，穷人不穷"是加拿大社会福利的鲜明写照[①]。作为高福利国家，加拿大的家庭亲善福利同样建基于高度发达的经济、健全的税收政策和审慎的财政政策[②]。

第二节 我国家庭亲善福利激励生育的实践困境

基于打造家庭亲善福利体系的研究目的，需要结合我国实际，了解我国目前家庭亲善福利激励生育的实践困境。本质上，对我国居民生育率影响最大的不是"让不让生"的问题，而是"愿不愿意生"的问题[③]，因此我们需要了解致使居民生育率不断下滑的实践缘由。本节将一方面从物质帮扶（现金支持或奖励）、法律制度和思想认知等对我国家庭亲善福利激励生育进行现状描述和分析，另一方面结合我国实际，解读我国目前家庭亲善福利激励生育的实践困境。

一 0—3岁托育服务相对缺乏，子女照料成为员工后顾之忧

我国托育服务旨在为幼儿家庭提供社会服务，包括日常照料、早期教育，不仅减轻育儿家庭经济压力，并且为员工重返工作岗位奠定坚实的服务基础。这里先论述我国0—3岁托育服务发展阶段，然后分析当前我国托育服务的短缺难题。

（一）我国0—3岁托育服务发展阶段

基于历史维度，我国0—3岁托育服务共分为三个发展阶段，这些不同的发展阶段也为我国员工发展带来不同的照料帮助与负担。

1. 第一个阶段：计划性0—3岁托育服务（1949—1992年）

在计划经济时代，我国奉行"单位办社会"的处事原则，不同类型的托儿所和幼儿园在各个单位内迅速出现，并以国家免费提供的方式为女性重返职场奠定基础，带有明显的"支持女性工作"倾向。更为重要的是，这里的托儿所服务与女性产假实现了无缝衔接，即女性产假结束

[①] 潘记永：《浅析加拿大社会福利制度》，《东岳论丛》2013年第2期。
[②] 高尚省：《加拿大社会福利制度及对广州的启示》，《城市观察》2014年第6期。
[③] 房莉杰、陈慧玲：《平衡工作与家庭：家庭生育支持政策的国际比较》，《人口学刊》2021年第2期。

之后正好可以将孩子送往托儿所照料，下班后更是能够"一站式"接孩子回家。

不过，我国向来遵循政策趋向性的发展模式，计划性0—3岁托育服务又可分为三个不同时期：一是政府鼓励，井喷式发展时期（1949—1958年）；二是热情衰退，几近消亡时期（1959—1978年）；三是社会改革，缓慢恢复时期（1979—1992年）[1]。下面将对这三个不同时期进行具体分析。

（1）第一个时期：政府鼓励，井喷式发展时期（1949—1958年）

1949年，中华人民共和国庄严成立。面对百废待兴的发展要求，人力资本成为社会发展的重要推动力量，多生人口符合我国建设需要。同年9月，美国国务卿艾奇逊提出："人民的吃饭问题是每个中国政府必然碰到的第一个问题。一直到现在没有一个政府使这个问题得到了解决。"[2] 面对这种言论，毛泽东表示出对人口增加的鼓励，例如，"中国人口众多是一件极大的好事。再增加多少倍人口也完全有办法，这个办法就是生产"[3]。"世间一切事物中，人是第一个可宝贵的。""人多是好事，而不是坏事。"在政府鼓励之下，新中国成立后头五年，我国人口便增长显著，新出生人口达1.587亿，平均每年新出生人口在2000万以上[4]。根据第一次全国人口普查公报，截至1953年6月30日24时，我国人口总数已达6.193亿人。

伴随着人口急剧增长，面对新中国急迫的建设任务，青壮年都迅速投入到社会主义的生产建设中来，国家积极倡导兴办托儿所和幼儿园，托育机构呈现井喷式增长。1949年，我国托儿所数量仅有119所[5]，截至1956年底，基层托儿所的数量上升至5775所[6]，增加了近49倍。在此期间，我国0—3岁托育服务机构数量在1958年达到高峰，比1957年增加

---

[1] 李雨霏、马文舒、王玲艳：《1949年以来中国0—3岁托育机构发展变迁论析》，《教育发展研究》2019年第24期。

[2] 李建新：《三种认识和解决人口问题的途径——以中国人口问题的认识与实践为例》，《人口研究》2002年第6期。

[3] 毛泽东：《唯心历史观的破产》，《毛泽东选集》第四卷，人民出版社1991年版，第1401页。

[4] 邹平：《关于建国初期我国人口政策转变的回顾与思考》，《人口研究》1986年第6期。

[5] 财君尚：《新中国与托儿所》，广协书局1952年版，第30—34页。

[6] 搜狐网：《0—3岁儿童托育服务行业白皮书（全文）》，https://www.sohu.com/a/208949621_817001，2017年12月7日。

了 26 倍①。

（2）第二个时期：热情衰退，几近消亡时期（1959—1978 年）

在此期间，国民经济秩序受到严重破坏，浪费了大量的人力、物力、财力，造成了国民经济比例严重失调，使社会主义建设事业受到重大损失，给我国各项事业和各种制度造成严重破坏，我国 0—3 岁托育服务也未能幸免②，托儿所和幼儿园建设的速度趋缓。

1979 年，《全国托幼工作会议纪要》提到："由于林彪、'四人帮'推行极左路线，十七年托幼工作的成绩被否定，大批优秀的保教工作者被戴上'福利主义''培养修正主义苗子'的帽子受到残酷批斗，大量园所被解散，房屋被挤占，设备被破坏，幼儿师范学校等培训保教人员的机构几乎全部被砍掉，托幼事业遭到严重摧残。""当前托幼工作还存在不少问题。主要是园所数量少，保教质量低，远远不能满足孩子入所入园的需要。不少托儿所、幼儿园房屋狭窄、失修，设备很差，无户外活动场地，有的环境污染，危害儿童健康。保教人员社会地位低，政治经济待遇差，青壮年骨干少，缺乏专业训练。教材、教具、图书、玩具严重不足。儿童所需的副食品供应缺乏保证，部分儿童营养不良。"③

（3）第三个时期：社会改革，缓慢恢复时期（1979—1992 年）

在政策的推动之下，我国 0—3 岁托育服务开始进入缓慢恢复时期，托儿所和幼儿园数量稳定增加。1991 年独立设置的托儿所仅有 9714 所，1992 年托儿所数量达到 10628 所④。表 5-14 为我国 1979—1992 年托育服务政策汇总。

---

① 翟菁：《集体化下的童年："大跃进"时期农村幼儿园研究》，《妇女研究论丛》2017 年第 2 期。

② 李雨霏、马文舒、王玲艳：《1949 年以来中国 0—3 岁托育机构发展变迁论析》，《教育发展研究》2019 年第 24 期。

③ 中共中央、国务院：《中共中央、国务院转发〈全国托幼工作会议纪要〉的通知（1979）》，https：//www.wsic.ac.cn/index.php?m=content&c=index&a=show&catid=37&id=625，1979 年 10 月 11 日。

④ 李雨霏、马文舒、王玲艳：《1949 年以来中国 0—3 岁托育机构发展变迁论析》，《教育发展研究》2019 年第 24 期。

表 5-14　　我国 1979—1992 年托育服务政策汇总

发布时间	发文机关	发文字号	政策名称	政策内容
1979 年 10 月 11 日	国务院	—	《全国托幼工作会议纪要》	(1) 加强托幼工作的统一领导和分工合作；(2) 积极解决托幼工作的经费和保教人员工资、劳动保险、福利待遇问题；(3) 坚持"两条腿走路"的方针，恢复、发展、整顿、提高各类托幼组织；(4) 建设一支又红又专的保教队伍；(5) 努力提高保教质量
1979 年 11 月 8 日	教育部	—	《城市托儿所工作条例（试行草案）》	各地区、各部门应根据需要和可能设置全日制、寄宿制、混合制等多种类型幼儿园。幼儿园的布局力求合理，便于幼儿就近入园。各级党委要加强对幼儿教育的领导。机关、部队、学校、厂矿、企业、事业单位及民办幼儿园的设立、变更、停办要报当地教育行政部门备案
1981 年 6 月 6 日	卫生部	—	《三岁前小儿教养大纲（草案）》	托儿所教育工作的任务，就是要培养小儿在德、智、体、美方面得到发展，为造就体魄健壮、智力发达、品德良好的社会主义新一代打下基础，为此要发展小儿的基本动作，进行适当的体格锻炼，增强儿童的抵抗力，提高婴幼儿的健康水平，促进身心正常发展
1983 年 9 月 21 日	教育部	教初字 011 号	《关于发展农村幼儿教育的几点意见》	(1) 要积极创造条件，有计划地发展农村幼儿教育。(2) 为了发展农村幼儿教育事业，提高保教质量，必须高度重视和采取有效措施，建设一支稳定、合格的幼儿教师队伍。(3) 全面贯彻教育方针，努力提高保教质量。(4) 发展农村幼儿教育，应通过多种渠道筹集资金。(5) 加强对农村幼儿教育工作的领导和管理

续表

发布时间	发文机关	发文字号	政策名称	政策内容
1986年6月10日	国家教育委员会	〔1986〕教初字006号	《关于进一步办好幼儿学前班意见》	（1）端正办班指导思想。（2）教育活动的要求。（3）加强学前班教师的培训。（4）努力改善办班条件。（5）加强领导和管理
1987年10月15日	国务院办公厅	国办发〔1987〕69号	《转发国家教委等部门关于明确幼儿教育事业领导管理职责分工请示的通知》	（1）幼儿教育既是教育事业的一个重要组成部分，又具有福利事业的性质，因此，必须在政府统一领导下，除地方政府举办幼儿园外，主要依靠部门、单位和集体、个人等方面力量发展幼儿教育事业，实行"地方负责，分级管理"和有关部门分工负责的原则。（2）做好幼儿教育工作，需要动员全社会及各有关部门、有关方面互相配合，密切合作。（3）幼儿教育事业主要由地方负责，各级地方人民政府应切实加强对幼儿教育工作的领导，制定规划，认真实施，积极推进幼儿教育事业的发展
1988年8月15日	国务院办公厅	国办发〔1988〕38号	《关于加强幼儿教育工作意见的通知》	（1）动员和依靠社会各方面力量，通过多种渠道、多种形式发展幼儿教育事业。（2）建立一支合格、稳定的幼儿园师资队伍。（3）端正办园指导思想，深化教育改革，全面提高保育、教育质量。（4）明确职责，加强领导
1988年7月21日	国务院	国务院令第9号	《女职工劳动保护规定》	女职工比较多的单位应当按照国家有关规定，以自办或者联办的形式，逐步建立女职工卫生室、孕妇休息室、哺乳室、托儿所、幼儿园等设施，并妥善解决女职工在生理卫生、哺乳、照料婴儿方面的困难

续表

发布时间	发文机关	发文字号	政策名称	政策内容
1989年9月11日	国家教育委员会	国家教育委员会令第4号	《幼儿园管理条例》	地方各级人民政府可以依据本条例举办幼儿园，并鼓励和支持企业事业单位、社会团体、居民委员会、村民委员会和公民举办幼儿园或捐资助园。举办幼儿园必须具有与保育、教育的要求相适应的园舍和设施。幼儿园的园舍和设施必须符合国家的卫生标准和安全标准
1991年6月21日	国家教育委员会	—	《关于加强幼儿园安全工作的通知》	(1) 各级教育行政部门要本着对国家、民族、家长高度负责的精神，把幼儿园的安全工作提上议事日程，根据有关规定，结合本地实际情况，对幼儿园的安全工作制定具体的落实、检查制度，并有计划地组织各级幼教干部、幼儿园教职工学习有关法规、文件，增强责任感，加强安全意识。(2) 幼儿园要制定安全工作的规章制度，建立各类人员的岗位职责，严格工作纪律，加强常规管理，定期对幼儿园的房屋、设备、环境、教玩具等进行安全检查，及时发现和排除不安全因素。(3) 幼儿园及学前班不宜组织幼儿到远处郊游、演出。(4) 幼儿园要重视在日常生活中向幼儿进行安全教育，使幼儿掌握一些基本的安全常识，培养幼儿自我保护的意识和能力，要和家长密切配合，共同做好幼儿安全教育和保护工作。(5) 建立幼儿园安全事故报告制度
1992年2月16日	国务院	—	《九十年代中国儿童发展规划纲要》	积极发展学前教育，坚持"动员社会力量，多渠道、多形式地发展幼儿教育"的方针、城市入园（班）率达70%；农村学前一年幼儿入园（班）率达60%；在经济不发达的农村和人口居住分散、交通不便的山区、牧区要利用多种形式进行学前教育

资料来源：根据相关政策整理。

由表5-14可知，该时期我国政府高度重视学前教育，强调发动全社会的力量为学前教育落地服务，包括方针政策、法规制定、资金支持、师资培养、思想建设、安全观念、因地制宜等多项举措，为0—6岁孩子的发展做出了较大的贡献。

2. 第二个阶段：市场性0—3岁托育服务（1993—2016年）

1992年10月，在党的十四大上，我国明确提出走市场经济发展道路。随着国企改革力度的加深，很多企业开始陆续停止或者缩减对托幼机构的资金投入，托儿所和幼儿园开始逐渐演变为营利性服务机构，托育服务向"家庭化""市场化"转向。同时，在十年计划生育政策的影响下，我国新生儿出生人口大为削减，0—3岁托育服务的需求总基数在不断降低，这在一定程度上也推动了托育服务高质量发展，托育服务走向"精细化""市场化"成为历史的必然。因此该阶段的托育服务具有三项特征。

（1）家庭化

在计划生育政策出台之后，1987年我国出生人口达到峰值，后持续下跌（见图5-3）。加之，20世纪90年代我国先后出现经济不景气和金融危机，给居民带来较大经济压力。在计划生育文化和经济压力的双重影响下，"一孩"家庭越发普遍，孩子数量越少导致孩子越发精贵，人们对孩子的照料和教育更加重视。在这种情况下，0—3岁托育服务大多由父母自己、爷爷奶奶或者姥姥姥爷来完成，"家庭化"特征较为显著。

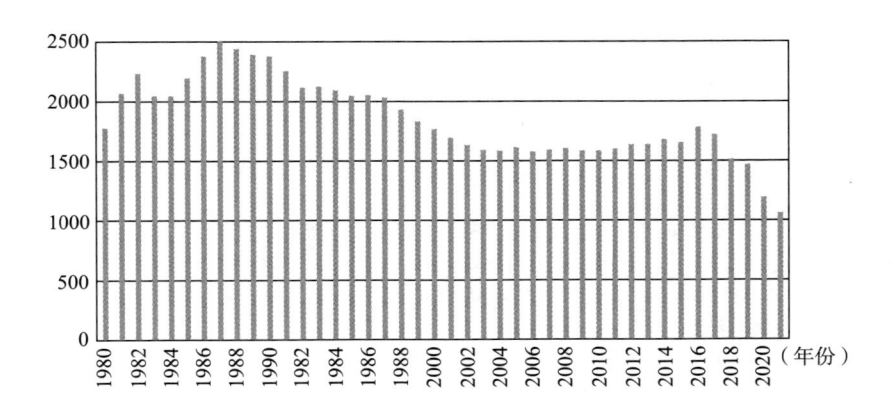

图5-3　1980—2020年出生人口数据

资料来源：根据国家统计局相关数据绘制。

(2) 市场化

我国自 1978 年试点进行国有企业改革，致力于扩大企业自主权、建立现代企业制度、健全国有资产管理体制，以便达到机制、制度、体制的三重创新。国有企业要发展，就必须让其剥离社会职能回归管理本质，因此一些福利性设置也应剥离，其中就包括由企业开设的托儿所和幼儿园[1]。同时，我国学前教育政策从全龄覆盖转为重点强调 3—6 岁。例如，1994 年卫生部、国家教委《托儿所、幼儿园卫生保健管理办法》仍然适用于招收 0—6 岁儿童的各级各类托儿所、幼儿园（以下简称托幼机构）[2]；1996 年《幼儿园工作规程》（国家教委令第 25 号）就强调"幼儿园是对 3 周岁以上学龄前幼儿实施保育和教育的机构，是基础教育的有机组成部分，是学校教育制度的基础阶段""幼儿园适龄幼儿为 3 周岁至 6 周岁（或 7 周岁）"[3]。基于此种情况，0—3 岁托育服务被迫走向市场化，营利性的 0—3 岁托育服务开始不断涌现。

(3) 科学化

随着科学育儿观念得到新生儿父母越来越多的认可，"早教"+"早托"的 0—3 岁托育服务构成一个新的消费市场。我国早教服务机构共有两种类型：一是政府出资公办早教机构，即 3—6 岁幼儿园；二是私立早教机构，即 0—6 岁的托管中心和幼稚园[4]，而第二类恰恰是 0—3 岁托育服务的主战场。

地方政府积极探索本地早教服务。例如，黑龙江省人口计生委通过多种形式，推出了公益性、平民化的科学育儿、早教服务[5]；北京市石景山区人口计生委、区计生协则利用公共服务资源，初步建立起了一个以石景山区"非童凡响"婴幼儿早期发展指导中心为主体，以街道科学育

---

[1] 李雨霏、马文舒、王玲艳：《1949 年以来中国 0—3 岁托育机构发展变迁论析》，《教育发展研究》2019 年第 24 期。

[2] 参见中国政府网《卫生部就托儿所幼儿园卫生保健管理办法征求意见》，http://www.gov.cn/gzdt/2009-07/30/content_1379802.htm#:~:text=1994%E5%B9%B412%E6%9C%88,%E6%8C%A5%E4%BA%86%E7%A7%AF%E6%9E%81%E7%9A%84%E4%BD%9C%E7%94%A8%E3%80%82，2009 年 7 月 30 日。

[3] 中华人民共和国教育部：《幼儿园工作规程》，http://www.moe.gov.cn/srcsite/A02/s5911/moe_621/199603/t19960309_81893.html，1996 年 3 月 9 日。

[4] 王振辉、赵懋：《中国早教企业可持续发展研究——基于财务分析视角》，《重庆大学学报（社会科学版）》2019 年第 4 期。

[5] 曲秀琴：《黑龙江省探索多元人口早教服务模式》，《人口与计划生育》2011 年第 9 期。

儿基地为分支，以社会专业早教机构为支撑的"三位一体"早期教育工作体系[①]。

3. 第三个阶段：引导性 0—3 岁托育服务（2016 年至今）

该阶段我国加强了对托育服务、托育机构、托育行业的关注，陆续出台多项政策引导并支持我国托育服务平稳发展，自此我国托育服务正式迈入引导性阶段。表 5-15 为我国托育服务政策汇总。

表 5-15　　　　　　我国托育服务政策汇总

发布时间	发文机关	发文字号	政策名称	政策内容
2015 年 12 月 31 日	国务院	中发〔2015〕40 号	《关于实施全面两孩政策改革完善计划生育服务管理的决定》	（1）合理配置公共服务资源；（2）根据生育服务需求和人口变动情况，合理配置妇幼保健、儿童照料、学前和中小学教育、社会保障等资源，满足新增公共服务需求；（3）引导和鼓励社会力量举办非营利性妇女儿童医院、普惠性托儿所和幼儿园等服务机构
2016 年 2 月 4 日	教育部基础教育二司	教基二司函〔2016〕2 号	《教育部基础教育二司 2016 年工作要点》	（1）推进国家学前教育改革发展实验区建设；（2）设立一批国家学前教育改革发展实验区，引导和支持地方结合本地实际，探索破解制约学前教育改革发展的突出问题，完善普惠性幼儿园发展机制，提高学前教育条件保障水平
2016 年 2 月 14 日	国务院	国发〔2016〕13 号	《国务院关于加强农村留守儿童关爱保护工作的意见》	（1）充分发挥市场机制作用，支持社会组织、爱心企业依托学校、社区综合服务设施举办农村留守儿童托管服务机构，财税部门要依法落实税费减免优惠政策；（2）统筹各方资源，充分发挥政府、市场、社会的作用，逐步完善救助管理机构、福利机构场所设施，满足临时监护照料农村留守儿童的需要；（3）加强农村寄宿制学校建设，促进寄宿制学校合理分布，满足农村留守儿童入学需求；（4）利用现有公共服务设施开辟儿童活动场所，提供必要托管服务

---

① 张帆：《统筹公共服务"三项资源"构建"三位一体"早教体系》，《人口与计划生育》2013 年第 5 期。

续表

发布时间	发文机关	发文字号	政策名称	政策内容
2017年2月14日	教育部基础教育二司	教基二司函〔2017〕2号	《教育部基础教育二司2017年工作要点》	(1) 扩大普惠性资源；(2) 推动各地大力发展公办幼儿园，积极扶持普惠性民办幼儿园，增加普惠性学前教育资源供给；(3) 组织开展城镇小区配套幼儿园专项治理，确保城镇小区配套园办成公办园或普惠性民办幼儿园；(4) 发挥好中央财政支持学前教育发展资金的激励作用，推动地方加大对农村、边远、贫困和民族地区学前教育的投入力度
2018年2月23日	教育部基础教育司	教基司函〔2018〕6号	《教育部基础教育司2018年工作要点》	(1) 扩大学前教育资源：研究出台《关于学前教育深化改革规范发展的意见》，召开全国学前教育工作会，实施学前教育规范发展攻坚行动；推进实施第三期学前教育行动计划，扩大普惠性资源，完善学前教育体制机制和政策保障体系。(2) 促进幼儿园科学保教：印发《幼儿园玩教具图书配备指南》，指导幼儿园改善办园条件，创设丰富适宜的游戏环境；开展防止和纠正"小学化"专项治理行动；开展第七个全国学前教育宣传月活动；广泛征集优质游戏化课程资源，组织编写体现中华优秀传统文化和现代生活特色的绘本，支持幼儿园开展丰富适宜的教育活动，切实提高科学保教能力
2019年6月28日	财政部、税务总局、发展改革委、民政部、商务部、卫生健康委	财政部公告〔2019〕第76号	《关于养老、托育、家政等社区家庭服务业税费优惠政策的公告》	(1) 为社区提供养老、托育、家政等服务的机构，按照以下规定享受税费优惠政策：提供社区养老、托育、家政服务取得的收入，免征增值税；提供社区养老、托育、家政服务取得的收入，在计算应纳税所得额时，减按90%计入收入总额；承受房屋、土地用于提供社区养老、托育、家政服务的，免征契税；用于提供社区养老、托育、家政服务的房产、土地，免征不动产登记费、耕地开垦费、土地复垦费、土地闲置费；用于提供社区养老、托育、家政服务的建设项目，免征城市基础设施配套费；确因地质条件等原因无法修建防空地下室的，免征防空地下室易地建设费。(2) 为社区提供养老、托育、家政等服务的机构自有或其通过承租、无偿使用等方式取得并用于提供社区养老、托育、家政服务的房产、土地，免征房产税、城镇土地使用税

续表

发布时间	发文机关	发文字号	政策名称	政策内容
2019年10月8日	国家卫生健康委	国卫人口发〔2019〕58号	《托育机构设置标准（试行）》	坚持政策引导、普惠优先、安全健康、科学规范、属地管理、分类指导的原则，充分调动社会力量积极性，大力发展托育服务，对托育机构的设置要求、场地设施、人员规模做出要求
2019年10月8日	国家卫生健康委	国卫人口发〔2019〕58号	《托育机构管理规范（试行）》	坚持儿童优先的原则，尊重婴幼儿成长特点和规律，最大限度地保护婴幼儿，确保婴幼儿的安全和健康，对托育机构的备案管理、收托管理、保育管理、健康管理、安全管理、人员管理和监督管理做出要求
2019年10月24日	国家发展和改革委员会 国家卫生健康委员会	发改社会〔2019〕1606号	《支持社会力量发展普惠托育服务专项行动实施方案（试行）》	国家通过中央预算内投资，重点支持以下两类托育服务设施建设：（1）承担一定指导功能的示范性托育服务机构：示范性托育服务机构具备托育服务功能，设置一定规模的普惠性托位，并提供托育从业人员培训、托育机构管理咨询、家庭养育指导和社区亲子服务等服务；（2）社区托育服务设施：通过新建、改扩建，支持一批嵌入式、分布式、连锁化、专业化的社区托育服务设施建设，提供全日托、半日托、计时托、临时托等多样化的普惠托育服务；政府机关、企事业单位利用自有土地或设施新建、改扩建托育服务设施，并对社会开放普惠性托位的，也可纳入以上两类支持范围
2020年1月28日	国家卫生健康委办公厅	国卫人口函〔2020〕23号	《关于做好托育机构相关工作的通知》	(1) 各地卫生健康行政部门要按照地方党委、政府的统一部署，切实发挥牵头作用，积极协调相关部门按照各自职责，加强对托育机构的监督管理；（2）指导各类托育机构可依法暂停开展收托、保育服务，具体恢复入托时间根据实际情况确定；（3）指导面向3岁以下婴幼儿的早教机构、亲子园等，暂停开展线下培训活动，鼓励利用互联网等信息化手段提供服务

续表

发布时间	发文机关	发文字号	政策名称	政策内容
2020 年 7月20日	国家卫生健康委办公厅	国卫办人口函〔2020〕469号	《关于做好托育机构复工相关工作的通知》	(1) 坚持属地管理,参照幼儿园的复园时间,确定托育机构复托时间;(2) 加强复托准备,托育机构未达到《托幼机构新冠疫情防控技术方案(修订版)》要求的,不得复托;(3) 加强复托后的日常健康管理,严格落实疫情防控制度措施,切实保障婴幼儿生命安全和身体健康;(4) 加快推进登记和备案,加快推进托育机构登记和备案,县级应在2020年7月31日前,完成托育机构备案信息系统管理用户注册;(5) 加强调查研究,积极协调相关部门,落实好国家各项优惠政策,制定适合本地发展的支持政策
2020 年 8月13日	国家卫生健康委办公厅、教育部办公厅	国卫办疾控函〔2020〕668号	《关于印发高等学校、中小学校和托幼机构秋冬季新冠肺炎疫情防控技术方案的通知》	压实托幼机构常态化防控主体责任,坚持人物同防、多病共防,落实"四早"防控措施,精准防控,对开园前、开园后和应急处置做出具体规定
2020 年 12月31日	国务院办公厅	国办发〔2020〕52号	《关于促进养老托育服务健康发展的意见》	(1) 健全老有所养、幼有所育的政策体系,分层次加强科学规划布局,统筹推进城乡养老托育发展,强化用地保障和存量资源利用,推动财税支持政策落地。提高人才要素供给能力;(2) 扩大多方参与、多种方式的服务供给,增强家庭照护能力,优化居家社区服务,提升公办机构服务水平,推动培训疗养资源转型发展养老服务,拓宽普惠性服务供给渠道,引导金融机构提升服务质效;(3) 打造创新融合、包容开放的发展环境,促进康养融合发展,深化医养有机结合,强化产品研发和创新设计,促进用品制造提质升级,培育智慧养老托育新业态,加强宜居环境建设;(4) 完善依法从严、便利高效的监管服务,完善养老托育服务综合监管体系,切实防范各类风险,优化政务服务环境。积极发挥多方合力,强化数据资源支撑

续表

发布时间	发文机关	发文字号	政策名称	政策内容
2021年2月24日	国家发展改革委办公厅	发改办社会〔2021〕192号	《关于做好〈国务院办公厅关于促进养老托育服务健康发展的意见〉贯彻落实工作的通知》	（1）按照《意见》要求，地方各级政府要加快建立健全"一老一小"工作推进机制，要将建立健全工作机制与研究制定本地贯彻落实《意见》工作方案相结合、与制定"十四五"养老托育专项规划或"一老一小"整体解决方案相结合，着重在组织机构、人员配备、经费投入等方面予以保障，加强与人大等机构的协调配合，建立定期向同级人民代表大会常务委员会报告服务能力提升成效机制；（2）国家发展改革委负责牵头会同各相关部门建立"一老一小"服务能力评价机制，探索开展各地区养老托育服务能力评估，组织交流工作进展情况，加强对《意见》执行情况的跟踪督促，及时向国务院报告《意见》贯彻落实情况，不断促进养老托育服务健康发展
2021年6月17日	发展改革委、民政部、卫生健康委	发改社会〔2021〕895号	《"十四五"积极应对人口老龄化工程和托育建设实施方案》	（1）新建或利用现有机构设施、空置场地等改扩建，建设一批公办托育服务机构，支持承担指导功能的示范性、综合性托育服务中心项目建设；（2）扩大普惠性托育服务供给，支持企事业单位等社会力量举办托育服务机构，支持公办机构发展普惠托育服务，探索发展家庭育儿共享平台、家庭托育点等托育服务新模式新业态；（3）在普惠托育服务专项行动上，支持社会力量发展社区托育服务设施和综合服务机构，支持公办机构发展普惠托育服务
2021年8月20日	卫生健康委办公厅、教育部办公厅	国卫办疾控函〔2021〕455号	《关于印发高等学校、中小学校和托幼机构新冠肺炎疫情防控技术方案（第四版）的通知》	（1）坚持人、物、环境同防和多病共防，落实"四早"防控措施，科学、精准、有效防控，要求托幼机构要因地、因园制宜，一园一案，确保适应本地疫情发展形势和本园实际，实事求是做好开园安排；（2）方案对开园准备、开园后和应急处置做出具体规定
2021年11月5日	国家卫生健康委办公厅	国卫办人口函〔2021〕549号	《关于做好秋冬季托育机构疫情防控工作的通知》	（1）提高思想认识，压实各方责任；（2）健全防控制度，明确工作要求；（3）强化业务指导，落实管理措施；（4）加强监督检查，确保安全健康

续表

发布时间	发文机关	发文字号	政策名称	政策内容
2022年3月19日	国务院	国发〔2022〕8号	《关于设立3岁以下婴幼儿照护个人所得税专项附加扣除的通知》	（1）纳税人照护3岁以下婴幼儿子女的相关支出，按照每个婴幼儿每月1000元的标准定额扣除；（2）父母可以选择由其中一方按扣除标准的100%扣除，也可以选择由双方分别按扣除标准的50%扣除，具体扣除方式在一个纳税年度内不能变更；（3）3岁以下婴幼儿照护个人所得税专项附加扣除涉及的保障措施和其他事项，参照《个人所得税专项附加扣除暂行办法》有关规定执行；（4）3岁以下婴幼儿照护个人所得税专项附加扣除自2022年1月1日起实施

资料来源：根据现行政策整理。

由表5-15可知，该阶段我国极为重视托育服务，并为推动我国托育事业稳步健康发展做出有益探索。一是坚持"一小"优先原则，落实幼有所育的方针。孩子是祖国发展的未来。因此，保障我国幼儿能够在和谐、健康、稳定、积极的社会环境中生活和成长是兴国之举。二是将"一老""一小"服务相结合，实现同频共振。对于双职工家庭而言，养老和育儿同等重要，只有实现两者服务的紧密结合，才能切实做好托育服务。三是普惠性托育服务政策支持倾向。《关于实施全面两孩政策改革完善计划生育服务管理的决定》《教育部基础教育二司2016年工作要点》《教育部基础教育二司2017年工作要点》《教育部基础教育司2018年工作要点》《托育机构设置标准（试行）》《支持社会力量发展普惠托育服务专项行动实施方案（试行）》《"十四五"积极应对人口老龄化工程和托育建设实施方案》都明确提及对普惠性托育服务的政策支持，这充分表明了我国托育服务从营利性向普惠性发展的特点。2022年3月5日，在党的第十三届全国人民代表大会第五次会议上李克强做了政府工作报告，明确提出"将3岁以下婴幼儿照护费用纳入个人所得税专项附加扣除，发展普惠托育服务，减轻家庭养育负担"，为我国托育服务指明了发展方向[①]。

[①]《政府工作报告》，http://www.gov.cn/premier/2022-03/12/content_5678750.htm，2022年3月5日。

（二）当前我国 0—3 岁托育服务短缺是已然结果

从供给侧视角出发，我国 0—3 岁婴幼儿托育服务相当短缺，已经远远滞后于社会需要水平。中国 0—3 岁婴幼儿在各类托育机构中的入托率仅为 4%，远低于发达国家高达 50% 的比例，甚至低于 OECD 成员中 3 岁以下儿童入托率的平均值 33.2%[①]，子女照料的问题成为员工最大的担忧[②]。

根据《2021 年中国托育服务市场分析报告》显示，2018 年我国托育市场规模为 1057 亿元，2019 年为 1728 亿元，同比增长 63.48%（见图 5-4）。

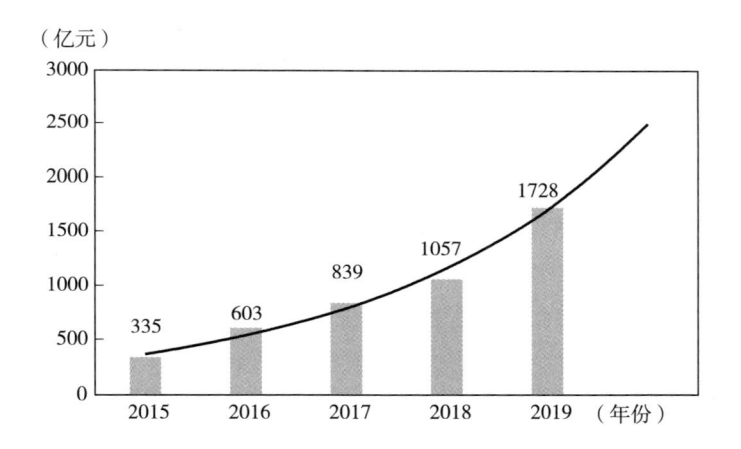

图 5-4　我国托育服务市场规模

资料来源：观研报告网：《2021 年中国托育服务市场分析报告——行业现状调查与投资定位研究》，http://baogao.chinabaogao.com/qitafuwu/545798545798.html，2021 年 6 月 7 日。

但是，当前我国托育市场分布呈现空间不均的典型特点。换句话说，托育服务不是想有就能有，更不是给钱就能上。数据显示，托育相关企业在南方的分布普遍高于北方（见图 5-5）。其中，江苏省以 2417 家企业排名第一，占比全国总量的 14%，浙江、广东、陕西、山东分列二至五名。此外，北京共有 800 余家企业，上海则有近 500 家企业。

[①] 《图解托育服务行业｜中国婴幼儿入托率远低于国际水准》，https://www.thepaper.cn/newsDetail_forward_3211645，2019 年 3 月 28 日。

[②] 李沛霖等：《对发达地区 0—3 岁儿童托育服务市场的调查与思考——以南京市为例》，《南方人口》2017 年第 2 期。

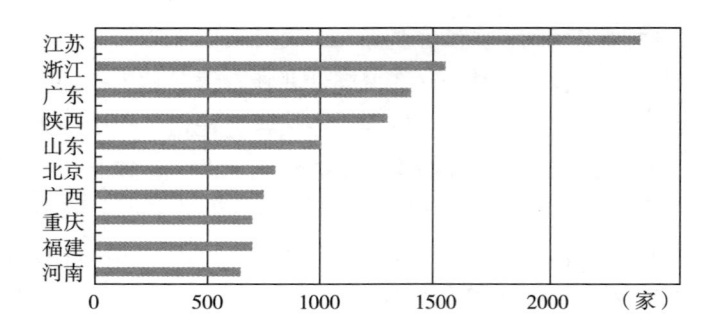

```
江苏  ████████████████████████
浙江  ████████████████
广东  ██████████████
陕西  █████████████
山东  ██████████
北京  ████████
广西  ███████
重庆  ██████
福建  █████
河南  █████
      0    500   1000  1500  2000   (家)
```

图 5-5　2020 年 1—9 月我国托育相关企业地域分布情况

资料来源：观研报告网：《2021 年中国托育服务市场分析报告——行业现状调查与投资定位研究》，http://baogao.chinabaogao.com/qitafuwu/545798545798.html，2021 年 6 月 7 日。

根据 2019 年发布的《中国早教蓝皮书》，我国早教市场规模已超 2000 亿元，预计 2025 年将突破 4500 亿元[1]，显然 0—3 岁托育服务有着广阔的市场。2021 年 2 月 25 日，"国家脱贫攻坚普查公报（第四号）——国家贫困县基础设施和基本公共服务情况"显示，在国家贫困县中，非义务教育方面有幼儿园的行政村比重较低，仅为 46.2%[2]，托育需求明显难以得到有效满足。此外，实证研究还发现，当前我国的托育质量处于中等水平，且存在显著的地域差异、机构差异与师资差异[3]。根据 2016 年 10 个城市调查，35.8% 的 3 岁以下婴幼儿家长有托育需求，由此推算，需要托位上千万个[4]；其中，在 0—2 岁，中国家庭最盼望的是就近建立公办婴幼儿免费或低于市场价格的托管中心、弹性工作时间、发放婴幼儿养育津贴等[5]。

（三）托育服务不足直接促成员工照料困境

中国目前很少有地区为 0—3 岁幼儿提供公共性托幼服务，即便有幼

---

[1] 前瞻产业研究院：《2019 年中国托育服务行业发展现状与趋势分析》，https://www.qianzhan.com/analyst/detail/220/191205-3420b01e.html，2019 年 12 月 6 日。

[2] 参见中国政府网《国家脱贫攻坚普查公报（第四号）——国家贫困县基础设施和基本公共服务情况》，http://www.gov.cn/xinwen/2021-02/25/content_5588894.htm，2021 年 2 月 25 日。

[3] 杨希、张丽敏：《"三孩"政策背景下托育质量的困境与出路——基于 CLASS Toddler 的实证研究》，《广州大学学报（社会科学版）》2021 年第 6 期。

[4] 杨彦帆、常碧罗：《发展普惠托育服务潜力巨大》，《人民日报》2021 年 10 月 29 日第 19 版。

[5] 姜全保、胡晗：《加快完善托育服务切实优化生育环境》，《中国妇女报》2021 年 11 月 30 日第 6 版。

托服务，接收年龄也在 2 周岁及以上，幼儿照料只能由祖辈或者父母（尤其是母亲）承担全责，"迫使一部分低收入家庭的女性（不得不）选择从正式就业转入非正式就业"。因此，托育服务不足为组织员工带来较大的照料困境，亟待突破和有效完善。

一方面，"谁来照料"是员工家庭面临的普遍困境。当前，我国女性的劳动参与率约为 63.3%，比 OECD 高 6.3 个百分点，比其他亚太国家高 1.3 个百分点，无疑是世界上女性参与劳动力市场比较先进的国家[1]。研究发现，女性劳动参与对家庭中孩子的数量有显著的负面影响[2]。这主要是因为，生育行为会直接影响女性劳动参与的时间和投入情况，对于女性职业生涯存在明显的不利影响，由此不难推测越是女性劳动参与率高的国家和地区，多孩生育率可能会相对越低。我国女性劳动参与率较高意味着我国双职工家庭比较普遍，因此"谁来照料"成为新生儿家庭（尤其是产假结束后）的最大难题。显然，中国无法延续传统"男性养家糊口，女性照顾家庭"的劳动合作模式，"隔代照料"成为大多数中国家庭的选择。然而，当新生儿降临之时，爷爷奶奶、姥姥姥爷同样处于人生后期，很多人的身体机能已经严重下滑，甚至无法承担隔代照料的任务。在这种情况下，组织员工家庭面临严重的"无人照料"难题。

另一方面，"照料成本"是员工家庭面临的重要问题。随着现代经济体系和社会保障制度的建立，儿童从传统的私人物品变成了（准）公共物品和社会投资品，儿童所带来的收益由家庭独享转变为由全社会共享，尽管儿童收益社会化，但育儿成本却是私人化[3]，可以说照料成本完全指向新生儿家庭，即由新生儿家庭全部负担。尤其是当家庭成员无法提供新生儿照料帮助时，双职工夫妇就不得不选择长期雇用保姆来协助完成 0—3 岁幼儿抚育任务，这在无形之中为双职工家庭带来了较高的照料成本。例如，在北京、上海等一线城市，带孩子的育儿嫂月工资为 5000—8000 元，一个月休假 4 天，如需加班则需付加班费，管吃管住，以 6500 元/月计算，三年共需花费 23.4 万元；在二三线城市，带孩子的育儿嫂月工资为 4000—

---

[1] 成前、李月：《女性劳动参与对生育意愿的影响》，《中国人口报》2020 年 5 月 28 日第 3 版。
[2] 薛继亮、张岩、管华意：《女性劳动参与对生育水平的影响——基于孩次的验证》，《人口与社会》2021 年第 1 期。
[3] 马春华：《重构国家和青年家庭之间的契约：儿童养育责任的集体分担》，《青年研究》2015 年第 4 期。

6000元，一个月休假4天，管吃管住，以5000元/月计算，则0—3岁抚育期共需花费人员照料成本为18万元。然而，新生儿父母往往是新入职场或者进入职场时间不长的青年，如此高的照料成本给他们带来了较大的养育代价，因此"养不起"成为很多年轻人不愿生孩子的真实心理诉求。

最新的一项研究基于欧洲社会调查和OECD家庭数据库的整合资料，运用多层二项回归探析了欧洲15个国家（丹麦、芬兰、挪威、瑞典、奥地利、德国、爱尔兰、荷兰、法国、西班牙、葡萄牙、英国、瑞士、捷克、匈牙利）的宏观家庭政策对微观生育决策的影响，发现具有"去家庭化"性质的托幼服务对欧洲家庭生育决策存在显著的正向影响，而具有"家庭化"性质的现金补贴并未产生预期的作用，因此未来我国与生育配套的家庭政策体系构建，应注重在婴幼儿照料和托幼服务上的制度设计与资源投入[1]。夏婧和刘莉通过总结东亚、北欧部分国家以及美国的社会背景及实施鼓励生育政策的情况，建议提供可负担且有质量的儿童早期照料服务，破解适龄女性"生不起""不敢生"的现实困境[2]。所以，对于中国家庭而言，重要的是通过托育服务来降低家庭在婴幼儿照料上的投入成本，降低组织员工的照料难题。

二 产假延长而陪产假有限，父母抚育子女的法定责任不对称

1949年新中国成立之初，我国就实施了生育保险政策。随着社会的发展，女性产假不断延长。1951年《中华人民共和国劳动保险条例》明确提出"女工人与女职员"的产假为56天（包括产前、产后），产假期间工资照发。国务院于1988年颁布《女职工劳动保护规定》，将产假由56天增加至90天（其中产前15天）。2011年国务院审议并原则通过《女职工劳动保护特别规定（草案）》，将女职工享受的产假由90天延长至98天。《中华人民共和国劳动法（2018年修正）》再次强调，女职工生育享受不少于90天的产假。《中国人民解放军计划生育条例（2014年修订）》则对女军人、女机关事业单位职工、女文职人员、女非现役公勤人员进行了具体产假区分：符合晚育规定，生育第一个子女时，除按照规定享受98天产假外，增加产假90天；符合政策规定生育第二个子女

---

[1] 朱荟、陆杰华：《现金补贴抑或托幼服务：欧洲家庭政策的生育效应探析》，《社会》2021年第3期。

[2] 夏婧、刘莉：《如何创造生育福利——国际比较视域下"三孩"政策推进及配套措施构建》，《广州大学学报（社会科学版）》2021年第6期。

的，按照规定享受98天产假。与产假相对，男性陪产假并未出现较大增长。自1979年我国颁布计划生育政策后，凡是晚婚晚育者，给予男方护理假7天。时至今日，我国目前29个省份公布的陪产假为7—30天，没有本质上的差别。

当前，我国各地纷纷修正原有的计生政策条例，对产假、陪产假（护理假）、育儿假等进行重新规定，表5-16为2021年我国计生假期条例变动汇总（截至2021年12月8日）。

表5-16　　　　2021年我国计生假期条例变动汇总

发布时间	发文机关	发文字号	政策名称	政策变动内容
2021年9月28日	吉林省人民代表大会常务委员会	—	吉林省人大常委会关于修改《吉林省人口与计划生育条例》的决定	（1）依法办理结婚登记手续的职工，享受婚假15天； （2）按政策生育子女的夫妻，可以获得延长生育假、护理假奖励，具体办法由省人民政府制定； （3）支持有条件的地区或企业事业单位设立父母育儿假； （4）女职工经本人申请，单位同意，可延长产假至1年，产假延长期间工资按原额的75%发放，不影响调整工资、晋升级别、计算工龄
2021年9月29日	海南省司法厅	—	海南省司法厅发布关于征求《海南省人口与计划生育条例（修正草案送审稿）》意见的公告	夫妻抚育0—3岁子女期间，鼓励用人单位对符合本条例规定生育子女的夫妻，每年给予双方各10日共同育儿假或者给予夫妻任意一方每天1小时的育儿时间，直至子女年满3周岁止
2021年9月29日	山西省人民代表大会常务委员会	第一百零二号	山西省第十三届人民代表大会常务委员会第三十一次会议第二次修订	（1）婚假30日，女方延长产假60日，男方享受护理假15日； （2）符合本条例规定生育且子女不满3周岁的，夫妻双方所在单位分别给予每年15日的育儿假
2021年9月29日	四川省人民代表大会常务委员会	—	《关于修改〈四川省人口与计划生育条例〉的决定》第六次修正	（1）延长女方生育假60天； （2）给予男方护理假20天； （3）子女3周岁以下的夫妻，每年分别享受累计10天的育儿假

续表

发布时间	发文机关	发文字号	政策名称	政策变动内容
2021年9月29日	贵州省人民代表大会常务委员会	2021年第23号	《贵州省人民代表大会常务委员会关于修改〈贵州省人口与计划生育条例〉的决定》	增加3周岁以下婴幼儿的父母双方每年享受育儿假各10天
2021年9月29日	江西省人民代表大会常务委员	—	《关于修改〈江西省人口与计划生育条例〉的决定》	(1) 增加产假90日； (2) 给予男方护理假30日； (3) 在子女3周岁以下期间，给予夫妻双方每年各10日育儿假
2021年11月1日	黑龙江省人民代表大会常务委员会	黑龙江省第十三届人民代表大会常务委员会公告第41号	《黑龙江省人民代表大会常务委员会关于修改〈黑龙江省人口与计划生育条例〉的决定》	(1) 婚假15日，参加婚前医学检查的，增加婚假10日； (2) 女职工享受产假180日；男职工享受护理假15日，特殊情况可以参照医疗单位意见适当延长； (3) 用人单位每年给予3周岁以下婴幼儿的父母各10日育儿假
2021年11月19日	安徽省人民代表大会常务委员会	公告（第五十七号）	《安徽省人口与计划生育条例》	(1) 延长产假60天； (2) 男方享受30天护理假； (3) 在子女6周岁以前，每年给予夫妻各10天育儿假
2021年11月23日	河北省第十三届人民代表大会常务委员会	公告（第一〇四号）	《河北省人口与计划生育条例》	(1) 生育第一、第二个子女的延长产假60天，生育第三个以上子女的延长产假90天； (2) 配偶护理假15天； (3) 3周岁以下婴幼儿父母双方每年可以享受各10天育儿假
2021年11月24日	青海省人民代表大会常务委员会	—	《青海省人民代表大会常务委员会关于修改〈青海省人口与计划生育条例〉的决定》	(1) 奖励女方生育假90日； (2) 给予男方看护假15日； (3) 鼓励用人单位对依法生育子女的夫妻，在子女不满3周岁期间，每年给予夫妻双方各15日育儿假
2021年11月25日	上海市人民代表大会常务委员会	〔十五届〕第九十七号	《上海市人民代表大会常务委员会关于修改〈上海市人口与计划生育条例〉的决定》	(1) 女性增加生育假60天； (2) 男方享受配偶陪产假10天； (3) 在其子女年满3周岁之前，双方每年可以享受育儿假各5天

续表

发布时间	发文机关	发文字号	政策名称	政策变动内容
2021年11月25日	重庆市人民代表大会常务委员会	〔五届〕第154号	《重庆市人民代表大会常务委员会关于修改〈重庆市人口与计划生育条例〉的决定》	(1) 增加产假80天； (2) 男方护理假20天； (3) 经单位批准，夫妻一方可以休育儿假至子女1周岁止，或者夫妻双方可以在子女6周岁前每年各累计休5—10天的育儿假。夫妻双方在子女6周岁前每年各累计休5—10天育儿假
2021年11月26日	北京市第十五届人民代表大会常务委员会	〔十五届〕第65号	《北京市人民代表大会常务委员会关于修改〈北京市人口与计划生育条例〉的决定》	(1) 延长生育假60日，女方经所在机关、企业事业单位、社会团体和其他组织同意，可以再增加假期1—3个月； (2) 男方享受陪产假15日； (3) 夫妻双方经所在机关、企业事业单位、社会团体和其他组织同意，可以调整延长生育假、育儿假的假期分配。女方自愿减少延长生育假的，男方享受的陪产假可以增加相应天数；夫妻双方享受的育儿假合计不超过10个工作日
2021年11月26日	辽宁省人民代表大会常务委员会	辽宁省人民代表大会常务委员会公告〔十三届〕第八十六号	辽宁省人民代表大会常务委员会关于修改《辽宁省人口与计划生育条例》的决定	(1) 增加婚假7日； (2) 符合本条例规定生育子女的，女方除享受国家规定的产假外，增加产假60日； (3) 男方享有护理假20日； (4) 子女不满3周岁的夫妻，每年分别享受累计10日的育儿假
2021年11月27日	陕西省司法厅	—	陕西省司法厅关于《陕西省人口与计划生育条例（修订草案征求意见稿）》征求意见的公告	(1) 参加婚前医学检查的，在国家规定婚假的基础上增加假期10天； (2) 增加产假60天，同时给予男方护理假15天，夫妻异地居住的给予男方护理假20天； (3) 女职工参加孕前检查的，在法定产假的基础上增加产假10天； (4) 女职工生育三孩的，再给予半年奖励假，其配偶增加护理假15天； (5) 女职工生育孩子满1周岁前，经单位与本人协商，可以给予3—6个月的哺乳假； (6) 合法生育的父母在子女1—3周岁，每年给予父母双方各不低于30天的育儿假

续表

发布时间	发文机关	发文字号	政策名称	政策变动内容
2021年11月27日	河南省人民代表大会常务委员会	河南省第十三届人民代表大会常务委员会公告（第72号）	《河南省人民代表大会常务委员会关于修改〈河南省人口与计划生育条例〉的决定》	（1）增加产假3个月；（2）给予配偶护理假1个月；（3）在子女年满3周岁前，每年应当分别给予夫妻双方10日育儿假
2021年11月29日	天津市第十七届人民代表大会常务委员会	—	《天津市人民代表大会常务委员会关于修改〈天津市人口与计划生育条例〉的决定》第三次修正	（1）增加生育假（产假）60日；（2）男方享受15日的陪产假；（3）在子女3周岁以下期间，用人单位每年给予夫妻双方各10日的育儿假
2021年11月29日	山东省第十三届人大常委会第三十二次会议	—	《山东省人口与计划生育条例（修正草案）》	（1）女职工增加60日产假；（2）配偶享受不少于15日陪产假；（3）3周岁以下婴幼儿父母各享受每年累计不少于10日育儿假
2021年11月30日	宁夏回族自治区人民代表大会常务委员会	—	宁夏回族自治区人民代表大会常务委员会关于修改《宁夏回族自治区人口与计划生育条例》的决定	（1）享受10天婚假，参加婚检的，增加3天婚假；（2）女方除享受国家规定的产假外，增加60天产假；（3）男方享受25天护理假；（4）在子女0—3周岁，每年给予夫妻双方各10天育儿假
2021年12月1日	广东省人民代表大会常务委员会	—	《广东省人民代表大会常务委员会关于修改〈广东省人口与计划生育条例〉的决定》	在子女3周岁以内，父母每年各享受10日的育儿假
2021年12月3日	湖南省第十三届人民代表大会常务委员会	—	新修订的《湖南省人口与计划生育条例》	（1）增加产假60天；（2）男方享受护理假20天；（3）符合法定生育条件的夫妻，在子女3周岁以内，夫妻双方每年均可享受10天育儿假
2021年12月6日	湖北省人民代表大会常务委员会	鄂卫办通〔2021〕74号	湖北省人民代表大会常务委员会关于修改〈湖北省人口与计划生育条例〉等地方性法规的决定	（1）增加产假60天；（2）配偶享受15天护理假；（3）3岁以下婴幼儿父母每人每年享受累计10天育儿假

资料来源：根据现行政策整理，所涉政策内容均在符合法律法规规定生育情境下适用。

一方面是不断延长的女性产假,意味着母职抚育子女的时间消耗不断增多,责任不断强化;另一方面是自始至终没有明显时间变化的短暂陪产假,说明父职抚育子女的任务被忽视。基于产假和陪产假的现有时长,不难推断出我国父母抚育子女的法定责任不对称,而这则进一步恶化了女性的职业生涯发展,"生育歧视"甚至已经成为"90后"女性就业的重要阻碍[1],"母职惩罚"也已经成为女性职业发展的潜在杀手。

三 育儿援助范围较窄,亟待普惠性儿童津贴

子女照料不仅需要人力投资,更需要物质投入。对于中国大多数家庭而言,儿童的日常照料和教育等需要家庭投入大量的资金,因此与其说中国人"不想生"倒不如说是"生不起",儿童养育成本居高不下是中国人口出生率不断下降的重要原因[2],更是中国居民生育意愿不断降低的最主要原因。《中国美好生活大调查(2020—2021)》数据显示,子女教育带来的焦虑感达五年来最高,子女教育难题凸显直接影响了人们的幸福感[3]。2013年,新浪微博上出现了一个爆火的帖子"中国十大城市生育成本排行榜",育儿成本高昂可见一斑(详见表5-17)。

表5-17　　中国十大城市生育成本排行榜(2013年)

序号	城市名称	育儿成本(万元)
1	北京	276
2	上海	247
3	深圳	216.1
4	广州	201.4
5	杭州	183.2
6	南京	170.1
7	武汉	160.6
8	青岛	152.6
9	西安	142.5
10	长春	131.5

---

[1] 陈琳:《生育保险、女性就业与儿童照料——基于中国微观数据的分析》,《经济学家》2011年第7期;许琪:《从父职工资溢价到母职工资惩罚——生育对我国男女工资收入的影响及其变动趋势研究(1989—2015)》,《社会学研究》2021年第5期。

[2] 曹信邦、童星:《儿童养育成本社会化的理论逻辑与实现路径》,《南京社会科学》2021年第10期。

[3] 参见企一网《中国美好生活调查(2020—2021)》,http://cndss.net/index.php/companytypedetail/68791/,2021年4月23日。

以西安为例，其生育成本是142.5万元，排在全国第九位，以家庭年收入12万元计算，需要夫妻双方不吃不喝工作11.88年；而北上广深的生育成本则需要不吃不喝达20年以上。2022年2月，育娲人口研究发布《中国生育成本报告》，明确提出中国的生育成本相对于人均GDP倍数几乎是全球最高，这里的"生育成本"既包括从怀孕到分娩的成本（"生的成本"），也包括养育和教育成本（"育的成本"）。表5-18为全国0—17岁孩子的平均养育成本。图5-6为按孩次区分的0—17岁孩子养育成本。

表5-18　　　　全国0—17岁孩子的平均养育成本

不同阶段的养育成本	支出（元）	合计（元）	占总养育成本比例（%）
怀孕期间的成本	10000	10000	2.06
分娩和坐月子费用	15000	15000	3.09
0—2岁婴儿的养育成本	平均每年21559	64677	13.33
3—5岁孩子的养育成本	平均每年33559	100677	20.75
6—14岁孩子的养育成本	平均每年24072	216648	44.65
15—17岁孩子的养育成本	平均每年26072	78216	16.12
0—17岁孩子的养育成本		485218	100

资料来源：《中国生育成本报告》，http：//download.caixin.com/upload/shengyubaogao 2022.pdf，2022年2月22日。

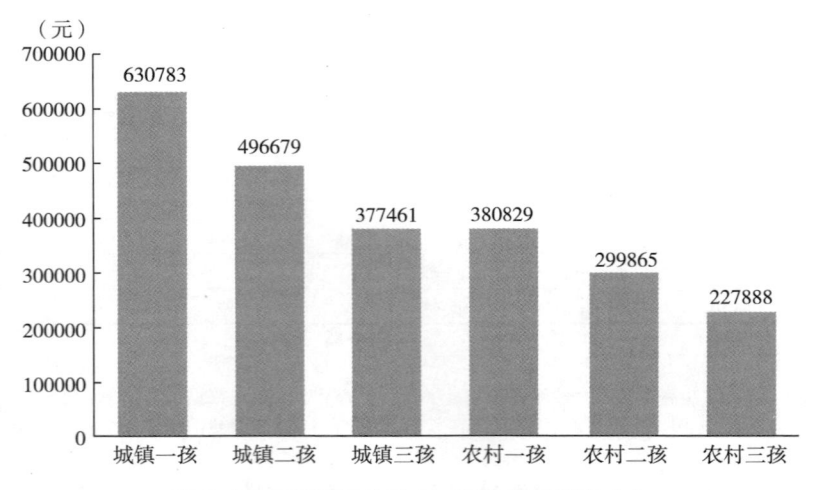

图5-6　按孩次区分的0—17岁孩子养育成本

- 城镇一孩：630783
- 城镇二孩：496679
- 城镇三孩：377461
- 农村一孩：380829
- 农村二孩：299865
- 农村三孩：227888

资料来源：《中国生育成本报告》，http：//download.caixin.com/upload/shengyubaogao 2022.pdf，2022年2月22日。

显然，生育最明显的影响就是会对家庭生活质量带来消极影响，加大家庭经济负担，因此将所有的育儿负担都置于家庭住户只能让生育意愿一降再降，无法实现宽松型人口政策的目标，与我国人口发展要求相悖。在这种情况下，中国学术界积极借鉴国际经验，探索我国儿童津贴援助纵深发展的可能性与发展空间。金静、汪燕敏和徐冠宇基于对金砖国家儿童津贴项目的考察，强调要想构建我国儿童津贴制度，就必须对资金来源、津贴类型、津贴管理等事宜进行重点安排[1]。吴鹏飞和刘金晶肯定了借鉴国外制度经验思考中国问题的做法，提出应适度拓宽我国儿童津贴制度受益主体年龄，增加适用情形，探索新的受益形式等建议[2]。杨无意从德国儿童福利发展历程和发展规律出发，结合德国儿童福利发展现状提出四点借鉴意见：①应当加快儿童福利制度体系的构建；②通过多种给付形式切实减轻父母的时间成本与精神压力；③应当形成国家主导、多方参与的儿童福利事业发展格局；④儿童福利发展水平应当与国家发展阶段相适应[3]。何文炯、王中汉和施依莹更是直言，我国儿童福利制度亟待从选择型向普惠型转变，即针对全体有儿童家庭的政府财政现金补助[4]。上述研究都是基于中国本土化情境，结合中国儿童福利津贴阶段所做出的政策发展回应，有利于中国儿童津贴援助的实践发展。

事实上，中国本身就存在着儿童津贴援助项目和活动，但是其覆盖范围历来仅限于孤儿、流浪儿、弃儿、残疾儿童、被虐待儿童、父母离异儿童以及出现行为和情绪问题的儿童，并未惠及所有家庭。2010年，国务院颁布《中国儿童发展纲要（2011—2020年）》首次提出儿童优先的国家发展战略，并且提出扩大儿童福利范围，推动儿童福利由补缺型向适度普惠型转变，儿童需求正在从单一生存保障向全面服务发展转变，但是儿童津贴援助范围狭隘的情况没有得到本质缓解。例如，2011年，民政部、国家发展和改革委员会印发《民政事业发展第十二个五年规划》（民发〔2011〕209号），明确提出要合理确定并落实孤儿养育标准，探

---

[1] 金静、汪燕敏、徐冠宇：《构建我国儿童津贴制度的思考——基于金砖国家的跨国比较》，《经济体制改革》2014年第1期。
[2] 吴鹏飞、刘金晶：《适度普惠型福利模式下我国儿童津贴制度之构建》，《社会保障研究》2016年第2期。
[3] 杨无意：《德国儿童福利的发展及其对中国的启示》，《社会保障评论》2021年第3期。
[4] 何文炯、王中汉、施依莹：《儿童津贴制度：政策反思、制度设计与成本分析》，《社会保障研究》2021年第1期。

索建立儿童津贴制度，也就是将受助范围限定为孤儿。

从这个意义上来讲，探索普惠性的儿童津贴制度，使每个有抚育子女任务的家庭都能按月获得国家一定额度的货币援助，是减轻新生儿父母经济压力，推动积极生育政策落实的重要路径。事实上，这种探索任重而道远。1992年2月，国务院下发的《九十年代中国儿童发展规划纲要》仅有"通过政策性倾斜促进儿童食品、玩具、生活用品的科研、生产和销售，促进儿童影视、读物的创作、生产和传播"的表述，对于儿童福利尚未形成全面认知。2001年，我国《中国儿童发展纲要（2001—2010年）》仅仅提到"加大儿童福利事业的投入，改善设施，为孤儿、残疾儿童、弃婴提供良好的成长条件。倡导儿童福利社会化，积极探索适合孤残儿童身心发育的供养方式"，对于儿童福利的关注相对不够[1]。2010年，国务院颁布《中国儿童发展纲要（2011—2020年）》，首次将"儿童与福利"作为重要条目列出，并提出要"扩大儿童福利范围，推动儿童福利由补缺型向适度普惠型转变"，显然普惠性儿童福利津贴制度的实现仍需一定时间才可实现[2]。2021年，国务院再次印发《中国儿童发展纲要（2021—2030年）》明确提出要"提升儿童福利水平，基本建成与经济社会发展水平相适应的适度普惠型儿童福利制度体系"，普惠性儿童福利津贴制度在此阶段或将成为可能[3]。

第三节 国际家庭亲善福利激励生育经验对我国的启示

通过对照国际家庭亲善福利激励生育的经验和我国家庭亲善福利的发展现状与助推生育率提升的现实困境，基于中国文化情境的特点与本土化要求，提出下列五个通过开发家庭亲善福利来提高我国生育率的建

---

[1] 参见新华网《中国儿童发展纲要（2001—2010年）》，http：//www.scio.gov.cn/ztk/xwfb/46/11/Document/978177/978177.htm，2011年8月10日。

[2] 参见新华网《中国儿童发展纲要（2011—2020年）》，http：//www.scio.gov.cn/ztk/xwfb/46/11/Document/976030/976030.htm，2011年8月8日。

[3] 参见中国政府网《国务院关于印发中国妇女发展纲要和中国儿童发展纲要的通知》，http：//www.scio.gov.cn/xwfbh/xwbfbh/wqfbh/44687/47505/xgzc47511/Document/1717109/1717109.htm，2021年9月8日。

议，即坚持政府主导、培育生育文化、发展托育服务、增延育儿假期、设立专项补贴。

一　坚持政府主导，提供有效的制度保障

根据国际经验，在提升生育率问题上，政府都有着较强的政策干预性，换句话说，在国家政策（包括立法、政策援助等）强制性地推动下，能够为家庭亲善福利的有效实施提供制度保障，有利于通过发展家庭亲善福利来切实提升生育水平，把家庭亲善福利的积极影响落到实处。例如，美国之所以成为"儿童天堂"，就是因为其先后制定了一系列儿童福利法案，针对一般儿童、困境儿童、失独儿童、残疾儿童等分别制定了不同的法律保障条例，真正做到了"立法先行"，也正是在这种情况下才保证了儿童福利制度的顺利推行；新加坡则从社会政策角度出发，先后推出多项政策措施，以政策"组合拳"的方式来保证居民的退税权利、育儿津贴和新生儿储蓄。很明显，国际经验表明，"法律""政策"都是以政府主导的方式为国民生育率提升提供有效保障和激励机制，在当前社会发展趋势下仅仅依靠居民自觉或者爱国情怀实现生育率"飞越"或者"稳步提升"几乎是天方夜谭。

中国是工人阶级领导的、以工农联盟为基础的人民民主专政的社会主义国家，坚持中国共产党领导的多党合作和政治协商制度。在我国，自古便有"服从"文化，所谓"上行而下效"，对于政府决策和法律有着较强的信任度和执行力。因此，在中国文化情境下，坚持政府主导，通过发展家庭亲善福利来提升居民生育率水平是现实所趋，更是必然选择，这样做不仅与国际经验相契合，而且与我国国情发展水平和程度保持一致。同时，通过法律和政策的双向推动，不仅能够为家庭亲善福利有效落地提供制度保障，并且能够让居民看到我国政府实现人口高质量发展的决心和力度。

二　培育生育文化，塑造友好的社会环境

生育文化与生育意愿、生育行为有着非常紧密的关联。在提升生育率问题上，培育生育文化有利于家庭亲善福利更好地发挥作用，有着事半功倍之效。俄罗斯和新加坡等国家都极为重视发展积极生育文化。其中，俄罗斯设立"英雄母亲"称号，通过广告宣传和文学浪漫等手段向公众多次强调"多子女生育"的幸福与美好，致力于打造全民积极生育的生育文化；新加坡则从鼓励"高水平人才"多子女生育转向全民多子

女生育，包括总统等政府官员也多次表示对于多举并行来提升生育率的信心，并在住房补贴和组屋申请等多方面对已婚育儿家庭有所倾向，将积极生育文化落到实践中来。

在我国，生育在一定程度上意味着精力分散和对工作的投入度降低。因此，培育积极生育文化的重点是将生育的惩罚思路转为奖励思路。例如，为每一位多子女育儿女性颁发政府荣誉，既可以仿效俄罗斯设置"英雄母亲"称号，也可以将其树立为地区或者国家榜样人物，感谢其为国家发展做出的贡献；自生育子女之后三年内免绩效考核，或者考核结果直接设为合格，除非特殊情况禁止辞退育有0—3岁孩子的女性员工；根据当地的人口现状和区域经济水平制定有差别的、分层次的生育奖励计划，既可以是一次性奖励，也可以是特定阶段（如育后三年）的奖励等。

三 发展托育服务，建设普惠型照料支持

发展以0岁为基础的科学完备的托育服务，与职场母亲的工作时间实现无缝衔接，是解放女性育儿时间，促进女性职业回归与职业发展的重中之重。例如，日本托育服务的最低年限为0岁，其托育机构包括社区育儿中心、企业日间照料中心、私立幼儿园等多种类型，并建立了完备的监督、支持体系；新加坡在儿童保育、学前教育和课后教育等方面提供了较大的经济支持，这种支持包括津贴、免费项目、代金券、网络教育等，其中儿童保育最低年限也是0岁。

与之相较，我国托育服务发展经历了一个变革期，从计划经济走向市场经济，从与母亲工作时间无缝衔接到母亲工作时间让位于放学时间，当前基本上不存在以0岁为基础的托育服务。因此，我国托育服务必须考虑幼儿的接收年限问题，尝试将以3岁为基础的托幼服务适度提前（如2岁、1岁半），缩短女性身心回归职场的时间；借助政府主导力量降低居民的育儿成本，比如大力推行公立幼儿园，政府按照幼儿园入学实际人数配套经济支持配额；提高托幼服务质量，引入蒙特梭利教育等教育模式，为儿童发展提供科学素质培养的机会。

四 增延育儿假期，发展科学的养育服务

世界上，除了美国等极少数国家未提供带薪产假之外，其余所有国家都提供一定时间的带薪产假福利，并与产前假、陪产假和家庭照顾假共同构成育儿假期体系。比如，俄罗斯的育儿时间最长可以申请到3年，

产前假和产假共计 140 天起（如果是多胞胎，这两个假期合计为 194 天），可获得全额工资，后面虽然无法获得全额薪水，但是雇主必须为其保留工作岗位，这种"不会因为照顾孩子失去工作"的工作保障为俄罗斯生育率稳定和缓慢提升奠定了基础；加拿大居民在经过 2 周的无薪等待期之后就获得了产假福利资格，在满足条件下可获得总计 50 周以上的产假和陪产假，获得原工资 55% 的收入，即便是收养关系也能获得一定时限的照顾假期。类型多样、时间充裕的育儿假期为女性恢复身心提供了较大的时间支持，同时也更容易实现亲子陪伴。

如前所述，我国面临"产假延长而陪产假有限，父母抚育子女的法定责任不对称"的现实状况，同时仅是"产前假+产假+陪产假"的假期设置，与国际上育儿假期有四类假期相比，数量少，时间短，我国职业女性因为育儿压力期待更具包容性的育儿假期体系，具体包括：根据女性要求，仅为 2 周的产前假可增加到最多整个孕期；在现有产假基础上适度增长产假，可延长到 1 年；陪产假应得到有效提升，如 2 个月；设立家庭照顾假，在一定时间范围内（如每年 30 天）应为全薪假期。同时，应该设置灵活的产假制度，在正式产假之后孩子 3 岁之前，可实行无薪留职的岗位安排。

五 设立专项补贴，降低家庭的经济负担

基于生育行为会涉及较高的住房投入、育儿照料，甚至会影响新生儿父母的工作进度，因此国家上通行的做法是提供各种各样的补贴，为育儿家庭降低经济负担。例如，韩国构建出新生儿津贴、新生儿家庭补助金、住房和教育援助为一体的补助体系，为育儿家庭缓解日常生活、教育、住房、家庭发展等经济压力，为儿童建立一个生育友好的社会环境。

与国际上的很多国家相比，我国的生育补贴相对较少，虽然有所出现但是时间都较为短暂。因此，面对我国低生育水平，在家庭亲善福利体系中强调"补贴"，通过构建更为完备的专项补贴体系来提高我国居民的生育意愿势在必行。例如：设立一次性生育奖金、0—18 岁儿童的月度育儿补贴、个人所得税减免、孕检补贴、儿童健康储蓄账户、教育津贴等。

第六章 我国家庭亲善福利体系构建

基于家庭亲善福利需求理论模型，通过综合分析国外家庭亲善福利提升生育率的各种举措和我国家庭友好政策激励生育的实践状况，从我国文化情境出发，构建我国家庭亲善福利体系。该体系以政府和组织为主体，为员工提供弹性、照料、假期和援助四个维度为重点的服务项目，运用资源整合能力，融三种服务传递方式为一体，提供有效的实践思路。

第一节 情境因素：以三种中国生育文化为基础

在中国传统文化中，生育向来是家族大事，逐渐形成以"传宗接代""重男轻女""多子多福""养儿防老""望子成龙"为核心诉求的生育文化。随着我国生育政策向"有计划"生育转变，居民更加重视养育科学和子女质量，而非单纯的"家丁兴旺"，这在一定程度上加速了人口出生率下滑。因此，通过大力倡导传统的积极生育文化能够为积极生育政策的顺利落地提供情境助力，其中有助于鼓励生育的最典型的三种文化为"多子多福""养儿防老""给孩子一个伴"。本节将立足于我国这三种生育文化，构建有利于积极生育政策落地的文化情境。

一 "多子多福"

中国传统文化推崇"多子多福"，认为人丁兴旺会给家族发展带来巨大助力。作为传统的农业大国，中国需要较多的劳动力从事繁重的农业劳动，"多子多福"是劳动的必要条件。再加之古代医疗条件有限，孩子的死亡率较高，只有多生才能保证留下足够数量的劳动力，因此生育子女是治国安邦的大事。此外，在中国古代社会，统治者争权夺利不断，致使战乱不断、社会动荡，在这个时候与"多子多福"相对应的"男丁"

充沛就成为国家在战争中取得优势甚至胜利的重要基础。基于经济发展和政治需要,"多子多福"就成为古代社会推崇的文化。本质上,"多子多福"在传统社会发挥的是一种工具价值。

当前,随着科技进步和技术升级,我国已经不再需要大量劳动力来参与农业劳动和战争。然而,多子女生育却成为应对老龄化和少子化人口发展趋势、重建人口红利和维护社会稳定的重要举措。"多子多福"观念穿越历史,成为我国当前重点推崇的生育文化,而这种推崇更多的是基于老年生活的幸福感而言的,更具实践价值。例如,韩国经验表明,多子女老人的自评幸福感高于单子女老人,且对于社保和经济收入的依赖明显小于后者[1];在中国,相对于一孩家庭而言,生育两个及以上孩子的农村老年人精神状况更佳[2]、晚年生活的整体幸福感更高[3],城市老年人的健康自评水平更高[4]。因此,现在的"多子多福"更多指向充实老年生活,以便晚年获得精神慰藉和情感支持。

基于此,我国应该在家庭亲善福利体系构建中,大力宣传"多子多福"的生育观念,强调生育对于幸福感的积极作用,尤其是晚年生活的正向影响,让居民"愿生"。

二 "养儿防老"

中国著名社会学家费孝通先生将中国家庭总结为"反哺模式",即每一代人在供养下一代人的同时还要赡养老人,因此中年人常被称为"上有老,下有小"的一代人。对于中国而言,家庭养老模式是当前并且未来长期最主要的养老方式,也是中国人最习惯并且向往的养老模式,即"儿孙绕膝""合家欢乐"。基于未来养老需求的角度,生育子女是保障晚年生活的必要前期投资。当然,这种投资具有不确定性,不能完全规避"啃老族"或者"不肖子孙",但是在一定程度上给了家庭发展一种新的可能性,提升了家庭的抗风险能力。俗话说:"养儿防老,积谷防饥",这句话形象地呈现出"养儿防老"的实践价值。虽然"养儿防老"这种

---

[1] 林海波、刘莉、王国军:《老年幸福感:"多子多福"合理性的中韩比较研究——基于老年人口追踪调查数据的分析》,《社会科学战线》2018年第7期。

[2] 刘生龙、胡鞍钢、张晓明:《多子多福:子女数量对农村老年人精神状况的影响》,《中国农村经济》2020年第8期。

[3] 乐章、肖荣荣:《养儿防老、多子多福与乡村老人养老倾向》,《重庆社会科学》2016年第3期。

[4] 耿德伟:《多子多福:子女数量对父母健康的影响》,《南方人口》2013年第3期。

传统中国家庭代际支持模式已经不再普遍适用于当下中国社会，其功能日趋式微①，但是养儿防老动机当前仍是农村居民多生多育的重要原因②。

因此，在"养儿防老"的文化基础上，将"育儿""养老""教育""医疗""住房"等服务相连接，能够有效地推动居民"愿生"。

三 "给孩子一个伴"

在育儿过程中，亲子陪伴不仅可以促进父母和孩子之间的感情融洽，还能够帮助父母和孩子共同成长，例如，亲子共餐频率的提高能够显著提升青少年的非认知能力③，父母陪伴有利于初中学龄儿童认知与非认知能力的发展④。根据《2019年中国亲子陪伴质量研究报告》，56.6%的0—3岁孩子父母认为亲子陪伴非常重要，但是当前亲子陪伴仍有很大提升空间，缺乏高质量陪伴，主要表现为：工作日与节假日陪伴时间差异性大，偏向互动性较强、沟通较多的活动⑤，在工作时间上无法做到有效陪伴。当亲子陪伴有限而孩子需要更长时间、更高频率、更大深度的分享、互动与沟通时，"给孩子一个伴"成为亲子陪伴不足的一个可行方案，即通过兄弟姐妹共同成长，为孩子打造一个充满爱和幸福的生活环境。

实际上，在孩子成长过程中，兄弟姐妹一直扮演着不可替代的角色，他们可以彼此分享、团结合作和互帮互助。在现代社会中，利己主义盛行，唯有亲人才能最大限度上保证雪中送炭。中国家庭非常重视子女的陪伴成长，"给孩子找个伴"甚至跃升为留给子女将来最大的财富。两个孩子更利于孩子成长和家庭幸福⑥，"给孩子一个伴"已成为一孩育龄人

---

① 尹银：《养儿防老和母以子贵：是儿子还是儿女双全?》，《人口研究》2012年第6期；郑丹丹、易杨忱子：《养儿还能防老吗——当代中国城市家庭代际支持研究》，《华中科技大学学报（社会科学版）》2014年第1期；罗玉峰、孙顶强、徐志刚：《农村"养儿防老"模式走向没落——市场经济冲击VS道德文化维系》，《农业经济问题》2015年第5期。

② 何兴邦、王学义、周葵：《养儿防老观念和农村青年生育意愿——基于CGSS（2013）的经验证据》，《西北人口》2017年第2期。

③ 李乐敏、党瑞瑞、刘涵等：《父母陪伴对青少年非认知能力的影响——基于亲子共餐视角的准实验研究》，《人口与发展》2020年第2期。

④ 王春超、林俊杰：《父母陪伴与儿童的人力资本发展》，《教育研究》2021年第1期。

⑤ 艾瑞咨询：《2019年中国亲子陪伴质量研究报告》，https：//www.sohu.com/a/317276609_445326，2022年3月9日。

⑥ 张晓青等：《"单独二孩"与"全面二孩"政策家庭生育意愿比较及启示》，《人口研究》2016年第1期。

群生育第二个孩子的最主要原因①，可见其推动生育的重要意义。

在构建家庭亲善福利体系时，应该紧密联系中国"多子多福""养儿防老""给孩子一个伴"的文化情境，通过激发中国传统文化的强大力量，为家庭亲善福利体系构建提供肥沃的文化土壤。

第二节 责任主体：积极探索多主体模式

主客体关系模式，是近代哲学思考所遵循的基本方法论模式，主要表现为主体与主体之间、客体与客体之间、主体与客体之间的关系②。其中，责任主体强调对客体负责，并为客体对象发展提供有效支持。具体到家庭亲善福利体系的责任主体，应借鉴社会政策民生保障的思路，根据具体条件探索国家、企业、家庭、个人之间合理的责任分担，根据各个阶段经济社会发展的具体条件，按照既尽力而为又量力而行的原则来确定各个时期的总体社会福利水平③，使家庭亲善福利体系兼具可操作性和可持续性。根据协同学理论和系统理论的基本原理，要想解决一个复杂系统的协同体制问题，需要复杂系统中不同的子系统之间形成相互协作的关系，相互作用，形成一个稳定的结构④。基于此，本研究积极探索多主体模式，即政府主导、社会协同、企业配合、家庭支持和个人决策。

一 政府主导

政府主导指的是基于我国国情，从我国人民需求出发，由国家为满足群众需求提供各种资源支持。党的十九大报告鲜明提出了"中国特色社会主义进入新时代，我国社会主要矛盾已经转化为人民日益增长的美好生活需要和不平衡不充分的发展之间的矛盾"的重要判断，发展家庭亲善福利符合我国国情需要，既是现实所需，更是未来所趋。

---

① 风笑天：《给孩子一个伴：城市一孩育龄人群的二孩生育动机及其启示》，《江苏行政学院学报》2018年第4期。
② 赖金良：《主客体价值关系模式的方法论特点及其缺陷》，《浙江社会科学》1993年第1期。
③ 关信平：《中国共产党百年社会政策的实践与经验》，《中国社会科学》2022年第2期。
④ 赵澜波、赵刚：《学校、家庭、社会协同机制与体制研究——基于美国、日本、新加坡协同教育组织的比较》，《外国教育研究》2021年第12期。

积极生育政策旨在提升国民生育水平，以便更好地应对我国的人口老龄化、少子化，为我国未来的长期发展奠定人口基础。从这个意义上来讲，积极生育政策已经上升为国家重要发展战略，是我国政府重点关注、重点推进和重点发展的实践领域。因此，国家必须在推进支持积极生育政策的家庭亲善福利问题上起主导作用。另外，企业是以盈利为最终目的的，怀孕、生育和抚育孩子会极大地减少女性员工在工作上的投入度，陪护和照顾家庭也会在一定程度上分散男性员工的工作精力，如果为了推动人口增长强制企业为职工生育行为"埋单"，那么必将导致劳动力市场对女性职工的"不友好"再度升级，甚至强制约定女性婚育行为，与我国人口发展战略背道而驰。因此，从减少企业对职工婚育阻碍的角度来考虑，政府也必须成为家庭亲善福利制定和推行的主体。

政府主导侧重于从国家层面进行支持，在家庭亲善福利运作过程中，政府主体承担着多种角色：（1）政策制定者，即通过制定法律和社会政策，来为家庭亲善福利的发展提供强有力配套支持，让家庭亲善福利实践有法可依、有章可循；（2）资源提供者，即政府为家庭亲善福利的执行提供人、财和物等各种基础条件，力争实现资源充足；（3）教育者，即政府通过政策宣传，为民众提供政策指引，发挥导向作用，让家庭亲善福利的观念深入人心；（4）组织者，即政府为家庭亲善福利构建创造各种有利条件，包括倡导、实践、发展、修订与整合；（5）监督者，即政府关注家庭亲善福利的运行和成效，避免福利漏洞；当家庭亲善福利出现问题时，及时予以提醒并提示修正方向。

二 社会协同

社会协同强调通过社会力量，推动公共事业向前发展。在家庭亲善福利的发展与运行过程中，单靠政府主导难免独木难支，积极引入社会力量参与，尤其是政府购买服务模式，将为家庭亲善福利的实践提供较大助力。另外，基于家庭亲善福利与社会工作关联密切[①]，因此充分发挥社会工作机构的服务优势，能够让家庭亲善福利实践有的放矢。政府购买服务恰恰能够将政府与非营利组织的优势相结合，因此是家庭亲善福利实现社会协同的重要路径。

---

① 张伶、刘叶：《家庭亲善政策与社会工作关系研究》，《天津师范大学学报（社会科学版）》2017年第1期。

政府购买服务的兴起源于"政府失灵",因此引入市场机制以帮助政府实现公共品的有效供给成为必须①。我国当前政府虽未达到"失灵"的地步,但是也存在诸如政府的职、权、责"碎片化"②"重购买,轻服务"③等问题,因此政府购买服务非常适合中国国情。随着中国正在快速推进政府购买公共服务的政策与实践④,通过契约化的形式,将公共服务外包给非营利组织,是提高公共财政的使用效率,增强公共服务供给效力的重要举措⑤。

运用政府购买服务模式,将公共财政引入非营利组织中来,借助社会力量参与来实现社会协同。在此过程中,要注意以下几点:(1)重视非营利组织的资质考察,要选用服务水平高、评估结果优秀的非营利组织,把好"入门关";(2)政府要做好资源配置,尤其是财政支持,让专业服务无后顾之忧;(3)鼓励社会工作者参与,充分发挥社会工作天然的服务优势,提供个案、小组和社区等专业服务。

三 企业配合

企业是营利性组织,以获得最高绩效,即最佳"投入—产出"比为最终目的。家庭亲善福利旨在通过政府和企业让渡自身利益,缓解员工的工作—家庭冲突,本质上与企业的发展目标相悖。因此,在中国,要想发展家庭亲善福利,不要寄希望于企业投入或者让步,而应致力于促使企业不横加阻碍,确保企业能够配合国家的政策方针即可。

研究表明,家庭亲善福利有利于组织获得更高的组织绩效,赢得员工更高的组织承诺,获得员工更低的离职行为⑥,能够极大地推动企业长远发展目标的实现,从这个角度上来讲,企业配合家庭亲善福利体系运行具有较大的可能性。

企业配合侧重于从组织层面推行家庭亲善福利,包括对产假、陪产

---

① 郑苏晋:《政府购买公共服务:以公益性非营利组织为重要合作伙伴》,《中国行政管理》2009年第6期。
② 唐兴盛:《政府"碎片化":问题、根源与治理路径》,《北京行政学院学报》2014年第5期。
③ 王东、汪磊:《政府购买养老服务制度中政策与法律的互动与融合——基于法政策学视角的分析》,《四川师范大学学报(社会科学版)》2021年第6期。
④ 吴帆、周镇忠、刘叶:《政府购买服务的美国经验及其对中国的借鉴意义——基于对一个公共服务个案的观察》,《公共行政评论》2016年第4期。
⑤ 苏明、贾西津、孙洁等:《中国政府购买公共服务研究》,《财政研究》2010年第1期。
⑥ 张伶、刘叶:《社会交换视角下的家庭亲善福利》,《天津社会科学》2016年第4期。

假和其他请假制度的贯彻执行，为职工按时缴纳"五险一金"（养老保险、医疗保险、失业保险、工伤保险和生育保险及住房公积金），招聘无性别歧视，不会因为组织发展而硬性要求女职工的婚育状况。当然，企业顺应、鼓励员工生育，并提供有效保障措施，与国家大政方针相一致，因此国家可以有选择地设立一些企业奖励计划或者企业发展资金支持。例如，对于大力支持的企业，可以在税收上实行优惠政策，即成为"生育税优企业"；对于运用组织资源支持员工生育的企业，可以给予专项企业发展补贴；对于在同行业职工生育水平较高的企业，政府可以优先考虑与其开展政企合作项目，并积极推动引进人才进入这些企业，助力企业高质量发展。

四 家庭支持

家庭支持指的是对家中成员决策的支持、理解与促成。生育行为是与政治、经济、社会、家庭等多种因素相关的复杂决策，获得家庭支持是生育最重要的条件之一。家庭亲善福利看似政府主导、企业配合，与家庭无关，但是其本质就是为了解决工作和家庭两个领域的不兼容，家庭支持对于家庭亲善福利功能的实现存在着重要影响。

在家庭亲善福利运行过程中，家庭支持主要包括以下三点：（1）支持家庭成员自由选择工作岗位，无论其是公务员系统、事业编制、国企、央企、私企、外企还是自由职业，都积极关注与岗位相关的福利供给情况，必要的时候可用其他手段补足福利的不足。例如，对于自由职业者，可以自行缴纳养老保险、医疗保险等；对于单位仅有医疗保险而未配置大病医疗保险的情况，可由员工自行购买商业保险进行补充。（2）在特定阶段为家庭成员提供援助，帮助他们渡过难关。例如，在孕产期，女性身心都经历着巨大考验和恢复压力，虽有产假、陪产假和哺乳假等，但是孩子照料仍需要长期稳定的帮手，因此建议在情况许可的条件下为新生儿家庭提供照料帮助，并在学龄期协助接送孩子等。（3）对生育决策予以支持。关于"生几个""生男孩还是生女孩"等问题，秉持夫妻意见第一的原则，不进行干涉或者强制要求，让生育决策权回归核心家庭。

五 个人决策

职工是接受家庭亲善福利服务的直接对象。家庭亲善福利体系的服务对象（员工）具有如下特点：（1）面对较大的工作—家庭冲突，甚至严重制约生育行为；（2）有生育想法但无行动，期待借助政府和企业的福利政策来突破实践困境；（3）不想因为生育行为影响个人职业生涯发展，生活和工作对其同等重要，缺一不可。

家庭亲善福利本质上就是为职工服务的，因此个人具有较大的决策权，具体表现为两个方面：（1）对于是否使用家庭亲善福利的决策权。员工可根据自身及家庭、社会的支持情况，自行选择对家庭亲善福利使用与否，例如，产假长短、哺乳假延期与否、是否居家办公等。（2）对于何时使用家庭亲善福利的决策权。例如，员工既可以分散休年假，也可以合并在一起休假；再如，员工可以在生育之后就办理户口，也可以在身体恢复之后办理。（3）对于如何使用家庭亲善福利的决策权。例如，为了照顾家庭和孩子，职工既可以选择居家办公，也可以选择弹性工作制，也可以请求调任至工作任务相对轻松的岗位，还可以辞职成为自由职业者。

论及责任主体，"政府主导、社会协同、企业配合、家庭支持和个人决策"的这种多主体模式能够聚合政治、经济、社会、企业、家庭和个体等多维度的力量，共同支持家庭亲善福利的实践，有效推进积极生育政策的纵深发展。

第三节　内容要素：四维度的家庭亲善福利供给

自家庭亲善福利研究开始之时，学者们就非常重视对其不同维度的分析，现已形成二分法、三分法、四分法等多种认识流派。2016年，南开大学张伶教授等基于中国文化情境，将家庭亲善福利区分为弹性政策、亲属照顾、休闲假期和员工援助四个维度[1]，是中国情境下对家庭亲善福利维度研究的重要尝试，笔者亦从此四个维度出发，构建家庭亲善福利体系。

一　弹性政策

当前，社会竞争不断加深，生育不仅会给家庭带来经济压力，更会

---

[1] 张伶、聂婷、黄华：《中国情境下家庭亲善政策量表的开发与验证》，《管理学报》2016年第3期。

影响甚至阻隔母亲的职业生涯，发生母职惩罚。事实上，随着越来越多的女性进入劳动力市场，双职工家庭愈加普遍，仅因生育就让女性承受职业损失未免过于残酷。因此，在弹性政策方面，应该全面推进弹性工作时间制度，发展灵活职业路径。

具体应对举措为：（1）推行弹性工作时间，给予怀孕期和哺乳期女性较少的工作时间要求。例如，对孕期女职工是否加班不做硬性规定，即便在任务非常繁重的工作岗位也要保证孕期女职工不加班，获得合理的休息时间；再如，哺乳期女性可将哺乳时间灵活分配，既可以将每日两次的哺乳时间合并在一起使用，也可以将一定时期内的哺乳时间整合起来休半天或者一天时间。（2）推行允许员工在减少福利的情况下自愿减少工作时间的举措，实现职工（保住工作）和企业（减少招聘人力资本投资）的双赢。例如，在女性修满产假之后一定时间内（如半年），确因家庭无人照顾孩子或者身心仍然需要休整，女职工可申请按比例（如80%）获得工资，然后获得产假延期的福利待遇；在生育子女1年后，孩子2周岁前，女职工可申请按比例（如60%）获得工资，然后获得哺乳期延期的福利待遇；在孩子2周岁后3周岁前，女职工可申请无薪工作，但是岗位保留。（3）可通过在家工作或远程办公等灵活工作方式，为需要照顾家庭的员工提供更多便利。例如，员工因孩子生病需在家照顾时，可将部分内容通过线上方式完成，搭建线上沟通路径，让员工在家中都可以完成工作内容。（4）开发灵活的职业发展路径。例如，可调岗到更为轻松的工作岗位，以便有更多时间照顾孩子，还可以积极拓展灵活就业职位，以高质量工作要求和低时间地点要求为兼顾"养家""糊口"双重责任的职工提供兼职窗口。

二 亲属照顾

生育不是一个单一行为，而是关乎多种经济和社会问题的复杂行为，因此必然需要一系列问题的科学解决与困境突破。亲属照顾强调帮助企业员工突破教育、健康、就业、照料等问题。

基于对子女照料不同阶段的思考，在亲善照顾维度的家庭亲善福利发展措施包括：（1）为0—3岁幼儿照料提供社会服务资源。例如，撬动国家资本和市场资源，同步发展公立和私营日间照料中心，以及特定要求下的夜间照料中心，按照覆盖范围与目标人群需求设立照料中心网点，实现照料服务可及、便利和多源，多方位地为员工提供照料助力；推行福利性早教，将"双减"政策落到实处，赢在起跑线上；建立0—3岁普惠性幼儿医疗制度，为其免费提供一类疫苗和二类疫苗注射服务，免费体检以及营养补充剂发放（如钙片、DHA等）；培养0—3岁幼儿照料专业人员，将其纳入我国现行教育体系中来。（2）为3—6岁幼儿提供普惠性学前教育资源。《2021年全国教育事业统计公告》显示，我国共有幼儿园29.48万所，普惠性幼儿园覆盖率为87.78%，学前教育的毛入学率已达88.1%[1]。因此，应将普惠性幼儿园覆盖范围进一步扩大，将更多的3—6岁幼儿纳入学前教育行列。（3）为学龄期儿童提供优质的课后服务和配餐。例如，学校开通课后托管服务，期间免费或酌情收费，为孩子提供写作业支持；社区发展"四点半课堂"，不仅能够帮助家长接送孩子，而且能够让课后学生获得优质教育资源，节省课外教育培训费用；提升公办学校教学质量，推动学校资源由民办转为公办，让小学生、初中生共享国家的教育资源；引入社会监督机制，为儿童、青少年提供优质的配餐服务，颁布并严格执行关于配餐不合格的惩罚法例。（4）以员工为中心提供家庭健康服务计划。例如，企业为员工安排年度体检项目，当员工有需求时为其提供就医和转诊服务，为员工购买意外险、乳腺癌等团体保险项目等。（5）为员工配偶或家人协助解决工作，包括发掘单位内灵活就业岗位，联络合作单位查看是否有相应工作岗位空缺，以及其他就业岗位的转介绍和转推荐，肯定员工配偶及家人对员工工作的支持和帮助，将职工的实际困难切实"放在心上"，真正做到重视员工家庭的整体发展。

三 休闲假期

合理适度的假期能够使员工得到较好的休息，缓解身体疲劳，有利于解决生活实际困难，实现事半功倍。与国际相比，我国与生育和家庭发展相关的假期较少，因此更应贯彻产假和陪产假的规定，发展育儿假、产前假、家庭照顾假，并探索灵活假期制度。

休闲假期具体措施包括：（1）依法履行国家规定的产假和陪产假规定，以带薪假期方式保障新生儿获得较好的家庭照料；同时，积极推动我国重视幼儿照料，并逐步推进产假和陪产假的延长，例如产假可延长

---

[1] 参见中国政府网《2021年全国教育事业统计主要结果》，http：//www.gov.cn/shuju/2022-03/01/content_5676225.htm#：~：text=%E6%A0%B9%E6%8D%AE2021%E5%B9%B4%E6%95%99%2C%E5%B9%B4%E9%99%9010.9%E5%B9%B4%E3%80%82，2022年3月1日。

至 1 年，陪产假可延长到 50 天等。（2）探索中国式产前假，即当职工孕期确有需求（如医院证明孕妇身体状况不适宜工作，必须居家静养），可以将产前 2 周假期扩大为整个孕期或者部分孕期，期间享受比例工资（如 60%），并且不影响产后的产假待遇。（3）尝试建立中国式育儿假，即在产假和陪产假结束后仍需父母照顾孩子，一方父母（母亲/父亲）可以向国家申请一定期限的育儿假（如最长 1 年），由户籍所在地社区收齐证明资料协助向企业和政府递交申请。在此期间，享受育儿假的职工将停薪留职，不再从原单位获得工资，而由国家提供社会平均工资和缴纳基础性社会保险（如养老、医疗）；当育儿假达到最高时限而职工无法返回工作岗位时，原工作岗位则自动解除劳动关系，国家不再发放社会平均工资和基础性社会保险。（4）逐步推进中国家庭照顾假的设立，当家庭中直属亲人（包括老人、孩子、配偶）确需照顾，职工可以申请一定时限内的家庭照顾假（如最长 2 个月），休假期间工资按原工资的一定比例发放（如 60%），并在休假结束返回工作岗位后以无假期状态来补齐家庭照顾假期的对应时间，直至家庭照顾假期时间补齐完毕，企业再将工资差额返回职工；或者休假结束后不再补齐家庭照顾假时间，则企业不再返回工资差额。（5）探索灵活假期制度，包括多个年度的年假合并休假、便捷的请假流程、每年额定的无薪假期和事假制度，让员工对于个人假期有更多安排的可能性。（6）制定公平公正的员工培训和学习规章，不因生育子女而影响员工个人技能进步和职位晋升，当员工因假期未能参与相关培训和学习时，可采用线上或者重修方式进行弥补，或者在下一次相关培训中享有优先报名和参与的权利。

四　员工援助

员工援助指的是通过发展多种路径来合理获取国家发展的政治和经济红利。随着经济的不断发展，我国综合国力不断提升，政府已经具备出让一定红利促进社会发展的能力。

员工援助的具体措施为：（1）设立生育保障金，为孕期女性无偿支付常规孕检项目和生产费用，将一些昂贵的检查项目（如羊水穿刺）和药品纳入保障范围。（2）发展普惠性儿童津贴，减轻育儿家庭经济负担，为儿童提供健康保障。例如，对 0—12 周岁的儿童按当地人均收入水平的一定比例（如 5%）提供现金补贴，为儿童发展和成长创造物质基础；为经济困难家庭的儿童提供营养午餐，为儿童提供优质的健康帮助。(3) 为经济困难的多子女家庭提供保障性或周转性住房或补贴，包括廉租房和公租房的优先安排，特殊时期发放住房困难临时补助等。(4) 发展"互联网+户口"模式，便利新生儿上户口，新生儿既可以选择户籍所在地户口，也可以选择居住地户口（需符合当地户口政策），以帮助儿童获得居住地的社会资源。

综上撰述，从弹性政策、亲属照顾、休闲假期和员工援助四个维度入手，有利于充分发挥家庭亲善福利推动生育、养育和教育的积极作用。

第四节 资源整合：调动、运作与管理

资源整合能力关乎各种资源调动、运行与管理的有效性。对于所有类型的社会政策而言，资源整合能力都是重中之重。如果没有好的资源整合能力，那么就是无源之水，无根之木。

一 资源调动

家庭亲善福利体系构建重在依托政府和企业的力量，形成合作机制，并在必要的环节纳入个人参与性，从而打造可持续发展的福利体系。因此，资源调动应坚持"政企合作，公民参与"模式。

首先，从广义上来讲，家庭亲善福利属于社会福利范畴。福利机制的本质是一种社会再分配过程，即通过市场以外的力量将部分资源转移到福利机构和福利受益者[1]。这种再分配必须借由政府或者其他中介机构来实现。因此，资源调动必须始终坚持政府主导，或者政府授权下的合作方式，包括政府购买服务、政企合作等。例如，0—3岁普惠性公办托幼服务侧重于政府资源支持；日间照料中心则主要由企业筹办，政府可适度资助，企业员工以低成本获得企业帮助。

其次，公民参与指的是"通过一定的参与渠道，公民参与或影响政府公共政策或公共事务的行动过程"[2]。根据理性选择理论，人们会在多种选项之间选择最具性价比的项目，从而追求个人利益最大化。在资源调动上，公民参与则意味着公民会遴选出对自身最有利的项目，并借助

---

[1] 关信平、张丹：《论我国社区服务的福利性及其资源调动途径》，《中国社会工作》1997年第6期。

[2] 党秀云：《论公共管理中的公民参与》，《中国行政管理》2003年第10期。

各种社会资源将其推向社会政策行动领域。例如，对于一个因无人帮忙照料幼儿想延长产假的女职工而言，她就会特别支持国家资源支持的全薪或者半薪的产假延长政策。

二 资源运作

从资源整合的角度看，资源调动重在聚合资源，资源运作则功在实践。资源运作指的是"通过发掘资源，将不同来源、不同形式的资源彼此互用、聚集或联结运用，从而避免资源使用的不均衡、重复使用、浪费等现象，完成工作任务"[①]。具体地，资源运作可以分为两种模式：传统模式和合作模式。

第一，传统模式，指的是按照预先设定，按部就班地进行资源的科学运营和合理安排，即"员工申请—组织协调—政府支持"三者协同。具体地，当员工有家庭亲善福利需求时，应根据政策要求向本单位提交有关申请，如果组织自身资源能够满足员工需求时，则由组织协调自身和社会资源，按需为员工提供福利使用路径；如果组织自身资源无法满足员工需求时，则将员工申请提交给当地政府，以便获得政府支持。

第二，合作模式，就是政企合作模式。为了切实帮助员工缓解工作—家庭冲突，政府应该为企业家庭亲善福利的践行提供合理便利，比如提供一定的资金支持或者政策绿色通道，并且积极探索政府和组织共同发展家庭亲善福利体系的发展模式。

三 资源管理

资源管理指的是通过科学合理的资源规划，发掘资源潜力，充分发挥出资源的作用，实现资源效用最大化。对于家庭亲善福利而言，资源管理重在确定服务部门，加强评估监督。

一方面，根据实际条件，合理设置家庭亲善福利服务部门。例如，在组织规模较大或者条件允许的范围内，可以单独设置家庭亲善福利服务部门，加强对家庭亲善福利的管理；如果条件一般或者较差，也可以将家庭亲善福利服务部门置于工会或者人力资源管理等部门。

另一方面，为了增加家庭亲善福利的实践性，落实家庭亲善福利的效果，必须加强评估监督，通过政府评估、第三方评估、群众评估等多

[①] 朱希峰：《资源运作：灾后社区社会工作的重要技术》，《杭州师范大学学报（社会科学版）》2009年第2期。

种方式对现有资源利用情况进行总结，并引导后续的修订与完善。

总而言之，家庭亲善福利要想真正发挥作用，必须重视资源整合能力，从资源调动、资源运行和资源管理三方面出发，构建出一幢坚挺的资源服务大厦。

第五节　服务传递：融三种模式为一体

家庭亲善福利体系的服务传递模式涉及服务提供者（供应方）、服务接收者（需求方）和服务支持者（付费方）三种角色。按照实践模式特点，可分为如下三种类型。

一　模式一：组织直接经营服务业务

在这种模式下，服务提供者和服务支持者合二为一。这里的"组织"既包括政府，也包括企业。研究发现，加强家庭与国家或企业主体的合作，通过家庭亲善福利从外部对家庭进行"赋能"，是能够帮助家庭及其成员实现发展与应对风险的一条有效路径[1]。此外，组织提供服务也有利于充分利用自身的资源储备能力，提供更丰富的服务供给。

例如，政府通过开办0—3岁普惠性公办托幼服务，可为民众提供幼儿照料支持；企业通过创建集团内部日间照料中心，可为员工减轻幼儿照料负担。当然，在实践过程中还可以探索服务接收者适度付费机制，而这个成本支出应是一般家庭都能相对轻松承担的。

二　模式二：组织补贴签约社会服务机构

在这种模式下，服务支持者以物质资源支持服务提供者的目标达成。常言道：术业有专攻。在服务过程中，从事家庭亲善福利实践转化的社会服务机构的专业性更强，聚焦于服务提供的社会服务机构能够快速集聚专业人才。因此，政府或者企业完全可以通过签约社会服务机构，并按其服务人数支付定额补贴的方式，借助专业力量提供精准服务。

当前最热门的模式就是政府购买服务，即政府根据非营利组织资质和专业人员队伍建设情况等，匹配政府大力推动的服务项目。一旦匹配成功，政府就成为服务付费方（付费方），非营利组织则变成服务提供

---

[1] 刘娜：《积极推进家庭福利政策建设》，《中国人口报》2018年9月28日第3版。

者（供应方），由非营利组织向目标服务对象提供专业服务。此外，企业也可以根据自身实际情况，基于留住人才和提高吸引力的目的，引进社会服务机构，为企业内员工提供服务项目，比如日间照料、医疗咨询等。

三 模式三：组织补贴员工及其家庭

在这种模式下，组织支持者与服务接收者实现了有机对接。在自由市场经济下，通过组织直接补贴员工及其家庭的方式，能够赋予个人最大的服务选择权。即便不选择购买服务，也可以借助现金补贴缓解家庭经济压力。

例如，政府通过发放育儿津贴为员工减轻经济负担。当员工获得育儿津贴之后，既可以选择购买奶粉、尿不湿、婴儿衣物等，也可以将其用作其他用途，无论做何打算，都可以在一定程度上缓解员工的经济负担。再如，企业可以给新生儿职工家庭发放祝福红包或者购物券等，由员工自行决定红包和购物券等的用途。

有效的服务传递才能真正实现物尽其用，也就是说让家庭亲善福利发挥出最大效应。因此，在实践过程中，要紧密结合上述三种模式，充分利用政府和企业的资源支持，为员工提供更多的实质性帮助。

第六节 实践思路：多措并举提供有效保障

家庭亲善福利发展离不开国家法律体系和社会政策的保障与推动。换句话说，如果没有国家强有力的法律支持和政策推动，那么家庭亲善福利的落地就是空谈。因此，加强制度保障是家庭亲善福利的重要落脚点。在实践过程中，应从以下三点出发予以重点突破。

一 加强政策引导

有效的宣传工作能够让家庭亲善福利在较短的时间内普及开来，使政策效果加倍。家庭亲善福利恰恰注重细节和具体条目，一旦家庭亲善福利体系构建成功，并且切实解决民众最为关心的问题（照料、教育和住房等），通过大力宣传，想必会极大地推动积极生育政策的顺利落地。

这种政策引导不仅包括对积极生育政策、家庭亲善福利内容的简单阐述，而且包括对其政治价值、经济价值、社会价值等方面的重点了解，让广大民众厘清国家大力发展积极生育政策，并且支持家庭亲善福利的内在原因。其中，政治价值在于保持相对稳定的人口出生率和死亡率，防止国家人口骤降所带来的人口优势骤减，尤其是兵力的减少；经济价值在于稳定人口红利，保持人口良性下降，给中国人口从人口数量向人口质量转向提供一定的时间空间；社会价值在于有效应对老龄化和少子化，依靠本国生育率而非移民政策保证青壮年人口数量，让整个社会充满朝气和无限可能。

通过政策内容和政策价值的同步宣传，让民众将家庭亲善福利谨记于心，当出现相关情形或者思考时，能够及时回忆起政策细节，真正做到激发生育意愿，促成生育行为和生育决策。

二 探索其他具有推动作用的政策制度

随着社会发展和政治文明程度不断提升，社会治理不再是单纯的公私互动结果，社会政策的制定和执行在彼此高度依赖的行动网络中向前推进[①]。相应地，不同的政策共同构成一个大的社会政策系统，它们看似无关，实则彼此关联，从这个意义上来讲，生育政策的顺利推行也有赖于其他社会制度的配合和支持。

比如，有人戏言将中国人的退休年龄延迟到 70 周岁，每生育一个子女对应可将退休年龄前置 5 年，按此计算，生育三孩之后退休年龄为 55 周岁，那么或许就会有更多人会选择生育三个孩子。当然，这种假设只是一种臆想，不能当真，但也确为生育政策的有效落地提供了一种思路：将积极生育政策与某些福利政策结合在一起。不过，在实践过程中，并不建议以其他必行政策为代价达到生育政策的预期效果，但是探索对我国生育率有提升作用的其他政策举措实为重要思路。表 6-1 为减轻育儿成本的措施建议和预估效果。

表 6-1 减轻育儿成本的措施建议和预估效果

序号	措施	估算提升生育率	估算每年多生孩子数（按每年出生约 1000 万人口估算）
1	现金和税收补贴	20%	200 万
2	购房补贴	20%	200 万
3	增建托儿所	10%	100 万

---

① 鄞益奋：《网络治理：公共管理的新框架》，《公共管理学报》2007 年第 1 期。

续表

序号	措施	估算提升生育率	估算每年多生孩子数（按每年出生约1000万人口估算）
4	提供男女平等的育产假	3%	30万
5	引进包括外国保姆在内的外国劳工	2%	20万
6	推广灵活办公模式	4%—10%	40万—100万
7	保障单身女性的生育权	2%	20万
8	允许辅助生育技术	2%	20万
9	教育改革（减少高考内卷，缩短学制）	10%—30%	100万—300万

资料来源：《中国生育成本报告》，http://download.caixin.com/upload/shengyubaogao2022.pdf，2022年2月22日。

由表6-1可知，降低育儿成本与补贴、假期、托儿所、教育改革等多种政策密切相关，因此可将这些政策与家庭亲善福利紧密结合，共同应对当前的生育、养育和教育三个重点难题。

第一，在生育方面，多举并行，保障生育权利。例如，保障单身女性生育权，将单身母亲家庭户作为正常家庭形态，为其提供平等的户口和教育资源，可正常参评低保户和幸福家庭；发展辅助生育技术，力争攻克不孕不育的难题，让更多的家庭成功生育；严禁用人单位将职称评定和个人生育行为捆绑，禁止私下承诺"不婚不育"，还职工一个友好的生育氛围。

第二，在养育方面，落实儿童津贴政策，降低养育成本。根据2017年全国生育状况抽样调查北方七省市的数据，育龄妇女生育意愿高于实际生育水平，意愿生育数与实际生育数存在实质背离现象，即"不敢生"，其前三位原因依次是"经济负担重（77.4%）""年龄太大（45.6%）""没人带孩子（33.2%）"[1]。2022年2月，育娲人口研究发布了最新的《中国生育报告》，发现全国家庭0—17岁孩子的养育成本平均为48.5万元；0岁至大学本科毕业的养育成本平均为62.7万元[2]，对育儿家庭造成了较大的经济压力。因此，必须大力发展儿童津贴，切实降低家庭的育儿经济焦虑，让这些家庭没有经济后顾之忧。

---

[1] 马志越、王金营：《生与不生的抉择：从生育意愿到生育行为——来自2017年全国生育状况抽样调查北方七省市数据的证明》，《兰州学刊》2020年第1期。

[2] 《中国生育成本报告》，http://download.caixin.com/upload/shengyubaogao2022.pdf，2022年2月22日。

第三，在教育方面，发展普惠型教育，做好职业教育。例如，发展公办托儿所、幼儿园，尤其是开发0—3岁托育服务，促进私立幼儿园转为公立幼儿园，降低幼儿照料费用；落实九年义务教育，促进民办教育转为公办教育，科学分配教育资源，并促进教育资源的合理流动；大力发展职业教育，连接用人单位，保证职校毕业学生有工作、愿意干；在坚持"双减"政策的同时，引入其他素质教育课程，全方面培养学生。

三 拓宽家庭亲善福利内容

国际经验表明，家庭亲善福利对于人口生育水平下降确有滞缓作用，甚至存在激励生育率的可能，但其效果也与内容丰富性、可用性和可行性密不可分。

首先，根据供给侧理论，提高民众需求对应的社会供给量，能够提升民众的生活满意度，从而助力社会政策目标达成。因此，通过家庭亲善福利体系构建出一个内容丰富、有切实帮助意义的生育友好型社会，这是提升我国生育率的重要路径和必由之路。因此，立足于中国情境，应从家庭亲善福利的四个维度（弹性政策、亲属照顾、休闲假期和员工援助）出发，积极推行其内容条目，让家庭亲善福利真正"落地生根"并"落地生花"。

其次，打破依职务等级获取福利的惯例，让所有人都能公平获得家庭亲善福利。例如，在某些企业，弹性工作制局限于管理层使用，某些情况下管理人员可以居家办公但是基层工作人员却无法享有该工作模式。在未来社会，弹性工作制应面向所有员工，并且积极发展有制度保障的灵活就业模式，有效打破弹性时间的层级桎梏，实现"人人皆可为"。

最后，拓宽家庭亲善福利的内容，引导政府人员、心理工作者、社会工作者等构筑服务队伍，能够为非意愿独生子女家庭转变提供资源支持，减少家庭发展的风险性与脆弱性[1]；惠及城市和农村，涵盖经济发达地区和落后地区，给居民生育行为更多的自主性和选择性。

综上所述，通过政策引导、政策系统协同和家庭亲善福利内容开发，为生育政策提供政策支持、制度保障和资源供给，能够有效地满足居民的生育需求，促进我国人口高质量发展。

---

[1] 周长洪：《关于现行生育政策微调的思考——兼论"单独家庭二孩生育政策"的必要性与可行性》，《人口与经济》2005年第2期。

第七章 研究结论与未来展望

第一节 研究结论

2014年国际家庭年将确保工作—家庭平衡作为三大主题之一，工作—生活平衡是目前人力资源面临的三大挑战之一[①]，如何有效应对这一挑战不仅是中国社会面临的现实困境，而且是学术界和实践界都致力于突破的学术热点议题。大量研究表明，家庭亲善福利重视员工的工作体验和生活幸福感，致力于缓解员工的工作—家庭冲突，是实现工作—家庭平衡的绝佳手段。

通过文献分析，发现家庭亲善福利研究成果较为丰富，但是仍存在以下局限：(1) 西方国家或情境研究占据主导地位，研究谱系存在重要缺失。(2) 单纯强调供给行为，但对福利供给的质量缺乏探讨。(3) 量化研究为主，缺少质性研究尝试。

为此，研究采取质性研究方法，分两个研究阶段依次选取全国各地24名组织员工和12名组织员工作为调查样本，运用半结构化访谈法收集资料，通过扎根理论进行开放性编码、主轴性编码和选择性编码，提炼出家庭亲善福利需求理论模型：(1) 保障维度。指的是削减教育成本和提升经济实力。(2) 应对难度。包括解决照料难题和增加育儿时间。(3) 拓展难度。聚焦于实现弹性办公。

基于中国情境，比照国外促进生育水平提高的家庭亲善福利举措，发现我国现有家庭亲善福利实践主要面临：婴幼儿托育服务严重短缺，

[①] Alma Mccarthy, Colette Darcy and G. Grady, "Work-Life Balance Policy and Practice: Understanding Line Manager Attitudes and Behaviors", *Human Resource Management Review*, Vol. 20, No. 2, June 2010, pp. 158-167.

子女照料成为员工后顾之忧；产假延长而陪产假有限，男女抚育子女的法定责任不对称；育儿援助范围较窄，亟待普惠性儿童津贴等问题。

基于上述分析，应该借助中国生育文化中多子多福、养儿防老和给孩子一个伴的情境因素，促成生育行为的发生；积极探索多主体模式；构建以弹性、照料、假期、援助四个维度为重点内容的家庭亲善福利体系；整合有效资源；服务不同员工需求；形成国家政策法律制度保障。

第二节 创新与不足

此次研究先后共耗费两年时间，利用碎片化时间和寒暑假时间完成，研究凝聚了整个研究团队的研究心血，在研究视角、研究思路、研究方法上有创新之处，但也存在着一定的不足。

一 研究创新

（一）研究视角有所创新

本书以积极生育政策为背景来探讨家庭亲善福利体系的构建，是在新背景和新视角下的有益尝试。研究结论立足于通过家庭亲善福利体系构建来推进我国积极生育政策的成功落地。

（二）研究思路有所创新

本研究是运用管理学的逻辑思维探索人口学问题的一个有益尝试。"家庭亲善福利"属于传统的人力资源管理主题，而"积极生育政策"则是人口学的核心领域，将两者进行有机结合是跨学科的重要尝试。

（三）研究方法有所创新

对于质性研究而言，最常见的是基于某个特定时点或时段的资料收集与分析，连续性资料收集比较少见。本研究在2020年和2021年依次选取全国各地24名组织员工和12名组织员工作为调查样本，运用半结构化访谈法收集资料，最终提炼出家庭亲善福利需求理论模型，在研究资料的纵贯收集上做出了突破。

二 研究不足

（一）访谈资料相对不足

一方面，资料不足与时间紧张直接有关。2021年5月底，我国出台了新的生育政策，笔者迅速召集团队骨干商讨暑期调研事宜。但是，由于团队核心成员均为高校教师，恰逢临近期末考试，临时组建学生调研团队存在调研质量和时间不足的问题，因此只能利用自身人脉关系进行访谈，这就在很大程度上缩减了能接触到的目标访谈对象的范围。另一方面，资料不足与二孩家庭数量少有关。与2020年调研相比，2021年的调研客观上存在访谈对象数量少的事实。

（二）对研究结论的深度挖掘不足

第一，囿于时间有限。本研究在2021年8—10月展开第二阶段的调研，10—12月撰写书稿，时间紧张导致难以深度思考研究结论；第二，囿于研究者理论深度。笔者于2017年6月底博士毕业，撰写书稿之时仍是一枚"青椒"，理论深度有限，而这与研究结论的深度挖掘程度有直接关联。

（三）缺乏质性研究与量化研究的有机衔接

本书是基于两个阶段半结构化访谈的扎根理论分析，本质上是一个探索性研究，属于质性研究范畴。通过扎根理论三级编码获得的家庭亲善福利需求理论模型尚未经过定量研究方法检验，对于研究的精准性产生了一定的影响，而这一点同样是未来研究需要谨慎规避之处。

第三节　研究展望

家庭亲善福利的中国研究起步较晚，比西方研究相对滞后。基于此，我们应积极探索中国学者家庭亲善福利研究的发展路径。

一　东西方研究存在的差距

东西方研究存在的差距主要表现为以下两个方面：

一方面，研究内容方面对比西方研究的丰富性，中国研究略显单薄。我国现有的家庭亲善福利研究多将该政策作为前因变量或调节变量，缺乏对家庭亲善福利与其他相关变量关系的实证研究，研究成果略显薄弱；而西方国家则通过学者们的不懈努力逐渐构建出一个将家庭亲善福利的内容结构与前因、后果、调节、中介变量都纳入其中的整合框架，研究文献较为丰富。研究内容的匮乏使我们无法获知中国情景下家庭亲善福利与关系变量之间的具体关系，对未来研究的内容提出了更高要求。

另一方面，研究设计方面对比西方研究的多元化，中国研究略显单调。我国的现有的家庭亲善福利研究主要使用问卷调查法和文献研究法；而西方国家的家庭亲善福利研究业已形成多元方法谱系，这些方法包括问卷法、访谈法、二手数据分析和情景实验等。至于调查对象，尽管中国学者已经注意到配对样本的重要性，并且尝试开展相关研究，但数量有限；而西方学者已经充分意识到双职工夫妇、主管—下属配对样本的重要性，并将之作为重点研究对象，同时积极纳入对特定群体的研究。研究设计上的差距启发中国学者在现有研究基础上，不断尝试其他可行的研究方法，有效拓展研究对象范畴。

二 中国学者之研究前景

中国家庭亲善福利需从研究对象、研究方法、研究思路、研究重心和研究情景五个方面着力提升。

（一）研究对象：从组织内员工拓展到多元利益相关者

家庭亲善福利的研究对象具有多维性。因此，研究不应仅限于组织员工，还要考虑员工与配偶、亲属的家庭关系，员工与主管或其他管理者、其他员工的工作关系。

家庭关系主要考虑不同家庭成员与员工间的作用机制。具体而言，支持员工职业发展的配偶会更愿意通过自己的理解和付出来帮助员工获得职业生涯发展契机；而非支持型配偶则会让员工面临混乱局面，甚至会被迫离职。随着当前劳动力市场中双职工夫妇比例的不断增加，配偶对员工职业发展的影响更为凸显。因此，在未来研究中应该纳入当事人—配偶相依模型（Actor-Partner Interdependence Model），对夫妻双方进行综合考量。此外，其他亲属对员工使用家庭亲善福利也有影响。例如，如果家中有需要照顾的老人或者小孩，员工就需要借助家庭亲善福利来更好地尽义务。特别地，员工的家庭幸福感和满意度也更多的是整个家庭的总体感受，而这也正是家庭亲善福利一直努力的方向。故而，家庭亲善福利还应该考虑员工的家庭成员。

工作关系指的是组织内不同职位员工间的二元关系，即领导—成员（主管—下属）关系和员工—员工关系。家庭亲善福利研究文献的一个共识是主管支持是员工是否以及能否使用家庭亲善福利的重要因素[1]。如前

---

[1] Alma McCarthy, Colette Darcy and G. Grady, "Work-Life Balance Policy and Practice: Understanding Line Manager Attitudes and Behaviors", *Human Resource Management Review*, Vol. 20, No. 2, June 2010, pp. 158-167.

所述，员工在做出家庭亲善福利决策时有很多顾虑，其中最重要的就是主管的支持和信任。家庭亲善福利和家庭亲善文化共同构成家庭支持型工作环境，因此主管态度和行为倾向格外重要。同时，如果员工能够获得同事的帮助、指导，并且鼓励他们平衡工作和家庭角色，那么这些员工通常会体验到较少的工作—家庭冲突和更多的工作—家庭增益[1]，同事支持的实质影响可见一斑。

（二）研究方法：从横截面设计为主导扩展到纵贯/长期研究

大多数家庭亲善福利研究都是横截面设计，其数据反映的是某个时点的状况，而无法考察家庭亲善福利的动态效应。家庭亲善福利包括使用、制定、实施和许可四种组织策略，员工据此也会形成三种不同的工作决策：角色进入决策（Role Entry Decisions）、角色参与决策（Role Participation Decisions）和角色退出决策（Role Exit Decisions）。[2] 其中，角色进入决策包括寻求全职或兼职工作、追求高等教育、进入特殊行业、结婚或生孩子。角色参与决策指的是投入角色的时间和情感，包括决定在不同角色上投入多少时间、接受（拒绝）工作发展机遇，以及决定是否参与需要花费更多注意力的工作或家庭活动。无论做出何种决策，都不是一蹴而就的过程，而有其自身发展规律。纵贯研究设计遵循生命历程视角，更符合事物发展规律，是我们需要努力的方向。鉴于日记研究能够用于考察随着时间推移的工作—家庭现象，增加对因果和动态工作—家庭关系的研究领域的理解，未来研究可以运用日记法来进行这类研究。

（三）研究思路：从全面政策思维转向具体政策思维

家庭亲善福利有着丰富的表现形式，例如，弹性工作制、远程办公、假期等。现有的实证研究没有深究不同政策内容对工作结果的具体影响。例如，Bourhis 和 Mekkaoui 考察了一站式儿童照顾、慷慨的事假、弹性工作安排和远程办公四种政策与组织吸引力的关系，发现弹性工作制和请

---

[1] Karen Korabik, The Impact of Co-Workers on Work-to-Family Enrichment and Organizational Outcomes, in Steven Poelmans, Jeffrey H. Greenhaus and Mireia Las Heras Maestro, eds., *Expanding the Boundaries of Work-Family Research: A Vision for the Future*, Basingstoke, UK: Palgrave, 2013, pp. 254-276.

[2] Gary N. Powell and Jeffrey H. Greenhaus, "Sex, Gender, and Decisions at the Family-Work Interface", *Journal of Management*, Vol. 36, No. 4, July 2010, pp. 1011-1039.

假的影响最大,但未能与其他政策内容进行比较[1]。因此,我们还无法得知到底哪种家庭亲善福利对组织更有利。而组织之所以采取家庭亲善福利,愿意转变为家庭亲善型组织,其主要目的就是获得内外双重效益:对外,家庭亲善福利会向员工传达组织尊重员工及其个人生活的价值观,借助大众传媒使组织形象得到良好宣传;对内,员工会因为感激组织对其家庭或者个人生活的关心而增加工作动机,从而获得更高的绩效、更高的组织承诺、更高的工作满意度等积极工作结果。但是,组织在做出决策时还需要考虑成本因素,力争以最小的成本获得最大的收益,这就需要衡量每种家庭亲善福利的效果大小。因此,我们需要树立具体思维,考察特定家庭亲善福利的作用,以便知道哪项政策最能促进绩效,哪项政策最能留住员工,哪项政策最能提升组织吸引力,以及哪项政策最能提升员工敬业度等。

(四)研究重心:从呼吁制定政策到关注政策效果发挥

家庭亲善福利研究强调理论和实践并重。具体到实践领域,学者们普遍认可家庭亲善福利对组织发展的积极影响,并且着力呼吁相关单位引入并实施家庭亲善福利。但是,家庭亲善福利制定只是其功能发挥最基础的条件。现有研究从组织层面出发提出了一些对策,除此之外还有个体层面、社会层面、文化层面等。个体层面强调发挥个体主观能动性,积极使用家庭亲善福利;社会层面更多的是鼓励使用家庭亲善福利的社会氛围,以及对政策使用所带来正面影响的奖酬机制;文化层面需要考虑跨文化间的冲击和融合,并努力将家庭亲善福利改造为契合当地文化规范。因此,为了促进家庭亲善福利效用最大化,我们需要将研究重心从呼吁制定家庭亲善福利转向关注如何发挥政策的效用,注意考虑以下问题:组织如何制定有效的政策实施方案?如何扩散政策的积极效应?如何以及在何种情况下批准员工的政策使用请求?如何评估和及时修订政策条目?而这些都是关乎家庭亲善福利可持续发展的重要问题。

(五)研究情景:从西方拓展到东方的情景转换

家庭亲善福利的研究主要是在澳大利亚、美国、欧洲等西方国家进

---

[1] Anne Bourhis and Redouane Mekkaoui, "Beyond Work-Family Balance: Are Family-Friendly Organizations More Attractive?", *Relations Industrielles/Industrial Relations*, Vol. 65, No. 1, March 2010, pp. 98-117.

行的[1]，非西方背景的家庭亲善福利研究相对较少。学术界对于西方情景下家庭亲善福利有积极影响已达成了共识。也就是说，家庭亲善福利有利于获得较高的绩效、较高的组织认同感、较高的敬业度、较高的满意度、较少的工作—家庭冲突、较少的工作倦怠等。未来研究需要加强东方情景下家庭亲善福利的研究，弥补现有研究谱系的缺憾。在东方国家进行家庭亲善福利研究需要注意以下两点。第一，研究者需要厘清东西方背景的内在差异。虽然文化对工作—家庭界面的影响在工作—家庭文献的重要综述或者跨文化组织行为文献中尚未得到认可，但是文化敏感论提示我们具体情景的重要性[2]。而由于社会文化、价值观和行为方式的不同，在西方国家有效的家庭亲善福利实践可能在东方情景下失效，因此需要遵循当地情景及时调整政策内容。第二，我们不仅需要在东方情景下验证西方理论和结论，而且要致力于发展具有东方特色的本地经验，以推动家庭亲善福利的深度发展。

---

[1] Chandra Vallury, "Work-Life Balance: Eastern and Western Perspectives", *The International Journal of Human Resource Management*, Vol. 23, No. 5, 2012, pp. 1040-1056.

[2] Gary N. Powell, Ann Marie Francesco and Yan Ling, "Toward Culture-Sensitive Theories of the Work-Family Interface", *Journal of Organizational Behavior*, Vol. 30, No. 5, July 2009, pp. 597-616.

附　录

附录1　第一阶段家庭亲善福利需求初始访谈提纲

收集基本情况：年龄、性别、民族、教育程度、联系方式（可选）

1. 您的职业是？工作稳定吗？收入怎么样？
2. 就您了解，您的公司现有家庭亲善福利项目有哪些呢？
3. 您使用过这些家庭亲善福利项目吗？您如何看待这些家庭亲善福利？
4. 您家里有几个孩子啊？男孩还是女孩？都多大了？您平时照顾孩子多吗？
5. 您的双方父母身体如何？能够帮忙带孩子吗？
6. 您的双方父母收入怎么样？平时对您这边会有资金支持吗？
7. 您的妻子/丈夫是做什么工作的？对于家庭收入贡献大吗？
8. 您的妻子/丈夫身体状况如何？平时会照顾孩子吗？经常会因此感到疲惫吗？
9. 您看，咱们国家不是出台了二孩政策了吗？您这边考虑过再生育一个子女的问题吗？
10. 根据上一题答案询问：①如果您不考虑家中再生孩子，是有哪些困难或者障碍吗？②如果您家中考虑再生育孩子，是基于哪些原因呢？
11. 对于您来说，您觉得工作单位（公司）再增加哪些家庭亲善福利，会促使您考虑再生一个孩子呢？（如对于孩子没人照料的家庭，工作场所的育儿支持就会起到推动作用）
12. 对于您来说，您觉得国家再出台哪些政策或者措施，能够真正鼓励您家中考虑再生一个孩子呢？

13. 对于您来说，您觉得家庭中再增添哪些助力，可以促进您考虑或者决定再生一个孩子呢？

附录 2　第一阶段家庭亲善福利需求正式访谈提纲

收集基本情况：年龄、性别、民族、教育程度、联系方式（可选）

1. 您的职业是？工作稳定吗？收入怎么样？
2. 就您了解，您的公司现有家庭亲善福利项目有哪些呢？（家庭亲善福利举例如下）

类型	家庭亲善福利
弹性政策	弹性工作时间：兼职工作、压缩工作周、工作分享、时间银行、工作轮班 弹性工作地点：远程办公、居家工作
照料政策	工作场所或附近的育儿中心、哺乳室或母婴室、老年日间照料中心
假期政策	产假、陪护假、亲子假、学习假期、旅游假期、病假、紧急事假
援助保障政策	员工帮助计划、儿童护理津贴、照料援助、医疗援助、财政救助、儿童/老人照料信息的提供，推荐和转介服务，医疗保险

3. 您使用过这些家庭亲善福利项目吗？您如何看待这些家庭亲善福利？
4. 您家里有几个孩子啊？男孩还是女孩？都多大了？您平时照顾孩子多吗？
5. 您的双方父母身体如何？能够帮忙带孩子吗？
6. 您的双方父母收入怎么样？平时对您这边会有资金支持吗？
7. 您的妻子/丈夫身体状况如何？平时会照顾孩子吗？
8. 您的妻子/丈夫是做什么工作的？对于家庭收入贡献大吗？
9. 您看，咱们国家不是出台了二孩政策了吗？您这边考虑过再生育一个子女的问题吗？
10. 根据上一题答案询问：①如果您不考虑家中再生孩子，是有哪些顾虑或者困难吗？②如果您家中考虑再生育孩子，是基于哪些原因呢？

11. 对您来说，您觉得国家再出台哪些政策或者措施，能够让您及家人考虑再生一个孩子呢？

12. 对您来说，您觉得工作单位再增加哪些家庭亲善福利，会促使您考虑再生一个孩子呢？

13. 对您来说，您觉得家庭中再增添哪些助力，可以促进您考虑或者决定再生一个孩子呢？

14. 对您来说，您觉得是否还有其他因素能促进您考虑或者决定再生一个孩子呢？

附录3　第二阶段家庭亲善福利需求初始访谈提纲

收集基本情况：年龄、性别、民族、教育程度、联系方式（可选）

1. 您的职业是？工作稳定吗？收入怎么样？
2. 就您了解，您的单位现有家庭亲善福利项目有哪些呢？（家庭亲善福利举例如下）

类型	家庭亲善福利
弹性政策	弹性工作时间：兼职工作、压缩工作周、工作分享、时间银行、工作轮班 弹性工作地点：远程办公、居家工作
照料政策	工作场所或附近的育儿中心、哺乳室或母婴室、老年日间照料中心
假期政策	产假、陪护假、亲子假、学习假期、旅游假期、病假、紧急事假
援助保障政策	员工帮助计划、儿童护理津贴、照料援助、医疗援助、财政救助、儿童/老人照料信息的提供，推荐和转介服务、医疗保险

3. 您使用过这些家庭亲善福利项目吗？您如何看待这些家庭亲善福利？

4. 您家里有几个孩子啊？男孩还是女孩？都多大了？您平时照顾孩子多吗？

5. 您的双方父母身体如何？能够帮忙带孩子吗？

6. 您的双方父母收入怎么样？平时对您这边会有资金支持吗？

7. 您的妻子/丈夫身体状况如何？平时会照顾孩子吗？

8. 您的妻子/丈夫是做什么工作的？对于家庭收入贡献大吗？

9. 您看，咱们国家不是出台了三孩政策了吗？您这边考虑过再生育一个子女的问题吗？

10. 根据上一题答案询问：①如果您不考虑家中再生孩子，是有哪些顾虑或者困难吗？②如果您家中考虑再生育孩子，是基于哪些原因呢？

11. 对您来说，您觉得工作单位再增加哪些家庭亲善福利，会促使您考虑再生一个孩子呢？

12. 对您来说，您觉得国家再出台哪些政策或者措施，能够真正鼓励您家中考虑再生一个孩子呢？

13. 对您来说，您觉得家庭中再增添哪些助力，可以促进您考虑或者决定再生一个孩子呢？

14. 对您来说，您觉得是否还有其他因素能促进您考虑或者决定再生一个孩子呢？

附录4 第二阶段家庭亲善福利需求正式访谈提纲

收集基本情况：年龄、性别、民族、教育程度、联系方式（可选）

1. 请您对工作情况进行简单描述（可包括工资、稳定性和工作内容等）

2. 就您了解，您的单位现有家庭亲善福利项目有哪些呢？（家庭亲善福利举例如下）

类型	家庭亲善福利
弹性政策	弹性工作时间：兼职工作、压缩工作周、工作分享、时间银行、工作轮班 弹性工作地点：远程办公、居家工作
照料政策	工作场所或附近的育儿中心、哺乳室或母婴室、老年日间照料中心
假期政策	产假、陪护假、亲子假、学习假期、旅游假期、病假、紧急事假

续表

类型	家庭亲善福利
援助保障政策	员工帮助计划，儿童护理津贴，照料援助，医疗援助，财政救助，儿童/老人照料信息的提供，推荐和转介服务，医疗保险

3. 您使用过这些家庭亲善福利项目吗？您如何看待这些家庭亲善福利？

4. 您家里有几个孩子啊？男孩还是女孩？都多大了？您平时照顾孩子多吗？

5. 您的双方父母身体如何？能够帮忙带孩子吗？

6. 您的双方父母收入怎么样？平时对您这边会有资金支持吗？

7. 您的妻子/丈夫是做什么工作的？对于家庭收入贡献大吗？

8. 您的妻子/丈夫身体状况如何？平时会照顾孩子吗？经常会因此感到疲惫吗？

9. 您看，咱们国家不是出台了三孩政策了吗？您这边考虑过再生育一个子女的问题吗？

10. 根据上一题答案询问：①如果您不考虑家中再生孩子，是有哪些困难或者障碍吗？②如果您家中考虑再生育孩子，是基于哪些原因呢？

11. 对您来说，您觉得工作单位再增加哪些家庭亲善福利，会促使您考虑再生一个孩子呢？

12. 对您来说，您觉得国家再出台哪些政策或者措施，能够真正鼓励您家中考虑再生一个孩子呢？

13. 对您来说，您觉得家庭中再增添哪些助力，可以促进您考虑或者决定再生一个孩子呢？

参考文献

中文文献

党登峰、王嘉毅：《浅析教育研究中的访谈法》，《教育评论》2002年第2期。

党秀云：《论公共管理中的公民参与》，《中国行政管理》2003年第10期。

［德］伍威·弗里克：《扎根理论》，项继发译，格致出版社2021年版，第71—74页。

丁兴富：《美国家庭福利政策的演变》，硕士学位论文，山东师范大学，2008年。

杜晓利：《富有生命力的文献研究法》，《上海教育科研》2013年第10期。

蔡昉：《打破"生育率悖论"》，《经济学动态》2022年第1期。

蔡非：《韩国鼓励生育政策为何没起到效果》，《证券时报》2020年1月10日第A03版。

蔡宁伟、于慧萍、张丽华：《参与式观察与非参与式观察在案例研究中的应用》，《管理学刊》2015年第4期。

财君尚：《新中国与托儿所》，广协书局1952年版，第30—34页。

曹信邦、童星：《儿童养育成本社会化的理论逻辑与实现路径》，《南京社会科学》2021年第10期。

陈琳：《生育保险、女性就业与儿童照料——基于中国微观数据的分析》，《经济学家》2011年第7期。

陈向明：《扎根理论在中国教育研究中的运用探索》，《北京大学教育评论》2015年第1期。

陈向明：《质的研究方法与社会科学研究》，教育科学出版社2000年版，第318—333页。

陈向明：《扎根理论的思路和方法》，《教育研究与实验》1999 年第 4 期。

成前、李月：《女性劳动参与对生育意愿的影响》，《中国人口报》2020 年 5 月 28 日第 3 版。

崔晶、Jon S. T. Quah：《新加坡公共住房和人口控制政策》，《东南亚纵横》2011 年第 1 期。

房莉杰、陈慧玲：《平衡工作与家庭：家庭生育支持政策的国际比较》，《人口学刊》2021 年第 2 期。

方萍：《韩国家庭政策分析及其启示》，《社会工作》2018 年第 6 期。

费小冬：《扎根理论研究方法论：要素、研究程序和评判标准》，《公共行政评论》2008 年第 3 期。

风笑天：《论参与观察者的角色》，《华中师范大学学报》2009 年第 3 期。

风笑天：《给孩子一个伴：城市一孩育龄人群的二孩生育动机及其启示》，《江苏行政学院学报》2018 年第 4 期。

高尚省：《加拿大社会福利制度及对广州的启示》，《城市观察》2014 年第 6 期。

耿德伟：《多子多福？——子女数量对父母健康的影响》，《南方人口》2013 年第 3 期。

龚达伟：《新加坡人口政策的转型与发展评估》，《河南师范大学学报（哲学社会科学版）》2013 年第 4 期。

龚婷婷：《法国、美国和日本儿童福利的发展及其启示》，《教育导刊（下半月）》2010 年第 3 期。

关信平：《中国共产党百年社会政策的实践与经验》，《中国社会科学》2022 年第 2 期。

关信平、张丹：《论我国社区服务的福利性及其资源调动途径》，《中国社会工作》1997 年第 6 期。

郭玉、姜全保：《从"人口红利"到"教育红利"》，《中国人口报》2020 年 11 月 23 日第 3 版。

寒辛：《新加坡、韩国生育政策变化及启示》，《决策与信息》2014 年第 4 期。

韩正彪、周鹏：《扎根理论质性研究方法在情报学研究中的应用》，

《情报理论与实践》2011年第5期。

何欢：《美国家庭政策的经验和启示》，《清华大学学报（哲学社会科学版）》2013年第1期。

何文炯、王中汉、施依莹：《儿童津贴制度：政策反思、制度设计与成本分析》，《社会保障研究》2021年第1期。

何兴邦、王学义、周葵：《养儿防老观念和农村青年生育意愿——基于CGSS（2013）的经验证据》，《西北人口》2017年第2期。

洪昇：《长生殿》，北京图书馆出版社2000年版，第277页。

洪秀敏、刘倩倩：《三种典型福利国家婴幼儿照护家庭友好政策的国际经验与启示》，《中国教育学刊》2021年第2期。

胡杰容：《美国福利改革的家庭化趋势及其启示》，《青海社会科学》2014年第1期。

胡平生、陈美兰译注：《礼记·孝经》，中华书局2016年版，第256、296、826页。

胡平生、张萌译注：《礼记》，中华书局2017年版，第1162页。

贾康、苏京春：《探析"供给侧"经济学派所经历的两轮"否定之否定"——对"供给侧"学派的评价、学理启示及立足于中国的研讨展望》，《财政研究》2014年第8期。

贾哲敏：《扎根理论在公共管理研究中的应用：方法与实践》，《中国行政管理》2015年第3期。

蒋长流：《多维视角下中国低碳经济发展的激励机制与治理模式研究》，《经济学家》2012年第12期。

姜峰：《加拿大社会福利制度对教育的保障作用》，《外国中小学教育》2007年第12期。

姜全保、胡晗：《加快完善托育服务切实优化生育环境》，《中国妇女报》2021年11月30日第6版。

江夏：《美国联邦儿童福利支出对早期保育与教育发展的积极影响及其启示》，《外国教育研究》2013年第7期。

金炳彻、都南希：《低生育率危机背景下韩国家庭福利政策变迁研究》，《社会保障评论》2020年第2期。

金静、汪燕敏、徐冠宇：《构建我国儿童津贴制度的思考——基于金砖国家的跨国比较》，《经济体制改革》2014年第1期。

金燚然、冯倩、柳海民:《日本企业主导型托育服务支持政策:背景、内容与效果》,《外国教育研究》2020年第6期。

金小桃、曹跃斌、朱尧耿:《试论儒家文化对我国生育文化的影响》,《市场与人口分析》2005年第6期。

凯西·查马兹:《扎根理论:客观主义与建构主义方法》,诺曼·邓津、伊冯娜·林肯、风笑天译,重庆大学出版社2007年版,第544—574页。

柯洋华:《美国家庭福利政策的历史、原则和经验》,《社会政策研究》2017年第4期。

赖金良:《主客体价值关系模式的方法论特点及其缺陷》,《浙江社会科学》1993年第1期。

蓝瑛波:《俄罗斯儿童福利与保障制度述评》,《中国青年研究》2009年第2期。

李超民:《美国社会保障制度》,上海人民出版社2009年版,第368、373-374页。

李建新:《三种认识和解决人口问题的途径——以中国人口问题的认识与实践为例》,《人口研究》2002年第6期。

李娟霞:《新加坡公共住房政策对我国的启示》,《党政干部论坛》2008年第7期。

李乐敏、党瑞瑞、刘涵、常芳:《父母陪伴对青少年非认知能力的影响——基于亲子共餐视角的准实验研究》,《人口与发展》2020年第2期。

李沛霖等:《对发达地区0—3岁儿童托育服务市场的调查与思考——以南京市为例》,《南方人口》2017年第2期。

李逸安译注:《三字经·百家姓·千字文·弟子规》,中华书局2009年版,第47页。

李晓琳:《日本促进女性就业政策对我国的启示》,《劳动保障世界》2020年第20期。

李方安、陈向明:《大学教师对"好老师"之理解的实践推理——一项扎根理论研究的过程及其反思》,《教育学报》2016年第2期。

李雨霏、马文舒、王玲艳:《1949年以来中国0—3岁托育机构发展变迁论析》,《教育发展研究》2019年第24期。

林海波、刘莉、王国军：《老年幸福感："多子多福"合理性的中韩比较研究——基于老年人口追踪调查数据的分析》，《社会科学战线》2018 年第 7 期。

刘冰：《战后日本家庭观念的变迁研究（1945—2019）》，硕士学位论文，中国社会科学院研究生院，2020 年。

刘继同：《世界主要国家现代家庭福利政策的历史发展与经验规律》，《中共中央党校学报》2016 年第 4 期。

刘娜：《积极推进家庭福利政策建设》，《中国人口报》2018 年 9 月 28 日第 3 版。

刘萍：《供给侧视角下全日制护理硕士专业学位研究生培养方案的构建》，硕士学位论文，山东大学，2021 年。

刘生龙、胡鞍钢、张晓明：《多子多福：子女数量对农村老年人精神状况的影响》，《中国农村经济》2020 年第 8 期。

刘玮玮：《新加坡生育政策的变迁、成效及启示》，《人口与社会》2020 年第 5 期。

刘笑言：《家庭角色的式微——新加坡家庭政策的现状和挑战》，《东南亚南亚研究》2012 年第 2 期。

刘昕：《人力资源管理（第 4 版）》，中国人民大学出版社 2020 年版，第 298—302 页。

刘叶、张芸芸：《家庭亲善政策：社会政策的新动向》2018 年第 2 期。

刘玉新、张建卫：《家庭友好实践、人格特质对工作家庭冲突的影响》，《中国工业经济》2010 年第 5 期。

柳玉臻：《加拿大家庭福利政策历史变迁及其发展逻辑》，《社会政策研究》2017 年第 6 期。

陆睿：《韩国以政策"组合拳"应对人口负增长》，《经济参考报》2021 年 6 月 21 日第 2 版。

罗玉峰、孙顶强、徐志刚：《农村"养儿防老"模式走向没落？——市场经济冲击 VS 道德文化维系》，《农业经济问题》2015 年第 5 期。

吕亚军：《欧盟家庭友好政策的性别视角分析——以父母假指令为例》，《妇女研究论丛》2008 年第 1 期。

吕洪艳：《20 世纪初美国女性单亲家庭福利项目的缘起及实践》，

《贵州社会科学》2019 年第 4 期。

马蔡琛、李萌、那万卿：《发达国家现代家庭补贴与税收减免的政策法律》，《社会政策研究》2017 年第 6 期。

马春华：《重构国家和青年家庭之间的契约：儿童养育责任的集体分担》，《青年研究》2015 年第 4 期。

马志越、王金营：《生与不生的抉择：从生育意愿到生育行为——来自 2017 年全国生育状况抽样调查北方七省市数据的证明》，《兰州学刊》2020 年第 1 期。

毛泽东：《唯心历史观的破产》，《毛泽东选集》第四卷，人民出版社 1991 年版，第 1401 页。

［美］安塞尔姆·施特劳斯、朱丽叶·科宾：《质性研究概论》，徐宗国译，巨流图书公司 1997 年版。

［美］布劳：《社会生活中的交换与权力》，李国武译，商务印书馆 2012 年版，第 159 页。

［美］朱丽叶·科宾、安塞尔姆·施特劳斯：《质性研究的基础：形成扎根理论的程序与方法（第三版）》，朱光明译，重庆大学出版社 2015 年版。

孟庆茂：《教育科学研究方法》，中央广播电视大学出版社 2001 年版，第 80 页。

潘记永：《浅析加拿大社会福利制度》，《东岳论丛》2013 年第 2 期。

彭林：《仪礼》，中华书局 2012 年版，第 368 页。

彭希哲、胡湛：《当代中国家庭变迁与家庭政策重构》，《中国社会科学》2015 年第 12 期。

朴晟爱：《韩国的低生育率与生育政策的转变》，硕士学位论文，中央民族大学，2016 年。

《古文观止》，施适点校，上海古籍出版社 2016 年版，第 386 页。

裘晓兰：《日本儿童福利政策的发展变迁》，《当代青年研究》2011 年第 7 期。

曲秀琴：《黑龙江省探索多元人口早教服务模式》，《人口与计划生育》2011 年第 9 期。

《国语》，中华书局 2007 年版，第 369 页。

司马迁：《史记》，岳麓书社 1988 年版，第 84 页。

宋健：《中国普遍二孩生育的政策环境与政策目标》，《人口与经济》2016年第4期。

苏明、贾西津、孙洁等：《中国政府购买公共服务研究》，《财政研究》2010年第1期。

孙俊：《中国古代的人事回避制度》，《光明日报》2012年4月12日第11版。

孙亚玲、罗黎辉：《教育研究的抽样问题——有目的抽样》，《云南师范大学学报（哲学社会科学版）》2002年第3期。

唐兴盛：《政府"碎片化"：问题、根源与治理路径》，《北京行政学院学报》2014年第5期。

汤兆云、邓红霞：《日本、韩国和新加坡家庭支持政策的经验及其启示》，《国外社会科学》2018年第2期。

滕泰、范必等：《供给侧改革》，东方出版社2015年版，第12页。

万丽华、蓝旭译注：《孟子》，中华书局2007年版，第163、156、129、188页。

王臣雷：《俄罗斯鼓励生育措施研究》，硕士学位论文，黑龙江大学，2020年。

王春超、林俊杰：《父母陪伴与儿童的人力资本发展》，《教育研究》2021年第1期。

王东、汪磊：《政府购买养老服务制度中政策与法律的互动与融合——基于法政策学视角的分析》，《四川师范大学学报（社会科学版）》2021年第6期。

王军平、翟丽娜：《OECD国家家庭福利政策实践与启示》，《北京社会科学》2012年第5期。

王树：《"第二次人口红利"与经济增长：理论渊源、作用机制与数值模拟》，《人口研究》2021年第1期。

王宁、姚伟：《政府在儿童福利中的责任：以当代美国为借鉴》，《江西社会科学》2015年第12期。

王向贤：《社会政策如何构建父职？——对瑞典、美国和中国的比较》，《妇女研究论丛》2014年第2期。

王晓峰、全龙杰：《少子化与经济增长：日本难题与中国镜鉴》，《当代经济研究》2020年第5期。

王振辉、赵懋：《中国早教企业可持续发展研究——基于财务分析视角》，《重庆大学学报（社会科学版）》2019年第4期。

维烈娜：《俄罗斯家庭政策研究》，硕士学位论文，内蒙古大学，2012年。

吴帆：《欧洲家庭政策与生育率变化——兼论中国低生育率陷阱的风险》，《社会学研究》2016年第1期。

吴帆、周镇忠、刘叶：《政府购买服务的美国经验及其对中国的借鉴意义——基于对一个公共服务个案的观察》，《公共行政评论》2016年第4期。

吴鹏飞、刘金晶：《适度普惠型福利模式下我国儿童津贴制度之构建》，《社会保障研究》2016年第2期。

吴水澎：《关于会计理论研究方法的四个问题》，《财会通讯》1996年第12期。

吴肃然、李名荟：《扎根理论的历史与逻辑》，《社会学研究》2020年第2期。

吴毅、吴刚、马颂歌：《扎根理论的起源、流派与应用方法述评——基于工作场所学习的案例分析》，《远程教育杂志》2016年第3期。

夏婧、刘莉：《如何创造生育福利？——国际比较视域下"三孩"政策推进及配套措施构建》，《广州大学学报（社会科学版）》2021年第6期。

肖来付：《俄罗斯的家庭问题及家庭补贴政策》，《俄罗斯中亚东欧市场》2008年第3期。

徐富海、姚建平：《美国儿童福利制度发展历程、特点与启示》，《治理研究》2021年第3期。

许琪：《从父职工资溢价到母职工资惩罚——生育对我国男女工资收入的影响及其变动趋势研究（1989—2015）》，《社会学研究》2021年第5期。

徐兴文、刘芳：《低生育率时代典型国家家庭政策的实践与启示》，《四川轻化工大学学报（社会科学版）》2020年第3期。

徐晓：《日本政府对私立幼儿园的支持政策及启示》，《教育观察》2020年第32期。

薛继亮、张岩、管华意：《女性劳动参与对生育水平的影响——基于孩次的验证》，《人口与社会》2021 年第 1 期。

薛在兴：《美国儿童福利政策的最新变革与评价》，《中国青年研究》2009 年第 2 期。

严敏、朱春奎：《美国社会福利制度的历史发展与运营管理》，《南京社会科学》2014 年第 4 期。

闫秀文：《中华成语探源》，北方妇女儿童出版社 2014 年版，第 264 页。

杨爽：《儿童照顾的"家庭化"与"去家庭化"——日本育儿支援政策分析与启示》，《社会建设》2021 年第 2 期。

杨威：《访谈法解析》，《齐齐哈尔大学学报（哲学社会科学版）》2001 年第 4 期。

杨无意：《德国儿童福利的发展及其对中国的启示》，《社会保障评论》2021 年第 3 期。

杨希、张丽敏：《"三孩"政策背景下托育质量的困境与出路——基于 CLASS Toddler 的实证研究》，《广州大学学报（社会科学版）》2021 年第 6 期。

杨彦帆、常碧罗：《发展普惠托育服务潜力巨大》，《人民日报》2021 年 10 月 29 日第 19 版。

姚建平、朱卫东：《美国儿童福利制度简析》，《青少年犯罪问题》2005 年第 5 期。

姚伟、王宁：《当代美国儿童福利政策的特点》，《外国教育研究》2011 年第 5 期。

鄞益奋：《网络治理：公共管理的新框架》，《公共管理学报》2007 年第 1 期。

尹银：《养儿防老和母以子贵：是儿子还是儿女双全？》，《人口研究》2012 年第 6 期。

余劲、李凯：《俄罗斯的青年家庭住房保障制度》，《城市问题》2010 年第 3 期。

于秀伟：《德国社会保险制度中家庭友好政策的经验与启示》，《社会保障研究》2018 年第 4 期。

袁蓓、郭熙保：《韩国从计划生育到鼓励生育的政策演变与启示》，《东南学术》2015 年第 3 期。

乐章、肖荣荣：《养儿防老、多子多福与乡村老人养老倾向》，《重庆社会科学》2016年第3期。

翟菁：《集体化下的童年："大跃进"时期农村幼儿园研究》，《妇女研究论丛》2017年第2期。

翟永兴：《韩国低生育水平的原因研究》，硕士学位论文，河北大学，2011年。

张春养：《努力构建新型生育文化》，《人口与计划生育》2013年第3期。

张帆：《统筹公共服务"三项资源"构建"三位一体"早教体系》，《人口与计划生育》2013年第5期。

（战国）列御寇：《国学经典诵读丛书：列子》，二十一世纪出版社2016年版，第50—51页。

张华：《家庭政策：基于工作与家庭平衡的视角研究》，硕士学位论文，南京大学，2014年。

张敬伟、马东俊：《扎根理论研究法与管理学研究》，《现代管理科学》2009年第2期。

张建卫、刘玉新：《工作家庭冲突与退缩行为：家庭友好实践与工作意义的调节作用》，《预测》2011年第1期。

张伶、刘叶：《社会交换视角下的家庭亲善政策》，《天津社会科学》2016年第4期。

张伶、刘叶：《家庭亲善政策与社会工作关系研究》，《天津师范大学学报（社会科学版）》2017年第1期。

张伶、聂婷、黄华：《中国情境下家庭亲善政策量表的开发与验证》，《管理学报》2016年第3期。

张伶、聂婷、黄华：《基于工作压力和组织认同中介调节效应检验的家庭亲善政策与创新行为关系研究》，《管理学报》2014年第5期。

张伶、聂婷、宋智洋等：《家庭亲善政策、组织气候与员工在职行为的关系研究》，《华南师范大学学报（社会科学版）》2016年第1期。

张伶、张大伟：《工作—家庭冲突研究：国际进展与展望》，《南开管理评论》2006年第4期。

张鲁原：《中华古谚语大辞典》，上海大学出版社2011年版，第142页。

张烁：《在学生中弘扬劳动精神》，《人民日报》2020年4月2日第5版。

张现苓：《积极应对后人口转变努力创建家庭友好型社会——"可持续发展视野下的人口问题：生育转变与社会政策应对国际研讨会"综述》，《人口研究》2018年第1期。

张晓青等：《"单独二孩"与"全面二孩"政策家庭生育意愿比较及启示》，《人口研究》2016年第1期。

赵澜波、赵刚：《学校、家庭、社会协同机制与体制研究——基于美国、日本、新加坡协同教育组织的比较》，《外国教育研究》2021年第12期。

郑功成：《实施积极应对人口老龄化的国家战略》，《人民论坛·学术前沿》2020年第22期。

郑丹丹、易杨忱子：《养儿还能防老吗——当代中国城市家庭代际支持研究》，《华中科技大学学报（社会科学版）》2014年第1期。

郑苏晋：《政府购买公共服务：以公益性非营利组织为重要合作伙伴》，《中国行政管理》2009年第6期。

钟水映、李魁：《人口红利与经济增长关系研究综述》，《人口与经济》2009年第2期。

钟水映、赵雨、任静儒：《"教育红利"对"人口红利"的替代作用研究》，《中国人口科学》2016年第2期。

周长洪：《关于现行生育政策微调的思考——兼论"单独家庭二孩生育政策"的必要性与可行性》，《人口与经济》2005年第2期。

周黎莎、余顺坤：《基于激励相容的企业绩效管理模式设计》，《技术经济与管理研究》2012年第1期。

朱国宏：《生育文化论》，《复旦大学学报（社会科学版）》1992年第3期。

祝贺：《以教育促权益：美国儿童福利运动中的教育议题》，《教育研究》2019年第5期。

朱荟、陆杰华：《现金补贴抑或托幼服务？欧洲家庭政策的生育效应探析》，《社会》2021年第3期。

朱荟、苏杨：《基于激励相容理论的韩国生育政策实践检视——兼论对中国的启示》，《人口与经济》2019年第3期。

朱熹:《诗经集传》,上海古籍出版社 1987 年版,第 85 页。

朱希峰:《资源运作:灾后社区社会工作的重要技术》,《杭州师范大学学报(社会科学版)》2009 年第 2 期。

朱艳敏:《历史与现状:关于家庭政策的研究综述》,《现代妇女(下旬)》2014 年第 6 期。

邹平:《关于建国初期我国人口政策转变的回顾与思考》,《人口研究》1986 年第 6 期。

外文文献

Adam Butler, Michael Gasser and Lona Smart, "A Social-Cognitive Perspective on Using Family-Friendly Benefits", *Journal of Vocational Behavior*, Vol. 65, No. 1, August 2004, pp. 57-70.

Alan E. Gross and Peg A. Mcmullen, Models of the Help-Seeking Process, in Jeffrey D. Fisher, Arie Nadler and Bella M. DePaulo, eds., *New Directions in Helping*, New York: Academic Press, 1983, pp. 45-61.

Alan Felstead, Nick Jewson, Annie Phizacklea and Sally Walters, "Opportunities to Work at Home in the Context of Work-Life Balance", *Human resource management journal*, Vol. 12, No. 1, January 2002, pp. 54-76.

Alfred D. Chandler Jr. ed., *Strategy and Structure: Chapters in the History of the Industrial Enterprise*, Cambridge: The Massachusetts Institute of Technology Press, 1962, pp. 363-375.

Alison Cook, "Connecting Work-Family Policies to Supportive Work Environments", *Group & Organization Management*, Vol. 34, No. 2, April 2009, pp. 206-240.

Alison M. Konrad and Robert Mangel, "The Impact of Work-Life Program on Firm Productivity", *Strategic Management of Journal*, Vol. 21, No. 12, December 2000, pp. 1225-1237.

Alma Mccarthy, Colette Darcy and G. Grady, "Work-Life Balance Policy and Practice: Understanding Line Manager Attitudes and Behaviors", *Human Resource Management Review*, June 2010, Vol. 20, No. 2, pp. 158-167.

Alysa D. Lambert, Janet H. Marler and Hal G. Gueutal, "Individual Differences: Factors Affecting Employee Utilization of Flexible Work Arrangements", *Journal of Vocational Behavior*, Vol. 73, No. 1, August 2008, pp. 107-117.

Amah Okechukwu E., "Family-Work Conflict and the Availabity of Work-Family Friendly Policy Relationship in Married Employees: The Moderating Role of Centrality and Career Consequence", *Research & Practice in Human Resource Management*, Vol. 18, No. 2, December 2010, pp. 35-46.

Amy S. Wharton and Mary Blair-Loy, "The 'Overtime Culture' in a Global Corporation: A Cross-National Study of Finance Professionals' Interest in Working Part-Time", *Work and Occupations*, Vol. 29, No. 1, February 2002, pp. 32-63.

Anders Björklund, "Does Family Policy Affect Fertility? Lessons from Sweden", *Journal of Population Economics*, Vol. 19, No. 1, February 2006, pp. 3-24.

Andrew Mason, "Population and The Asian Economic Miracle", *Asia-Pacific Population & Policy*, Vol. 43, No. 11, March 1997, pp. 1-4.

Angela Luci-Greulich and Olivier Thévenon, "The Impact of Family Policies on Fertility Trends in Developed Countries", *European Journal of Population*, Vol. 29, No. 4, July 2013, pp. 387-416.

Ann Bookman and Mona Harrington, "Family Caregivers: A Shadow Workforce in the Geriatric Health Care System?", *Journal of Health Politics, Policy and Law*, Vol. 32, No. 6, December 2007, pp. 1005-1041.

Ann Marie Ryan and Ellen Ernst Kossek, "Work-Life Policy Implementation: Breaking Down or Creating Barriers to Inclusiveness?", *Human Resource Management*, Vol. 47, No. 2, June 2008, pp. 295-310.

Anne Bourhis and Redouane Mekkaoui, "Beyond Work-Family Balance: Are Family-Friendly Organizations More Attractive?", *Relations Industrielles/Industrial Relations*, Vol. 65, No. 1, Winter 2010, pp. 98-117.

Anne C. Bourhis and Redouane Mekkaoui, "Beyond Work-Family Balance: Are Family-Friendly Organizations more Attractive?", *Relations Industrielles/Industrial Relations*, Vol. 64, No. 1, March 2010, pp. 98-11.

Ann-Zofie Duvander and Ann-Christin Jans, "Consequences of Father's Parental Leave Use: Evidence from Sweden", *Finnish Yearbook of Population Research*, Vol. 44, No. 1, January 2009, pp. 49-62.

Anselm Strauss, *Qualitative Analysis for Social Scientists*, Cambridge, UK: Cambridge University Press, 1987, p. 5.

Anselm Strauss and Juliet Corbin, *Basics of Qualitative Research: Techniques and Procedures for Developing Grounded Theory*, Sage Publications, 1998, p. 124.

Barbara L. Rau and Mary Anne M. Hyland, "Role Conflict and Flexible Work Arrangements: The Effects on Applicant Attraction", *Personnel Psychology*, Vol. 55, No. 1, March 2002, pp. 111–136.

Barney G. Glaser and Anselm L. Strauss, *The discovery of grounded theory strategies for qualitative research*, Chicago, IL: Adline, 1967, p. 7.

Benjamin Baran, Linda Shanock and Lindsay R. Miller, "Advancing Organizational Support Theory into the Twenty–First Century World of Work", *Journal of Business and Psychology*, Vol. 27, No. 2, June 2012, pp. 123–147.

Berber Pas, P. Peters, J. A. C. M. Doorewaard, Rob Eisinga and Antoinette L. M. Lagro-Janssen, "Feminisation of the Medical Profession: A Strategic HRM Dilemma? The Effects of Family–Friendly HR Practices on Female Doctors' Contracted Working Hours", *Human Resource Management Journal*, Vol. 21, No. 3, January 2011, pp. 285–302.

Bram Peper, Josje Dikkers, Claartje J. Vinkenburg and M. L. Van Engen, Causes and Consequences of the Utilization of Work–Life Policies by Pofessionals: "Unconditional Supervisor Support Required", in Stephan Kaiser, Max Josef Ringlstetter, Doris Ruth Eikhof and Miguel Pina e Cunha, eds., *Creating Balance?* Berlin/Heidelberg: Springer, 2011, pp. 225–250.

Canada Revenue Agency, "Canada Child Benefit and related provincial and territorial programs", T4114 (E) Rev. 16, http://earlyedu.ecnu.edu.cn/_upload/article/files/c5/b6/96f274394855a59169d562a4183a/bdb712b7 - 652e - 4440-be7e-753f985f2ad0.pdf.

Catherine Kirchmeyer, "Perceptions of Nonwork–to–Work Spillover: Challenging the Common View of Conflict–Ridden Domain Relationships", *Basic and Applied Social Psychology*, Vol. 13, No. 2, June 1992, pp. 231–249.

Cathleen A. Swody and Gary N. Powell, "Determinants of Employee Participation in Organizations' Family–Friendly Programs: A Multi–Level Approach", *Journal of Business and Psychology*, Vol. 22, No. 2, January 2007, pp. 111-122.

Chandra Vallury, "Work-Life Balance: Eastern and Western Perspectives", *The International Journal of Human Resource Management*, Vol. 23, No. 5, 2012, pp. 1040-1056.

Christine Oliver, "Strategic Responses to Institutional Processes", *The Academy of Management Review*, Vol. 16, No. 1, January 1991, pp. 145-179.

Christine Siegwarth Meyer, Swati Mukerjee and Ann Sestero, "Work-Family Benefits: Which Ones Maximize Profits?", *Journal of managerial Issues*, Vol. 13, No. 1, Spring 2001, pp. 28-44.

Community Action Program Legal Services (CAPLAW), "Head Start", March 5, 2022, https://www.caplaw.org/resources/bytopic/HeadStart.html#.

Cynthia A. Thompson, Laura L. Beauvais and Karen S. lyness, "When Work-Family Benefits are not Enough: The Influence of Work-Family Culture on Benefit Utilization, Organizational Attachment, and Work-Family Conflict", *Journal of Vocational Behavior*, Vol. 54, No. 3, June 1999, pp. 392-415.

David E. Bloom and Jeffrey G. Williamson, "Demographic Transitions and Economic Miracles in Emerging Asia", The World Bank Economic Review, Vol. 12, No. 3, September 1998, pp. 419-455.

Dawn S. Carlson, Merideth J. Thompson, K. Michele Kacmar, Joseph G. Grzywacz and Gary Dwayne Whitten, "Pay it Forward: The Positive Crossover Effects of Supervisor Work-Family Enrichment", *Journal of Management*, Vol. 37, No. 3, May 2011, pp. 770-789.

Department of Singapore, "Birth and Fertility", March 2, 2022, https://www.singstat.gov.sg/find-data/search-by-theme/population/births-and-fertility/latest-data.

Diane F. Halpern, "How Time-Flexible Work Policies Can Reduce Stress, Improve Health, and Save Money", *Stress and Health*, Vol. 21, No. 3, August 2005, pp. 157-168.

D. Lance Ferris, Douglas J. Brown and Deniel Heller, "Organizational Supports and Organizational Deviance: The Mediating Role of Organization-

Based Self-Esteem", *Organizational Behavior and Human Decision Processes*, Vol. 108, No. 2, March 2009, pp. 279-286.

Doug Goodman and Kwang Bin Bae, "The Influence of Family-Friendly Policies on Turnover and Performance in South Korea", *Public Personnel Management*, Vol. 43, No. 4, December 2014, pp. 520-542.

Ellen Ernst Kossek and Ariane Ollier-Malaterre, "Work-life Policies: Linking National Contexts, Organizational Practice and People for Multi-Level Change", in Steven Poelmans, et al., eds. *Expanding the Boundaries of Work-Family Research: A Vision for the Future*, Basingstoke, UK: Palgrave, 2013, pp. 3-31.

Ellen Ernst Kossek, Shaun Pichler, Todd E. Bodner and Leslie B. Hammer, "Workplace Social Support and Work-Family Conflict: A Meta-Analysis Clarifying the Influence of General and Work-Family-Specific Supervisor and rganizational Support", *Personnel Psychology*, Vol. 64, No. 2, May 2011, pp. 289-313.

Federica Origo and Laura Pagani, "Is Work Flexibility a Stairway to Heaven? The Story Told by Job Satisfaction in Europe", *Economics Department Working Paper*, Vol. 86, No. 6, January 2006, pp. 463-498.

France M. Weaver and Bryce A. Weaver, "Does availability of informal care within the household impact hospitalisation?", *Health Economics, Policy and Law*, Vol. 9, No. 9, January 2014, pp. 71-93.

Gary N. Powell, Ann Marie Francesco and Yan Ling, "Toward Culture-Sensitive Theories of the Work-Family Interface", *Journal of Organizational Behavior*, Vol. 30, No. 5, July 2009, pp. 597-616.

Gary N. Powell and Jeffrey H. Greenhaus, "Sex, Gender, and Decisions at the Family-Work Interface", *Journal of Management*, Vol. 36, No. 4, July 2010, pp. 1011-1039.

Gauthier Anne, "Public Policies Affecting Fertility and Families in Europe: A Survey of the 15 Member States", Paper prepared for the European Observatory on Family Matters: Annual Seminar, "Low Fertility, Families and Public Policies", Sevilla, Spain, September 15-16, 2000.

Government of Canada, "Canada EI caregiving benefits", December 31,

2021, https://www.canada.ca/en/services/benefits/ei/caregiving.html.

Hal Morgan and Frances J. Milliken, "Keys to Action: Understanding Differences in Organizations' Responsiveness to Work-and-Family Issues", *Human Resource Management*, Vol. 31, No. 3, Autumn (Fall) 1992, pp. 227-248.

Hang-Yue Ngo, Sharon Foley and Raymond Loi, "Family Friendly Work Practices, Organizational Climate, and Firm Performance: A Study of Multinational Corporations in Hong Kong", *Journal of Organizational Behaviour*, Vol. 30, No. 5, July 2009, pp. 665-680.

Hua Jiang, "A Model of Work-life Conflict and Quality of Employee Organization Relationships (EORs): Transnational Leadership, Procedural Justice, and Family-supportive Workplace Initiatives", *Public Relations Review*, Vol. 38, No. 2, June 2012, pp. 231-245.

Isabel Silva, Gino Gaio Santos, Brandão A., Ruivo S. and Lima J., Work-Family Management: Reflections on the Effectiveness of Family-Friendly Practices and Policies, in Arif Anjum, ed., *Advances in Business and Management*, New York: Nova Publishers, Editors: Nelson WD, 2015, pp. 79-94.

James A. Breaugh and N. Kathleen Frye, "An Examination of the Antecedents and Consequences of the Use of Family-Friendly Benefits", *Journal of Managerial Issues*, Vol. 19, No. 1, March 2007, pp. 35-52.

Jan De Kok and Lorraine Uhlaner, "Organization Context and Human Resource Management in the Small Firm", *Small Business Economics*, Vol. 17, No. 4, December 2001, pp. 273-291.

Jean Elizabeth Wallace and Marisa Yong. "Young, Parenthood and Productivity: A Study of Demands, Resources and Family-Friendly Firms", *Journal of Vocational Behavior*, Vol. 72, No. 1, February 2008, pp. 110-122.

Jeffrey H. Greenhaus and Tammy D. Allen, Work-Family Balance: A Review and Extension of the Literature, in James Campbell Quick and Lois Tetrick, eds., *Handbook of occupational health psychology* (2nd ed.), American Psychological Association, 2011, pp. 165-183.

Jennifer L. Glass and Ashley Finley, "Coverage and Effectiveness of Family - Responsive Workplace Policies", *Human resource management review*, Vol. 12, No. 3, September 2002, pp. 313-337.

Jennifer Smith and Dianne Gardner, "Factors Affecting Employee Use of Work-Life Balance Initiatives", *New Zealand Journal of Psychology*, Vol. 36, No. 1, March 2007, pp. 3-10.

Jennifer Swanberg, "A Question of Justice: Disparities in Employees' Access to Flexible Schedule Arrangement", *Journal of Family Issues*, Vol. 26, No. 6, September 2005, pp. 866-895.

Jenny M. Hoobler, "On-Site or Out-of-Sight? Family-Friendly Child Care Provisions and the Status of Working Mothers", *Journal of Management Inquiry*, Vol. 16, No. 4, December 2007, pp. 372-380.

Jerry D. Goodstein, "Institutional Pressure and Strategic Responsiveness: Employer Involvement in Work-Family Issues", *Academy of Management Journal*, Vol. 37, No. 2, April 1994, pp. 350-382.

Jerry Goodstein, "Employer Involvement in Eldercare: An Organizational Adaptation Perspective", *Academy of Management Journal*, Vol. 38, No. 6, December 1995, pp. 1657-1671.

Jill E. Perry-Smith and Terry C. Blum, "Work-Family Human Resource Bundles and Perceived Organizational Performance", *Academy of Management Journal*, Vol. 43, No. 6, December 2000, pp. 1107-1117.

Jing Wang and Anil Verma, "Explaining Organizational Responsiveness to Work-Life Balance Issues: The Role of Business Strategy and High-Performance Work Systems", *Human Resource Management*, Vol. 51, No. 3, May 2012, pp. 407-432.

John F. Veiga, David C. Baldridge and Kimberly A. Eddleston, "Toward Understanding Employee Reluctance to Participate in Family - Friendly Programs", *Human Resource Management Review*, Vol. 14, No. 3, September 2004, pp. 337-351.

John P. Meyer, David J, Stanley, Lynne Herscovitch and Laryssa Topolnytsky "Affective, Continuance, and Normative Commitment to the Organization: A Meta - Analysis of Antecedents, Correlates, and Consequences",

Journal of Vocational Behavior, Vol. 61, No. 1, August 2002, pp. 20–52.

John S. Heywood, Stan Siebert and Xiangdong Wei., "Estimating the Use of Agency Workers: Can Family-Friendly Practices Reduce Their Use?", *Industrial Relations*, Vol. 50, No. 3, July 2011, pp. 535–564.

Jonathan L. Johnson and Philip M. Podsakoff, "Journal Influence in the Field of Management: An Analysis Using Salancik's Index in a Dependency Network", *Academy of Management Journal*, Vol. 37, No. 5, October 1994, pp. 1392–1407.

Joseph G. Grzywacz, David M. Almeida and Deniel A. Mcdonald, "Work-Family Spillover and Daily Reports of Work and Family Stress in the Adult Labor Force", *Family Relations*, Vol. 51, No. 1, January 2002, pp. 28–36.

Juliet Corbin and Anselm Strauss A, "*Grounded theory research: Procedures, canons, and evaluative criteria*", Qualitative sociology, Vol. 13, No. 1, December 1990, pp. 3–21.

Jungin Kim and Mary Ellen Wiggins, "Family-Friendly Human Resource Policy: Is It Still Working in the Public Sector?", *Public Administration Review*, Vol. 71, No. 5, September 2011, pp. 728–739.

Justin Aselage and Robert Eisenberger, "Perceived Organizational Support and Psychological Contracts: A Theoretical Integration", *Journal of Organizational Behavior*, Vol. 24, No. 5, August, 2003, pp. 491–509.

Karen Korabik, The Impact of Co-Workers on Work-to-Family Enrichment and Organizational Outcomes, in Steven Poelmans, Jeffrey H. Greenhaus and Mireia Las Heras Maestro, eds., *Expanding the Boundaries of Work-Family Research: A Vision for the Future*, Basingstoke, UK: Palgrave, 2013, pp. 254–276.

Kathy Charmaz, *Constructing Grounded Theory: A Practical Guide through Qualitative Analysis*, 2nd, ed. London: Sage, 2014, p. 27.

Kim, Ji Sung and Sue R. Faerman, "Exploring the relationship between culture and family-friendly programs (FFPs) in the Republic of Korea", *European Management Journal*, Vol. 31, No. 5, October 2013, pp. 505–521.

Kimberly J. Morgan and Kathrin Zippel, "Paid to Care: The Origins and Effects of Care Leave Policies in Western Europe", *Social Politics: International*

Studies in Gender, State and Society, Vol. 10, No. 1, March 2003, pp. 49-85.

Kwang Bin Bae and Doug Goodman, "The Influence of Family-Friendly Policies on Turnover and Performance in South Korea", *Public Personnel Management*, Vol. 43, No. 4, December 2014, pp. 520-542.

Kwang Bin Bae and Gigeun Yang, "The Effects of Family-Friendly Policies on Job Satisfaction and Organizational Commitment: A Panel Study Conducted on South Korea's Public Institutions", *Public Personnel Management*, 2017, Vol. 46, No. 1, January 2017, pp. 25-40.

Laura den Dulk, "Workplace Work-Family Arrangements: A Study and Explanatory Framework of Differences Between Organizational Provisions in Different Welfare States", in 1st Steven Poelmans. ed., *Work and Family: International Research on Work and Family*, Mahwah, NJ: Lawrence Erlbaum, 2005, pp. 169-191.

Laura M, Graves, Patricia Ohlott and Marian Ruderman, "Commitment to Family Roles: Effects on Managers' Attitudes and Performance", *Journal of Applied Psychology*, Vol. 92, No. 1, Febuary 2007, pp. 44-56.

Laurent M. Lapierre and Tammy D. Allen, "Work-supportive Family, Family-supportive Supervision, Use of Organizational Benefits, and Problem-focused Coping: Implications for Work-family Conflict and Employee Well-being", *Journal of Occupational Health Psychology*, Vol. 11, No. 2, May 2006, pp. 169-181.

Lauren Parker and Tammy D. Allen, "Work/Family Benefits: Variables Related to Employees' Fairness Perceptions", *Journal of Vocational Behavior*, Vol. 58, No. 3, June 2001, pp. 453-468.

Lieke L. ten Brummelhuis and Arnold B. Bakker, "Resource Perspective on the Work-Home Interface: The Work-Home Resources Model", *American Psychologist*, Vol. 67, No. 7, December 2012, pp. 545-556.

Lina Vyas, Siu Yau Lee and Kee-Lee Chou, "Utilization of Family-Friendly Policies in Hong Kong", *International Journal of Human Resource Management*, February 12, February 2016, pp. 1-23.

Linda Thiede Thomas and Daniel C. Ganster, "Impact of Family-Supportive Work Variables on Work-Family Conflict and Strain: A Control Perspective",

Journal of applied psychology, Vol. 80, No. 1, February 1995, pp. 6-15.

Madinah F. Hamidullah and Norma M. Riccucci, "Intersectionality and Family-Friendly Policies in the Federal Government: Perceptions of Women of Color", *Administration & Society*, Vol. 49, No. 1, January 2016, pp. 105-120.

Marcus M. Butts, Casper Wendy J. and Yang Tae Seok., "How Important are Work-Family Support Policies? A Meta-Analytic Investigation on Their Effects on Employee Outcomes", *Journal of Applied Psychology*, Vol. 98, No. 1, October 2013, pp. 1-25.

Margaret B. Neal, Nancy J. Chapman, Berit Ingersoll-Dayton and Arthur C. Emlen, *Balancing Work and Caregiving for Children, Adults, and Elders*, Newbury Park, CA: Sage, 1993, pp. 191-254.

Merideth J. Thompson, Dawn S. Carlson, Suzanne Zivnuska and Gary Dwayne Whitten, "Support at Work and Home: The Path to Satisfaction through Balance", *Journal of Vocational Behavior*, Vol. 80, No. 2, April 2012, pp. 299-307.

Michele Hoyman and Heidi Duer, "A Typology of Workplace Policies: Worker Friendly vs. Family Friendly", *Review of Public Personnel Administration*, Vol. 24, No. 2, June 2004, pp. 113-132.

Michelle M. Arthur, "Share Price Reactions to Work-Family Initiatives: An Institutional Perspective", *Academy of Management Journal*, Vol. 46, No. 4, August 2003, pp. 497-505.

Michelle M. Arthur and Alison Cook, "Taking Stock of Work-Family Initiatives: How Announcements of 'Family-Friendly' Human Resource Decisions Affect Shareholder Value", *Industrial & Labor Relations Review*, Vol. 57, No. 4, July 2004, pp. 599-613.

Mary K. Feeney and Justin M. Stritch, "Family-Friendly Policies, Gender, and Work-Life Balance in the Public Sector", *Review of Public Personnel Administration*, Vol. 39, No. 4, September 2017, pp. 1-27.

Nancy L. Marshall and Rosalind C. Barnett, Family-Friendly Workplaces, Work-Family Interface, and Worker Health, in Gwendolyn Puryear Keita and Steven L. Sauter, eds., *Job Stress in a Changing Workforce: Investigating gender, diversity, and family issues*, Washington, DC: APA Books, 1994, pp. 253-264.

Naresh R. Pandit, "*The Creation of Theory: A Recent Application of the Grounded Theory*", *The Qualitative Report*, Vol. 2, No. 4, December 1996, pp. 1-14.

Natalie Malak, Md Mahbubur Rahman and Terry A. Yip, "Baby bonus, anyone? Examining heterogeneous responses to a pro-natalist policy", *Journal of Population Economics*, Vol. 32, No. 1, October 2019, pp. 1205-1246.

National Institute of Population and Social Security Research, Population and Social Security in Japan 2019, IPSS Research Report No. 85, July 26, 2019, https://www.ipss.go.jp/s-info/e/pssj/pssj2019.pdf.

Nam-Hoon Cho, "New Challenges for Low Fertility and Policy Responses in Korea", August 19, 2009, https://www.neaef.org/public/neaef/files/documents/publications_ pdf/young_ leaders/4th/Population%20-%20Cho%20Nam%20Hoon%20YLP%20paper.pdf.

N. Kathleen Frye and James A. Breaugh, "Family-Friendly Policies, Supervisor Support, Work-Family Conflict, Family-Work Conflict, and Satisfaction: A Test of a Conceptual Model", *Journal of Business and Psychology*, Vol. 19, No. 2, December 2004, pp. 197-220.

Nick Bloom, Tobias Kretschmer and John Van Reenen, "Are Family-Friendly Workplace Practices a Valuable Firm Resource?" *Strategic Management Journal*, Vol. 32, No. 4, April 2010, pp. 343-367.

Nien-Chi Liu and Chih-Yuan Wang, "Searching for a Balance: Work-Family Practices, Work-Team Design, and Organizational Performance", *The International Journal of Human Resource Management*, Vol. 22, No. 10, June 2011, pp. 2071-2085.

OECD, "Fertility rates", OECD iLibrary, March 28, 2022, https://www.oecd-ilibrary.org/social-issues-migration-health/fertility-rates/indicator/english_ 8272fb01-en.

Olivier Thévenon, "Family Policies in OECD Countries: A Comparative Analysis", *Population and Development Review*, Vol. 37, No. 1, March 2011, pp. 57-87.

Olivier Thévenon and Gerda Neyer, *Family Policies and Diversity in Eu-*

rope: *The State-of-the-art Regarding Fertility, Work, Care, Leave, Laws and Self-sufficiency*, Stockholm: Stockholm University (Families and Societies Working Paper Series), 2014, pp. 5-6.

Paul Osterman, "Work/Family Programs and the Employment Relationship", *Administrative Science Quarterly*, Vol. 40, No. 4, December 1995, pp. 681-700.

Peter. M. Blau. *Exchange and Power in Social Life*, New York: Wiley, 1964, pp. 3-8.

Peng Wang, John J. Lawler and Kan Shi, "Implementing Family-Friendly Employment Practices in Banking Industry: Evidences from Some African and Asian Countries", *Journal of Occupational and Organizational Psychology*, Vol. 84, No. 3, April 2011, pp. 493-517.

Rainald Borck, "Adieu Rabenmutter: Culture, Fertility, Female Labour Supply, the Gender Wage Gap and Childcare", *Journal of Population Economic*, Vol. 27, No. 3, January 2014, pp. 739-765.

Reagan Baughman, Daniela DiNardi and Douglas Holtz-Eakin, "Productivity and Wage Effects of 'Family-Friendly' Fringe Benefits", *International Journal of Manpower*, Vol. 24, No. 3, May 2003, pp. 247-259.

Robert J. Vandenberg, Hettie A. Richardson and Lorrina J. Eastman, "The Impact of High Involvement Work Processes on Organizational Effectiveness a Second-Order Latent Variable Approach", *Group & Organization Management*, Vol. 24, No. 3, September 1999, pp. 300-339.

Roger Mumby-Croft and Juliet Williams, "The Concept of Workplace Marketing: A Management Development Model for Corporate and Enterprise Sectors", *Strategic Change*, Vol. 11, No. 4, June 2002, pp. 205-214.

Ronald R. Rindfuss, Minja Kim Choe and Sarah R. Brauner-Otto, "The Emergence of Two Distinct Fertility Regimes in Economically Advanced Countries", *Population Research and Policy Review*, Vol. 35, No. 3, June 2016, pp. 287-304.

Rosemary Batt and Monique Valcour, "Human Resources Practices as Predictors of Work-Family Outcomes and Employee Turnover", *Industrial Relations*, Vol. 42, No. 2, January 2003, pp. 189-220.

Sam-Sik Lee, "Low Fertility and Policy Responses in Korea", *The Japanese Journal of Population*, Vol, 7, No. 1, March 2009, pp. 57-70.

Samuel Aryee, Vivienne Luk and Raymond Stone, "Family-Responsive Variables and Retention-Relevant Outcomes Among Employed Parents", *Human Relations*, Vol. 51, No. 1, January 1998, pp. 73-87.

Sarah Dykeman and Allison M Williams, "Agenda-setting for Canadian Caregivers: Using Media Analysis of the Maternity Leave Benefit to in form the Compassionate Care Benefit", *BMC Women's Health*, Vol. 14, No. 1, April 2014, pp. 1-13.

Seung-won Choi, Aggie J. Yellow Horse and Tse-Chuan Yang, "Family policies and Working Women's Fertility Intentions in South Korea", *Asian Population Studies*, Vol. 14, No. 3, January 2018, pp. 251-270.

Sarah Wise and Sue Bond, "Work-Life Policy: Does It do Exactly What It Says on the Tin?" *Women in Management Review*, Vol. 18, No. 1/2, February 2003, pp. 20-31.

Sharon A. Lobel, "Impacts of Diversity and Work-Life Initiatives in Organizations", in Gary N. Powell, eds. *Handbook of gender and work*, Thousand Oaks, CA, US: Sage Publications, 1999, pp. 453-474.

Sheila B. Kamerman and Alfred J. Kahn, "Child and Family Policies in the United States at the Opening of the Twenty-first Century", *Social Policy & Administration*, Vol. 35, No. 1, March 2001, pp. 69-84.

Shelley A. Phipps, "Maternity and Parental Benefits in Canada: Are there Behavioural Implications?" *Canada Public Policy*, Vol. 26, No. 4, February 2000, pp. 415-436.

Shirley Dex and Fiona Scheibl, "Flexible and family-friendly working arrangements in UK-Based SMEs: Business cases", *British Journal of Industrial Relations*, Vol. 39, No. 3, September 2001, pp. 411-431.

Shirley Dex and Heather Joshi, "Careers and Motherhood: Policies for Compatibility", *Cambridge Journal of Economics*, Vol. 23, No. 5, February 1999, pp. 641-659.

Sin-Yong Moon and Jongho Roh, "Balancing Work and Family in South Korea's Public Organizations: Focusing on Family-Friendly Policies in Elementary School Organizations", *Public Personnel Management*, Vol. 39, No. 2, June 2010, pp. 117-131.

Soo-Young Lee and Jeong Hwa Hong, "Does Family-Friendly Policy Matter? Testing Its Impact on Turnover and Performance", *Public Administration Review*, Vol. 71, No. 6, November 2011, pp. 870-879.

Spengler, Joseph J., "The Economist and the Population Question", *The American Economic Review*, Vol. 56, No. 1/2, March 1966, pp. 1-24.

Stephen Wood and Lilian M. De Menezes, "Family-Friendly Management, Organizational Performance and Social Legitimacy", *The International Journal of Human Resource Management*, Vol. 21, No. 10, August 2010, pp. 1575-1597.

Stephen Wood, Lilian M. De Menezes and Ana Lasaosa, "Family-Friendly Management in Great Britain: Testing Various Perspectives", *Industrial Relations*, Vol. 42, No. 2, March 2003, pp. 221-250.

Stevan E. Hobfoll, "Conservation of Resources: A New Attempt at Conceptualizing Stress", American Psychologist, Vol. 44, No. 3, April 1989, pp. 513-524.

Stevan E. Hobfoll, "Social and Psychological Resources and Adaptation", *Review of General Psychology*, Vol. 6, No. 4, December 2002, pp. 307-324.

Steven L. Grover and Karen Crooker, "Who Appreciates Family-Responsive Human Resource Policies: The Impact of Family-Friendly Policies on the Organizational Attachment of Parents and Non-Parents", *Personnel Psychology*, Vol. 48, No. 2, June 1995, pp. 271-288.

Steven Poelmans and Khatera Sahibzada, "A multi-Level Model for Studying the Context and Impact of Work-Family Policies and Culture in Organizations", *Human Resource Management Review*, Vol. 14, No. 4, December 2004, pp. 409-431.

Sue Falter Mennino, Beth A. Rubin and April Brayfield, "Home-to-Job and Job-to-Home Spillover: The Impact of Company Policies and Workplace Culture", *Sociological Quarterly*, Vol. 46, No. 1, February 2005, pp. 107-135.

Susan Lambert, "Added Benefits: The Link Between Work-Life Benefits and Organizational Citizenship Behavior", *Academy of management Journal*,

Vol. 43, No. 5, October 2000, pp. 801-815.

Tammy D. Allen, "Family-Supportive Work Environments: The Role of Organizational Perceptions", *Journal of Vocational Behavior*, Vol. 58, No. 3, June 2001, pp. 414-435.

Tammy D. Allen and Joyce E. A. Russell, "Parental Leave of Absence: Some Not So Family-Friendly Implications", *Journal of Applied Social Psychology*, Vol. 29, No. 1, January 1999, pp. 166-191.

Tess Schooreel and Marijke Verbruggen, "Use of Family-Friendly Work Arrangements and Work-Family Conflict: Crossover Effects in Dual-Earner Couples", *Journal of Occupational Health Psychology*, Vol. 21, No. 1, August 2015, pp. 119-132.

Thomas Linda Thiede and Thomas James E., "The ABCs of Child Care: Building Blocks of Competitive Advantage", *Sloan Management Review*, Vol. 31, No. 2, 1990, pp. 31-41.

Timothy A. Judge and Jason A. Colquitt, "Organizational Justice and Stress: The Mediating Role of Work-Family Conflict", *Journal of Applied Psychology*, Vol. 89, No. 3, July 2004, pp. 395-404.

Timothy D. Golden, "The Role of Relationships in Understanding Telecommuter Satisfaction", *Journal of Organizational Behavior*, Vol. 27, No. 3, May 2006, pp. 319-340.

Tokie Anme and Uma A. Segal, "Child Development and Childcare in Japan", *Journal of Early Childhood Research*, Vol. 8, No. 2, May 2010, pp. 193-210.

Tracey L. Honeycutt and Benson Rosen, "Family Friendly Human Resource Policies, Salary Levels, and Salient Identity as Predictors of Organizational Attraction", *Journal of Vocational Behavior*, Vol. 50, No. 2, April 1997, pp. 271-290.

Trude Lappegård, "Family Policies and Fertility in Norway", *European Journal of Population*, Vol. 26, No. 1, February 2010, pp. 99-116.

United Nations, "World fertility data", September 30, 2021, https://www.un.org/development/desa/pd/data/world-fertility-data.

Warren C. K. Chiu and Catherine W. Ng, "Women-Friendly HRM and

Organizational Commitment: A Study among Women and Men of Organizations in Hong Kong", *Journal of Occupational and Organizational Psychology*, Vol. 72, No. 4, December 1999, pp. 485-502.

Wendy J. Casper, Ann H. Huffman and Stephanie C. Payne, "How does Spouse Career Support relate to Employee Turnover? Work Interfering with Family and Job Satisfaction as Mediators", *Journal of Organizational Behavior*, Vol. 35, No. 2, February 2014, pp. 194-212.

Wendy J. Casper and Christopher M. Harris, "Work-Life Benefits and Organizational Attachment: Self-Interest Utility and Signaling Theory Models", *Journal of Vocational Behavior*, Vol. 72, No. 1, February 2008, pp. 95-109.

Wendy J. Casper, Lilian Eby, Christopher Bordeaux, Angie Lockwood and Dawn Lambert, "A Review of Research Methods in IO/OB Work-Family Research", *Journal of Applied Psychology*, Vol. 92, No. 1, February 2007, pp. 28-43.

Wendy J. Casper and Louis C. Buffardi, "Work-Life Benefits and Job Pursuit Intentions: The Role of Anticipated Organizational Support", *Journal of Vocational Behavior*, Vol. 65, No. 3, December 2004, pp. 391-410.

Yeon-Jeong Son, "Do Childbirth Grants Increase the Fertility Rate? Policy Impacts in South Korea", Review of Economics of the Household, Vol. 16, No. 3, September 2018, pp. 713-735.

Yoshio Yanadori and Takao Kato, "Work and Family Practices in Japanese Firms: Their Scope, Nature and Impact on Employee Turnover", *The International Journal of Human Resource Management*, Vol. 20, No. 2, February 2009, pp. 439-456.

Zaiton Hassan, Maureen F. Dollard and Anthony H. Winefield, "Work-Family Conflict in East vs Western Countries. Cross Cultural Management", *Cross Cultural Management: An International Journal*, Vol. 17, No. 1, February 2010, pp. 30-49.

Zaiton Hassan, Maureen Dollard and Anthony H. Winefield, "Work-Family Conflict in East vs Western Countries", *Cross Cultural Management An International Journal*, Vol. 17, No. 1, February 2013, pp. 30-49.

后　记

在低生育率急速加剧的今天，提升育龄人群的生育意愿已是国家大事。自 2021 年 5 月 31 日起，我国正式开启三孩生育政策时代，为提升居民生育意愿做出重要的政策部署。然而，政策提出与政策效果展现存在一定的鸿沟，必须依靠强有力的生育配套支持政策，才能有望推动三孩生育政策的成功落地。本书以构建家庭亲善福利体系为研究目标，锚定居民的政策需求，结合国内外家庭亲善福利实践与经验，提出中国家庭亲善福利体系构建的建议。对于家庭亲善福利而言，笔者深知其体系庞大、深邃与艰巨，非寥寥数语能参详，亦觉功底有限，仅以本书抛砖引玉，恳请专家学者斧正。

本书是基于博士研究方向进行的深入探索，为依托河北省社会科学基金项目进行的最新研究产出。付梓之际，感慨万千，诸多感激，不胜枚举。

感谢天国的张伶老师，一位给予我诸多温暖的博士导师。从来没有设想过，有一日我会有一个亦母亦师亦友的老师，提携我的人生，教导我的前路。得命运厚待，得遇一生之良师：张伶女士。读博三年，张老师以爱国的情怀、广博的学识和敏锐的视角，将我带入工作—家庭研究领域，探索工作和家庭的美妙关系，让我确立了一生坚持工作—家庭领域研究的目标。五年已逝，谨以此书献给张老师，以寄追思。

感谢南开恩师吴帆教授，结缘于南开园，一直很钦佩恩师在家庭政策领域的研究成就，并在不知不觉中将我引领到这个广阔的领域，兜兜转转中我也开始进入这个领域并在一路学习和研究中爱上这片热土。在南开学习的时光中，吴老师通过言传身教告诉我需谨慎做事，需注重细节，需保持真诚，需经营生活，让我受益颇多。我想，这大概就是家庭政策研究的魅力吧！

感谢师姐黄华，虽仅仅见过一面，但是师姐对我有诸多关怀和帮助。

本书第二章为本人与张伶同志、黄华同志合作完成，感谢黄华师姐为此付出的所有努力。感谢师弟李猛，与师弟结缘于大学，同读南开，同入师门，太多缘分，感激师弟一直以来的鼎力支持。本书第五章第一节由本人与李猛合作完成撰写工作，再次表示感谢。

在调研过程中，感谢河北经贸大学2017级劳动与社会保障专业本科生"红红火火小分队"的访谈协助，参与调研的同学为冯少杰、崔亚玲、朱梦薇、翟佳、计蓉蓉、刘雪松、刘肇楠、滕玉杰、王冰、张蕊、张宇彤；同时感谢诸多好友欣然接受访谈，甚至放弃休息时间来配合访谈进度，为本书完成带来了丰富的研究素材。人生路长，盼终有一日与诸位能够"宠辱不惊，看庭前花开花落；去留无意，望天上云卷云舒"。

在写作过程中，非常感谢康建英老师的思路剖析，为全书的逻辑整合和构建框架提供了诸多灵感；感谢河北经贸大学文献服务群工作人员在文献查找过程中给予的支持，团队成员强大的工作能力令我非常钦佩。

特别感谢中国社会科学出版社戴玉龙编辑在选题和编校等方面的协助。首次出书，有太多没有预料的问题出现，感谢信任、帮助和支持，期待今后再合作。

书中引用了大量研究成果，在此对所有文献作者表示感谢。

衷心感谢我的先生杨绍波，一直以来都非常支持我的工作，为家庭生活付出颇多，得夫如此，妇复何求？感谢我的儿子杨沐飞，此书思路起于你的出生之年，与你相伴四年让我的家庭研究获益良多。感谢我的家人和朋友们的理解、关怀和鼓励。"起于生活，归于生活"，我感动于用生命影响生命，并期盼用学术展现生活百态，为美好生活增加一点思考，带来一点新意。

本书在出版过程中得到了河北省哲学社会科学规划办公室的大力支持（河北省社会科学基金项目编号：HB18SH010），以及河北经贸大学学术著作出版基金和河北经贸大学科研基金项目（编号：2022QN11）的资助，特此感谢！